[总第九辑]

华侨华人研究

Overseas Chinese Studies

张秋生 主编

二〇一一

中国华侨出版社
·北京·

图书在版编目（CIP）数据

华侨华人研究. 2022 / 张秋生主编. ——北京：中国华侨出版社，2024.4
 ISBN 978-7-5113-9076-9

Ⅰ.①华… Ⅱ.①张… Ⅲ.①华侨—研究—世界 ②华人—研究—世界 Ⅳ.①D634.3

中国国家版本馆 CIP 数据核字（2023）第 193972 号

华侨华人研究. 2022

主　　编：张秋生
责任编辑：张　玉
封面设计：姜宜彪
经　　销：新华书店
开　　本：880 毫米×1230 毫米　1/32 开　印张：10.5　字数：190 千字
印　　刷：北京天正元印务有限公司
版　　次：2024 年 4 月第 1 版
印　　次：2024 年 4 月第 1 次印刷
书　　号：ISBN 978-7-5113-9076-9
定　　价：48.00 元

中国华侨出版社　北京市朝阳区西坝河东里77号楼底商5号　邮编：100028
编辑部：（010）64443056-8013　传　真：（010）64439708
网　址：www.oveaschin.com　E-mail：oveaschin@sina.com

如发现印装质量问题，影响阅读，请与印刷厂联系调换。

《华侨华人研究》（2022年）编辑委员会

主　　任：张秋生
副 主 任：张文德　池子华　王介南
委　　员（以姓氏笔画为序）：
　　　　　王介南　刘相平　池子华　汪诗明
　　　　　陈杨国生（澳）　胡传胜　束长生（巴西）
　　　　　张文德　张秋生　倪　楠　秦玉成（美）
　　　　　高伟浓　粟明鲜（澳）
执行编辑：张荣苏　邵政达　赵　昌　颜　廷　鞠长猛

前　言

华侨华人是我国独特的重要资源。目前世界各地的华侨华人约有6000万，在"一带一路"沿线国家就达4000万。中国改革开放以来，65%以上的外资为海外华侨华人所引进，他们是中国大陆现代化最重要的外部推动力。当代海外侨情出现了许多新情况、新变化：海外侨胞数量剧增、分布更广，有利于涵养、壮大侨务资源；海外侨胞的经济、科技实力进一步增强，参政意识和政治影响力明显提高；海外侨胞的民族认同感和自豪感大大增强，中华文化的影响力越来越大。

江苏是经济文化强省和新移民大省，现有海外华侨华人100万、侨眷100万，侨资企业5万多家，还有在江苏创新创业的非江苏籍的侨商、侨领及各类中高端专业人才50万。改革开放以来，包括江苏籍侨胞在内的海外华侨华人为江苏经济与社会发展和海内外经济文化交流、弘扬中华文化等发挥着不可替代的重要作用。为适应新形势下海内外侨情的重大变化，江苏省加强了对侨务工作理论和海外侨情的研究。2011年12月，江苏省委《关于贯彻落实党的十七届六中全会〈决定〉实施文化建设工程的意见》明确提出，围绕江苏"2015年基本建成文化强省"目标，江苏省政府于2012年9月开始推行省部共建计划，鼓励支持部省战略合作，以推进江苏文化强省建设。在 2012 年 3 月召开的江苏省侨务工作会议上，张卫国副省长强调要按照《国家侨务工作发展纲要(2011—2015 年)》和江苏省贯彻《纲要》实施意见的要求，围绕又好又快服务"两个率先"大局，研究部署今后一段时期侨务工作，加强世情、国情、侨情、省情和侨务理论研究，在更广领域、更高层次上推进我省侨务工作务实创新发展。

作为和教育部共建的省属重点大学，江苏师范大学在华侨华人研究领域有着较强的科研力量，校方对加强华侨华人研究十分重视。校华侨华人研究中心多年致力于澳大利亚、大洋洲和英联邦重要国家的华侨华人研究，形成了鲜明的学术特色，华侨华人研究在江苏省已具领先地位，特别是澳大利亚移民政策与华人新移民的研究已在国内外产生了重要影响。近年来，中心成员先后承担国家社科基金重大项目 1 项、一般项目 10 项，教育部人文社科项目 7 项，国务院侨办、中国侨联和省社科基金项目 18 项、国际合作课题 9 项，为全国人大、国家部委和地方政府相关部门提供资政报告 10 余份，出版著作 10 余部，发表学术论文 100 多篇，获澳大利亚政府与澳中理事会奖 2 项，获省部级、厅级优秀成果奖 8 项。澳大利亚和大洋洲华人新移民的研究在国内外已具重要影响。10 多年来，学科已培养了硕士研究生 60 多名，其中有 20 多人获得澳大利亚项目资助并出国从事研究，建立了良好的硕士生人才培养基础。

为贯彻党的十八大、十九大精神，深化华侨华人和侨务理论研究，同时为国家侨务工作决策提供服务，提升中国特色新型智库建设水平，2013 年，我校获批"国务院侨务办公室侨务理论研究江苏基地";2017年,获批"教育部国别和区域备案基地——澳大利亚研究中心";2020年,获批"国家民委'一带一路'国别和区域研究中心——澳大利亚研究中心"。三个省部级研究平台均以我校华侨华人研究中心/澳大利亚研究中心团队为基础,以研究国际移民与华侨华人、澳大利亚与大洋洲民族问题和海外华商为特色。

为进一步推动江苏侨务理论研究和侨务工作的深入发展,江苏师范大学华侨华人研究中心决定从2013年起出版学术理论刊物《华侨华人研究》,以及时总结和发表江苏及国内外华侨华人研究的最新成果,与学术界进行交流,共同推进我国华侨华人与侨务理论研究水平的提升。《华侨华人研究》(2013年、2014年、2015年、2016年、2017年、2018年、2019年、2020年)八辑已正式出版。而且,随着研究的深入和学术质量的提高,从第六辑开始,本刊已正式进入中国知网检索刊物。

《华侨华人研究》(2022)第九辑共收入江苏师范大学华侨华人研究中心研究人员和国内外兼职学者、专家有关国际移民与华侨华人研究方面的学术论文14篇,主要内容涉及三个方面:一、侨务理论与侨乡研究,二、华商研究,三、国际移民与华侨华人研究。其中一些研究成果体现了国内外学术界研究的最新水平。如澳大利亚悉尼科技大学澳中关系研究院粟明鲜研究员、福建省社会科学院华侨华人研究所邓达宏副所长、云南红河学院范德伟教授、华侨大学人文学院王怡苹副教授和北京大学历史学系陈乙燊博士等都不吝赐稿,提交了他们在华侨华人、华商研究与海外移民史研究方面的高水平的研究成果。江苏师范大学华侨华人研究中心成员的学术成果则集中体现了他们在澳大利亚、大洋洲和世界其他国家的移民政策与新华侨华人和海外华商研究方面的学术特色,进一步拓宽和深化了我们对海外华侨华人的研究领域。本期刊物中的2篇书评和关于中国侨联重点项目《江苏华侨华人史》正式出版以及本研究中心团队组团参加"世界海外华人研究学会(ISSCO)三十周年纪念国际学术会议"的学术报道,也有利于学者及时了解国内外华侨华人发展动态和华侨华人研究学术前沿。

党的二十大的召开,为深化侨务理论研究指明了新的方向。我们将继续以定期出版的《华侨华人研究》为学术阵地,进一步推进江苏省涉侨部门与江苏师范大学及江苏省内外、国内外高校与研究机构的合作,不断整合研究力量,深入开展侨务理论研究,加强彼此间的学术交流。如江苏省侨务部门可以提供侨务工作中取得的成果或遇到的问题,江苏师范大学等省内外所在高校与研究机构的专家、学者利用学科专业特长和多学科综合研究的学术优势,为江苏省侨务工作遇到的问题提供理论分析和决策咨询,为江苏省侨务工作的可持续发展提供理论支撑,并为全国侨务工作发展提供意见和建议。

江苏师范大学华侨华人研究中心将在省侨务部门领导、组织和协调下,以党的二十大精神为指导,以习近平新时代侨务工作重要论述为指南,有效整合江苏华侨华人研究的科研力量,与全省各级侨办密切合作,重点结合当前我国在深入推动"一带一路"倡议实施背景下,华侨华人研究领域的热点问题和江苏侨务工作与理论研究面临的实际状况，密切关注华人新移民群体（特别是海外华商和江苏新移民）的发展趋势，深入探讨后疫情时代海外华侨华人与中国的公共外交、侨务资源涵养与国家战略、海外华侨华人参与中国和平发展和维护促进国家统一与人类命运共同体建设、海外华商与"一带一路"建设等新的研究领域，以更好地为调整中国的侨务政策与人口计划，为推动江苏对外经济文化交流合作，推进改革开放和江苏经济与社会发展服务，进一步增强做好侨务工作的使命担当意识、改革创新意识和协调配合意识。同时，也为进一步提升江苏省的华侨华人研究水平，推动新时代侨务工作的与时俱进和创新发展作出贡献。

江苏师范大学华侨华人研究中心
《华侨华人研究》（2022）编辑委员会主任 主编 张秋生
2022 年 12 月

目 录

侨务理论与侨乡研究

海外华侨华人与中华民族共同体共生关系初探
……………………………………………… 郭秋梅 卢 勇 3
共同富裕理念在福建侨乡的初步实践与发展路径研究
………………………………………………………… 邓达宏 27

华商研究

缪祖绍：北昆士兰台地玉米种植的华人先驱
——澳档华商企业个案 ……………………… 粟明鲜 47
论海外三江侨团的历史演进……………………… 赵 昌 69
跨国主义视角下欧洲华商社团的历史考察……… 韩燕芳 90
跨国主义视角下西班牙新华商群体的兴起与转型
………………………………………… 陈 欢 邵政达 107

国际移民与华侨华人研究

联邦与地方：加拿大《排华法案》立法过程分析（1871—1923）
………………………………………………………… 陈乙燊 127
20世纪末中英留学生政策探析（1979—1999）
………………………………………… 施雨辰 邵政达 152
论晚清华侨绅士的形成……………………………… 范德伟 179
古代海外华侨宗教遗产述论——以贸易瓷为中心…… 王怡苹 197

无锡唐氏家族精神的百年传承及其历史启示
………………………………………………… 迟 雨 鞠长猛 219
扬州中学历史上的华侨华人校友及其贡献
——以科技文化领域为例 ………………… 王子寒 245

书评、读书札记与侨史教育

评《民国粤人赴澳大利亚留学档案全述》………… 束长生 265
苦溪事件：美国怀俄明地区的暴力排华
——评《苦溪事件：石泉城大屠杀纪实》
………………………………………… 王允波 赵辉兵 271
当代澳大利亚华商群体特征分析：以布里斯班华商群体为例
——基于《澳大利亚华侨华人访谈录（布里斯班卷）》的考察
………………………………………………… 花宇晨 285
《华侨华人研究》课程思政教学探索与实践 ………… 鞠长猛 297

学术资讯

中国侨联重点项目《江苏华侨华人史》正式出版发行
………………………… 江苏师范大学华侨华人研究中心 315
江苏师范大学华侨华人研究中心组团参加"世界海外华人研究学会（ISSCO）三十周年纪念国际学术会议"
………………………… 江苏师范大学华侨华人研究中心 317

• Contents •

Studies on the Theories of Overseas Chinese Affairs & Home Town Of Overseas Chinese

First Exploration on the Symbiotic Relationship between Overseas Chinese and Chinese Nation Community ⋯ *Guo Qiumei, Lu Yong* 3

The Initial Practice and Development Path of Common Prosperity Concept in the Hometown of Overseas Chinese in Fujian Province
.... *Deng Hongda* 27

Chinese Businessmen Studies

Mow Jue Sue: the Overseas Chinese Pioneers of Maize Farming in Tableland of the Northern Queensland—Chinese Businessmen Enterprise Case in the Australian Historical Archives
.... *Su Mingxian* 47

The Historical Evolution of Overseas San Kiang Chinese Communities .... *Zhao Chang* 69

A Historical Study of the European Overseas Chinese Business Associations from the Perspective of Transnationalism
.... *Han Yanfang* 90

The Rise and Transformation of Spanish New Overseas Chinese Merchants from the Perspective of Transnationalism
.... *Chen Huan, Shao Zhengda* 107

International Migration & Overseas Chinese Studies

Federal and Local: An analysis of the legislative process of the Chinese Exclusion Act in Canada 1871-1923 ······ *Chen Yishen* 127

The Chinese and British Overseas Student Policy in the Late 20th Century 1979-1999 ···················· *Shi Yuchen, Shao Zhengda* 152

On the Formation of Overseas Chinese Gentlemen in the Late Qing Dynasty ·· *Fan Dewei* 179

The Religious Heritage of Overseas Chinese in Ancient Times: Focusing on the Trade Porcelain ······················ *Wang Yiping* 197

The Centennial Inheritance of Wuxi Tang Family Spirit and Its Historical Enlightenment ················ *Chi Yu, Ju Changmeng* 219

Overseas Chinese Alumni and Their Contributions in the History of Yangzhou Middle School ···························· *Wang Zihan* 245

Book Review, Reading Notes & Overseas Chinese history teaching

Review on A Full Account of the Archives of Cantonese Studying in Australia in the Republic of China ················ *Su Changsheng* 265

Rock Springs Chinese Massacre: Violent Chinese Exclusion in the Wyoming Region of the United States—Review on The Story of the Rock Springs Chinese Massacre······ *Wang Yunbo, Zhao Huibing* 271

An Analysis of the Characteristics of Contemporary Australian Overseas Chinese Businessmen: a Case Study of Brisbane Overseas Chinese Businessmen—An Investigation Based on Interviews with Overseas Chinese in Australia (Brisbane Volume) ··· *Hua Yuchen* 285

Exploration and Practice of Ideological and Political Education in the Course of Overseas Chinese Studies .... *Ju Changmeng* 297

Academic Information

侨务理论与侨乡研究

海外华侨华人与中华民族共同体共生关系初探

郭秋梅 卢勇

摘要：在中国革命、经济建设以及改革开放的历史进程中，海外华侨华人与国内各民族构成齐心协力、同舟共济的命运共同体，共同发展、壮大、巩固了中华民族。在这一历史变迁中，显现出海外华侨华人与中华民族共同体之间共生关系"多样化"的历史变革，即从"点共生"到"间断共生"再到"互利共生"转变。中国特色社会主义进入新时代，海外华侨华人与中华民族共同体逐渐向持续共生的"一体共生"方向发展。双方共生关系呈现着从单向性与单一性、不平衡性与不充分性特征向更为多样性、互利性、共赢性特征转变。百年未有之大变局为双方"一体共生"模式的发展提供了历史性机遇，如何实现双方的永续和谐与共赢发展，需要在构建人类命运共同体的理念下进行思考。

关键词：海外华侨华人；中华民族共同体；共生

在新民主主义革命时期、社会主义革命和建设时期、改革开放和社会主义现代化建设新时期以及中国特色社会主义新时代，作为中华大家庭成员的海外华侨华人与中华民族都有着千丝万缕的联系。中华民族共同体有着众多的研究议题与视角，而海外华侨华人与中华民族共同体的共生关系是其中一个无法忽视的议题。在近代以来追求与实现中华民族伟大复兴中国梦的历史进程中，海外华侨华人始终在场，他们与国内各民族是齐心协力、同舟共济的命运共同体，共同发展、壮大、巩固了中华民族。历史剧变的宏大叙事遮蔽了海外华侨华人这一群体自身的变化与发展，但是海外华侨华人群体与中华民族共同体构建过程中存在的共生逻辑始终隐藏其中。本文尝试在厘清相关概念的基础上，考察海外华侨华人与中华民族共同体之间的"多元共生"与"一体共生"模式。

一、问题提出与文献回顾

（一）问题提出

随着全球化脚步的加快，人口全球流动的规模日趋增大、频率日益加快。无论是移民输出国还是移民输入国，甚至是移民中转国越发认识到侨民具有的资源优势对于国家经济社会发展的重要性。越来越多的国家逐步把侨民作为传播文化、提高软实力的重要力量来源，把侨民作为沟通祖（籍）国和住在国之间关系的重要桥梁、纽带。

国内关于海外华侨华人、海外侨胞、海外中华儿女等议题讨论的学术话语叙事与前文所提到的各国希望海外侨民发挥作用的愿望保持一致。"海外华侨华人一直是中华民族文化和世界其他族群文化交融的纽带和桥梁,在实现中国梦的过程中,让世界更好地了解中国,让中国更开放地走向世界,是华侨华人可以发挥独特作用的所在。"[①] 中国学者在研究中运用了大量数据和事实讲述着海外华侨华人作为桥梁、纽带在中外关系上发挥的作用,以及对中国的贡献、对移居国的贡献。媒体报道中的海外华侨华人,在分析自己扮演的角色时,与学界保持一致。如美国休斯敦金润律师事务所创始人、移民及商业律师陈文说道:"海外华侨华人在中国发展的历史进程中,一直扮演着重要的推动作用。""海外华侨华人中有一大部分是通过留学出去的,他们本身就是连接中外的桥梁:将国外先进的科学技术和经营管理理念引进来,同时对外介绍中国的现状、文化和理念。"[②]

这样的论述展示了历史与现实的一隅,但如果仅仅从中国、中国与世界的视角来看待海外华侨华人,历史的完整性就不能充分呈现,因为这一视角忽视了华侨华人的历史主体

[①] 靳松:《华侨华人热议"中华民族伟大复兴"入宪 愿携手实现"中国梦"》,国际在线:http://news.cri.cn/20180323/ee0576e6-c32f-92d7-e959-cc4085688a8e.html,2018年3月23日。

[②] 靳松:《华侨华人热议"中华民族伟大复兴"入宪 愿携手实现"中国梦"》,国际在线:http://news.cri.cn/20180323/ee0576e6-c32f-92d7-e959-cc4085688a8e.html,2018年3月23日。

性。① 从海外华侨华人这一历史主体的视角，凸显他们做出贡献、发挥作用的同时，需要审视海外华侨华人及海外华侨华人社会的变化与发展，尤其是他们的获得感是否随着历史的发展得到提升。因此，从海外华侨华人与中华民族发展的共生视角来考察双方关系的变化尤为必要。

（二）简要文献述评

党的十八大以来，特别是十九大报告提出"铸牢中华民族共同体意识"之后，国内学界围绕中华民族共同体（意识）的理论内涵、形成历程、价值基础和实现路径等内容进行研究，产生了许多具有建设性的成果。就与本文主题相关的研究来看，主要涉及以下几个方面：一是认为海外华侨华人是中华民族伟大复兴的重要力量；② 二是探寻海外华侨华人认同中国的影响因素；③ 三是探究海外华侨华人与中华民族共同体之间的关系。例如，有学者提出中华民族共同体意识同样延伸至海外华侨华人的观念与行为之中，形成一个世界范围的中华

---

① 范宏伟：《华侨华人与中国改革开放起步研究》，《中共党史研究》2019 年第 8 期。

② 如裴援平：《华侨华人与中国梦》，《求是》2014 年第 3 期；王福民等：《华侨华人与中华民族精神》，北京：社会科学文献出版社，2018 年 9 月。

③ 如庄国土：《从民族主义到爱国主义 1911~1941 年间：南洋华侨对中国认同的变化》，《中山大学学报（社会科学版）》2000 年第 4 期；Hong Liu, New Migrants and the Revival of Overseas Chinese Nationalism, *Journal of Contemporary China*, Volum-e 14, Issue 43, 2005; Shelly Chan, *Diaspora's Homeland: Modern China in the Age of Global Migration*, America: Du-ke University Press, 2018。

民族共同体;①有学者分析了建构海外侨胞中华民族共同体认同的价值导向;②也有学者呼吁要强调中国与华侨华人之间的"共赢"。③

从以上分析可以看出,学界关于海外华侨华人认同问题的研究较为丰富,其中许多成果富于启发性。尽管已有学者认为应该把握好中华民族共同体与海外华侨华人的关系,但需要在实现中华民族伟大复兴进程中,关照海外华侨华人的参与感与获得感。尽管已有学者强调中国与华侨华人之间的"共赢",但未能从"共生"视角考察两者关系的历史流变。因此,该领域研究还有进一步拓展的空间:从研究视角看,从共生视角讨论海外华侨华人与中华民族共同体之间关系的现实研究和命题研究较为少见;从研究内容看,全面梳理海外华侨华人与中华民族共同体之间的关系,并回应历史之变中二者关系新变化成为新的时代要求。海外华侨华人是不是中华民族共同体的一员?海外华侨华人与中华民族共同体有哪些共生关系?双方共生关系呈现哪些特征?这些问题仍需深入考察。

---

① 王鉴:《中华民族共同体意识的内涵及其构建路径》,《中国民族教育》2018年第4期。
② 陈世柏、李云:《新时代海外侨胞中华民族共同体认同建构的核心要义与价值导向》,《广西社会科学》2020年第5期。
③ 代帆:《从统一战线到共赢:中国侨务政策的新发展及其思考》,《东南亚研究》2013年第4期。

二、相关概念分析

（一）华侨、华人与侨胞

国内媒体和学界在华侨华人概念的使用上，存在"内涵不一（概念混淆）"以及"不规范使用"的情况。已经有学者注意到了这一问题，中国华侨华人研究所张秀明指出，混淆华侨、华人、侨胞等概念，是有弊端的。[①]新冠疫情把华侨、华人这两个概念及其背后的群体短时间内推上了"舆论的浪尖"。就各自的内涵来讲，国内学界基本上已经约定俗成，且具有法理上的界定内涵。《中华人民共和国归侨侨眷权益保护法》第二条规定："华侨是指定居在国外的中国公民。"[②]《中华人民共和国国籍法》第三条规定："中华人民共和国不承认中国公民具有双重国籍。"该法第九条规定："定居外国的中国公民，自愿加入或取得外国国籍的，即自动丧失中国国籍。"[③]国务院侨办也对此进行了界定，"外籍华人是指已加入外国国籍的原中国公民及其外国籍后裔；中国公民的外国籍后裔"[④]。

可见，海外华人指的是已经加入所在国国籍的具有中华血

[①] 张秀明：《华侨华人相关概念的界定与辨析》，《华侨华人历史研究》2016年第2期。

[②] 《中华人民共和国归侨侨眷权益保护法》，国务院侨办公室：http://www.gqb.gov.cn/node2/node3/node5/node9/userobject7ai1272.html。

[③] 《中华人民共和国国籍法》，中国人大网：http://www.npc.gov.cn/wxzl/gongbao/2000-12/11/content_5004393.html。

[④] 转引自董传杰主编《涉侨法规政策文件汇编》（2014年版），广州：暨南大学出版社，2014年，第16页。

脉的外籍公民，从血缘来看，属于中华大家庭的成员。海外华侨则不同，本身就是中国公民，他们侨居国外，基于"五缘"（亲缘、地缘、神缘、业缘、物缘）关系结成不同的华侨社团，虽具有多重身份角色，但不能"掩盖"其作为中华民族一分子的族群身份。在中国外宣过程中，则多使用海外侨胞、海外中华儿女等概念指称。从国内学界使用的情况来看，海外侨胞往往泛指海外华侨华人。

（二）中华民族共同体是否包括海外华侨华人

中华民族的发展是从自在逐渐走向了自觉、自信和自强。百年之前，梁启超首次提出"中华民族"概念，并逐渐被国内知识分子接纳。但是，"作为一个自在的民族实体则是几千年的历史过程所形成的"[①]。而从中华民族到中华民族共同体概念上的变化，反映的是中华民族从自在走向自觉的历史建构和实践自觉。在近代中国革命进程中，中华民族共同体得以凝聚和构建，海内外中华儿女对中华民族形成了统一的政治和民族认同。所以，在分析中华民族共同体的成员构成时，海外华侨华人也就进入了学者们的视野。然而，国内学界的讨论呈现出不同的观点：一种观点认为，中华民族共同体包括海外华侨华人。[②] 有学者提出"将华人族群（次主体）作为中华民族（主

[①] 费孝通：《中华民族多元一体格局》（修订本），北京：中央民族大学出版社，1999年，第3页。

[②] 青觉、徐欣：《中华民族共同体意识：概念内涵、要素分析与实践逻辑》，《民族研究》2018年第6期。

体）的一分子来研究其身份认同问题"①。另一种观点认为不应该包括海外华人，但应该包括华侨。有学者指出，中华民族不应包括华人，虽然他们心向祖（籍）国，但已经加入其他国家国籍，从公民意义上来看，他们已不再属于中华民族共同体的成员。②从上述分析可以看出，两种不同观点都认为海外华侨属于中华民族共同体的一员，分歧则在于海外华人是否归属于中华民族共同体的一员。

现实中，海外华人如何看待自己是不是中华民族共同体的一员，大致分为三类：第一种，有些海外华人自认为是中华民族共同体的一员。作为一个略带情感与模糊叙事色彩的称谓，由于自我意识的强势导致了一些海外人群自认为是中华民族共同体的一员，这是一种"自我想象"。第二种，有些海外华人把自己与中华民族共同体进行切割，认为自己不是中华民族共同体的一员，而是移居国的公民。第三种，有些海外华人认为是双重身份，既承认自己是中华民族共同体的一员，也认为自己是移居国公民。事实上，海外华人身份认同上的多样性正是他们社会角色复杂性与动态性的体现。

被写入宪法的"中华民族共同体"一词，是一个现代意义上的建构概念，内涵应该聚焦到政治共同体（国家共同体、公民共同体）以及文化共同体上。从政治意义上来说，海外华人

---

① 陈世柏、李云：《新时代海外侨胞中华民族共同体认同建构的核心要义与价值导向》，《广西社会科学》2020年第5期。

② 沈桂萍：《怎样认识"中华民族共同体"？》，中华文化学院：https://www.zhwhxy.org.cn/article/3kznD0M8fKN，2017年8月29日。

从"侨"到移居国公民的变化，政治认同自然在发生变化；从文化逻辑来看，尽管海外华裔新生代会接触到中华文化、中华文明的传播和教育，但阻挡不了他们对移居国主流文化和主流价值观的接受。海外华侨由于没有放弃中国国籍，无论是从政治角度还是文化角度等层面都理应属于中华民族共同体的一员。历史和现实已经充分彰显，海外华人在中华民族发展壮大进程中发挥了重要作用。他们虽然加入了移居国国籍，但文化基因、民族情感的纽带是无法割裂的，我们不能因此而放弃对海外华人的联谊工作。

（三）共生

共生（symbiosis）在生物学领域最早出现，源自希腊语，用来说明不同种属生物生活在一起。这一理念被广泛运用到社会科学诸如人类学、社会学、经济学、旅游管理学以及政治学等学科领域。这一概念被各个学科进行重构，服务于本学科相关议题的研究需要。有学者从哲学角度指出，共生是指两种生物彼此互利、相依为命，失去其中任何一方，另一方就不可能生存的一种生存状态。[①] 共生概念及其理论被学者众说纷纭，莫衷一是，但多强调共生主体之间的同时共存、良性发展、互利共赢等。从本文所研究的对象来看，海外华侨华人恰恰是离开故土，远涉重洋来到异国他乡的一个群体，与中华民族共同体在特定时空中存在密切联系，但并不是始终呈现出彼此不能分离的生存状态。结合本文的研究对象来看，共生指的是共生

---

① 吴飞驰：《关于共生理念的思考》，《哲学动态》2000年第6期。

主体及彼此间关系的良性发展，彼此并不以牺牲另一方的利益为前提，而是通过合作的方式满足各自的发展需要。共生主体之间彼此认可、互不否定，相互促进、互不阻碍，互为机遇、同生共长。[①]本文认为这种共生关系是共生主体之间在交往实践中建构形成的最优关系，共生主体之间的共生关系随着历史变迁发生着"进化"。

综上，我们应准确把握相关概念的使用并注意根据具体情形使用恰当的措辞。尊重海外华人的切身利益、保护海外华侨的合法权益，在交往中求同存异，不断扩大共识与共同利益，这是实现海外华侨华人与中华民族共同体双向互动、共赢共生、和谐发展的必要前提。

三、海外华侨华人与中华民族共同体"多元共生"关系的历史流变

从新民主主义革命时期到中国特色社会主义新时代的90余年中，每个时期，社会所呈现的主要矛盾和矛盾的主要方面是不同的。伴随着中国社会的基本国情以及主要矛盾的发展变化，海外华侨华人与中华民族共同体共生关系亦是发展变化的，呈现着具有鲜明时代性特征的"多元化"的共生模式。在中国革命、经济建设、改革开放以及新时代，"祖国由站起来到富起来再到强起来，这种历史性飞跃，让居住海外的华侨华

---

① 胡守钧等:《共生哲学论纲》,《长安大学学报》(社会科学版) 2016 年第 3 期。

人挺直了腰杆"①。中国"强起来",海外华侨华人腰杆"挺起来",这就是海外华侨华人群体与中华民族共同体和谐共赢共生关系的体现。随着历史的变迁、时代的发展,海外华侨华人社会发生着深层次的变化,海外华侨华人主体性特征日趋明显。从主体间性来说,海外华侨华人与中华民族共同体关系就不再是中国"召唤"和海外华侨华人"回应"这一简单的单向逻辑,而应该着力构建着眼于双向互动的更为开放、包容、合作、共赢的共生关系。

(一)中国革命时期,海外华侨华人与中华民族共同体呈现出"点共生"关系

在从清末到中华人民共和国成立,海外华侨与中华民族共同体的共生关系主要是指双方在实现中华民族的"救亡图存"和最高国家利益上的"点共生",整体上表现为在革命与战争时代主题下单一性、单向性的共生特质。

中华大地自古以来形成的以爱国主义为核心的民族精神成为海外华侨"天下兴亡,匹夫有责"的救亡图存行动的内在动力。19世纪末以来,海外华侨社会的中华民族意识,即政治认同日益觉醒。孙中山把华侨誉为"革命之母",毛泽东把侨领陈嘉庚誉为"华侨旗帜,民族光辉"。毋庸置疑,海外华侨是中国革命历程的历史见证者、参与者和贡献者。海外华侨对孙中山领导的辛亥革命大力支持,在参与革命的历程中,海外

---

① 《在侨乡,习近平这段话为何令人动容》,共产党员网:http://www.12371.cn/2020/10/15/ARTI1602716027695819.shtml,2020年10月15日。

华侨对祖国的政治认同较之前更为深切。19世纪末期至20世纪中期以前,在东南亚地区,华侨所居住的地区尚未形成独立的民族国家,现代意义上的主权——民族国家的概念在当地亦未成型;在北美地区,由于华侨在这些国家大多处于社会底层,且基本上被视为"他者",身份地位未获得住在国完整的接纳。因而,华侨在上述两大板块中的政治法律身份大体上维持的仍是侨民的身份,其政治认同自然为认同祖国而非居留地和住在国。这一对祖国的政治认同成为中国人民和海外华侨共同的精神支柱和凝聚力。到了抗日战争时期,这种认同情感得以继承和发扬。与此同时,祖国的兴衰和民族的荣辱,都直接或间接地影响着海外华侨的生存和发展。"他们虽远居异地,绝不会一刻忘了祖国。相反正因为他们远居异地,时常受外人的欺侮与嘲笑,因此希望祖国强盛的欲念,更要来得急切,对于救国的事业也更加来得努力。"[①]在南洋,菲律宾华侨认为:"我们为了活命,远离了祖国家园,在帝国主义者统治下的殖民地讨生活。也因为我们是弱国的侨民,所以在外面更尝遍了苦痛与侮辱!今天,听到了祖国为独立解放战斗的怒吼,沸腾在心头上的热血,几乎喷射了出来!……我们虽身处在异国,但最关怀祖国抗战中的进程,热望着中华民族的黎明早日争取到来!"[②]

---

① 蔡仁龙、郭梁主编:《华侨抗日救国史料选辑》,中共福建省委党史工作委员会、中国华侨历史学会出版,1987年,第133页。
② 《菲岛侨胞热烈进行救亡运动》,《新华月报》1938年2月3日,转引自曾瑞炎《华侨与抗日战争》,成都:四川大学出版社,1988年,第61页。

从以上分析可以看出，海外华侨民族主义意识的觉醒和高涨跟外来敌人对祖国的侵略是分不开的。尽管外敌入侵之前，海外华侨主要因为念乡爱土的情结维系着与中华民族共同体之间的关系，但看到海外华侨的"救国梦"跟政治认同有高度关系的同时，也必须看到海外华侨华人在异域他乡是作为"他者"身份的存在。此时的中国"积贫积弱"，此时的海外华侨华人在住在国"并不入流"。这一时期的海外华侨华人与中华民族共同体之间的共生关系呈现出以海外华侨牺牲个体利益，维护国家利益的"单向性"和"单一性"特征。所谓单向性，指的是在最高国家利益上，海外华侨以共同体利益为重，而此时的中华民族共同体未能很好地为改善海外华侨的生存环境提供条件。所谓单一性，指的是双方共生关系的着力点主要在于海外华侨的"输财助战"实现祖国主权独立的政治目的。

（二）经济建设时期，海外华侨华人与中华民族共同体呈现出"间断共生"关系

从中华人民共和国成立到改革开放的建设时期，海外华侨华人与中华民族共同体的共生关系主要是指从最初的华侨回国、报国实现中国真正"站起来"的最高国家利益到华侨身份转变后关系停滞的"间断共生"，整体上表现出在两极格局下双方共生关系的不平衡性、不充分性特征。

海外华侨放弃国外优厚待遇，回到中国，建设中华人民共和国。20世纪50年代，中国在海外的华侨有一千二三百万，在国内的侨眷有一千万。① 中华人民共和国成立后，很多华侨放弃海外优越的生活条件与工作，毅然回到祖国，他们为祖国的建设和发展做出了巨大贡献。时任中国科学院物理所所长的陈宗基，是印度尼西亚苏甲乌眉镇的第 7 代华侨，他说，"正因为中国落后，我才更应该回去。我有本事，可以贡献给全人类，但首先应该贡献给中国"。据统计，从中华人民共和国成立到"文化大革命"前，有 50 余万华侨为建设新中国而回到祖国怀抱。仅新中国成立之后的前十年，便有 30 万华侨回国。②

"二战"后，亚洲被殖民国家纷纷独立，独立后的东南亚国家除了越南、缅甸、印尼等承认中华人民共和国外，菲律宾、泰国、马来亚等国在西方的操纵下，或加入了以美国为首的反华同盟，对中国实施遏制政策，或对中国采取敌视态度。③ 与此相关的，华侨原有的身份与当时的国际国内形势呈现出矛盾的一面，华侨的政治认同成为"问题"。尤其是东南亚国家独立后，东南亚国家对华侨的态度发生急剧的变化，有政治上的疑虑，担忧华侨在政治上倾向祖国或成为"红色中国"在海外的载体，向当地输出革命；有经济上的不满，一些

---

① 任贵祥主编：《海外华侨华人与中国的改革开放》，北京：中共党史出版社，2009 年，第 37 页。

② 蔡北华主编：《海外华侨华人发展简史》，上海：上海社会科学院出版社，1992 年，第 78 页。

③ 施雪琴、王刘波：《华侨回国观光团与新中国的侨务外交探析》，《南洋问题研究》2015 年第 3 期。

华侨在某些行业积攒了财富,成为当地的"先富者"。①尽管中华人民共和国政府通过与东南亚国家解决华侨国籍问题来增加"互信",为海外华侨华人在住在国更好地生活创造条件,但严峻的国际形势仍然影响着海外华侨华人的现实利益。20世纪60年代中期,"文化大革命"极"左"思想影响了对外政策,东南亚国家对中国的疑惧更为突出。中华人民共和国与东南亚国家在短暂的"蜜月期"后,东南亚一些国家开始了"反华""排华"。华侨华人在居住地的生存与发展面临严峻挑战,与中华民族共同体的发展无法同频共振,成为沟通中国与住在国之间的纽带作用亦无法实现。

由此可见,这一时期海外华侨华人与中华民族共同体的共生关系,相对复杂,从前半期的"偏利共生"即海外华侨华人贡献新中国,到之后因为中外关系的"恶化"而出现了"间歇"。显然,从新中国的快速发展和海外华侨华人的发展情况相对滞后而言,这一时期的共生关系就呈现出"不平衡"性。从内容上来看,海外华侨华人与中华民族共同体之间进行的沟通主要涉及教育、科技领域,但由于后期的中断,共生领域并不全面,亦未获充分发展。

(三)改革开放时期,海外华侨华人与中华民族共同体呈现出"互利共生"关系

从改革开放初期到21世纪初,海外华侨华人与中华民族

---

① 吴前进:《国家关系中的华侨华人和华族》,北京:新华出版社,2003年,第129—130页。

共同体的共生关系主要是指海外华侨华人的"发展"与中华民族的"壮大"所带来的二者之间的"互利共生",整体上表现为在和平与发展时代主题下以互惠互利为基点的多样性共生关系。

中国的改革开放起步在侨乡。邓小平提到,四个经济特区的确定,除了地理位置优势考虑外,汕头、厦门在海外经商的人特别多也是重要考虑之一。[1] 海外华侨华人在中国的改革开放、现代化进程中留下了浓墨重彩的一笔。习近平于2020年考察汕头时指出:中国的改革开放,中国的发展建设跟我们有这么一大批心系桑梓、心系祖国的华侨是分不开的。[2] 这段话充分说明了海外华侨对中华民族共同体的发展壮大做出的重大贡献。中国式现代化道路是中国融入世界的过程,改革开放是中国融入世界的关键一步,同华侨华人住在国和地区建立良好的合作关系是融入世界或国际社会的必经之路。

海外华侨华人是中国式现代化道路成功的"独特机遇"。邓小平敏锐发现了海外华侨华人的巨大能量,提出了华侨华人是中国实现现代化的"独特机遇"[3]。事实正是如此。改革开放之后,"独一无二"的侨务资源推动了中国更好地走向世界,海外华侨华人也成为中国改革开放的重要助力。在中国整个改革开放过程中,海外华资占了相当大的比重。"1979年至

---

[1] 《邓小平文选》第3卷,北京:人民出版社,1993年,第366页。

[2] 《在侨乡,习近平这段话为何令人动容》,共产党员网:http://www.12371.cn/2020/10/15/ARTI1602716027695819.shtml,2020年10月15日。

[3] 国务院侨务办公室、中共中央文献研究室编:《邓小平论侨务》,北京:中央文献出版社,2001年,第12页。

2008年，中国已累计批准了外商直接投资项目约63.6万个，实际利用外资金额累计达8990亿美元，65%的外来资本来自海外华资。"①此外，海外华商对中国改革开放的"知识贡献"也是明显的。如美国前总统经济顾问瑟罗所言："海外华商对中国大陆的改革的最大贡献，不仅是投资，而且是教会了他们民族同胞运用市场经济的游戏规则。"②

这一时期双方的共生关系，不再局限于经贸领域，还在文化、教育、科技、慈善和卫生等多领域进行深化和拓展，使双方共生关系呈现多样性特征。此外，中国因此而"富起来"，海外华侨华人也一样"富起来"，海外华侨华人与中华民族共同体之间的共生呈现出"互利共生"特征。比如，作为"华人三宝"的海外华人社团的发展。20世纪80年代以来，海外华侨华人在以欧美等发达国家为主的世界各国成立了众多社团，并且有许多专业社团已经发展得相当成熟完善。③以往的研究主要关注华侨华人对中国改革开放的贡献以及改革开放对中国自身的影响，而忽略了这一变革同样为华侨华人提供了独特的机遇。④因为，他们的生活不只是"助力"中国改革开放，他们还要实现盈利，维持生计，也要融入移居国社会。海外华侨

---

① "中国商务部统计资料"，商务部网站：http://www.mofcom.gov.cn。
② 连锦添、马世领：《海外华商：中国经济的第二种力量》，中国经济周刊，http://finance.sina.com.cn/g/20050627/08241726631.shtml，2005年6月27日。
③ 李优树：《海外华侨华人与中国经济转型》，成都：四川大学出版社，2014年，第163页。
④ 范宏伟：《华侨华人与中国改革开放起步研究》，《中共党史研究》2019年第8期。

华人的对华投资并不是单向的,而是双赢和互利的,中国的改革开放也是海外华侨华人发展的历史机遇。海外华侨华人与中华民族共同体在这一阶段日趋凸显出"互为机遇,同生共长"的关系。正是因为此,海外华侨华人才能与中国的改革开放同向同行。

四、海外华侨华人与中华民族共同体"一体共生"关系的构建

海外华侨华人与中华民族共同体之间的关系在不同阶段的特征深深受到国际格局演进的影响。面对百年未有之大变局,海外华侨华人与中华民族共同体共生关系的生成、巩固与发展,不能只局限于"你好,我好"的"两好关系",还需要构建更高层次的可持续的共赢共生关系。走向"一体共生"的共生关系模式成为时代的要求,即在更高层次"共同体"框架下,实现共同利益不断得到夯实的永续和谐共生。这里的"一体"就是指人类命运共同体。海外华侨华人与中华民族共同体的和谐共赢共生离不开世界各国的和平、合作与发展,共建人类命运共同体是海外华侨华人与中华民族共同体"一体共生"模式构建的应有之义。

(一)进入新时代,于变局中开新局

改革开放以来,中国的迅猛发展,引起世界瞩目。目前,中国特色社会主义建设进入新时代,中国取得了巨大的历史性

成就，发生了深层次的历史性变革。中国已经成为世界第二大经济体、制造业第一大国、货物贸易第一大国。商品消费第二大国、外资流入第二大国和外汇储备第一大国、中国人民在富起来、强起来的征程上迈出了决定性的步伐。中国在全球竞争力结构中面临的不利状况得到明显改变，实现了和平的发展。

中国与世界的关系亦发生了深刻变化。改革开放40多年来，中国逐步从边缘走向世界舞台的中央，与世界的联系比以往更加密切。党的十八大以来，中国对世界经济增长的平均贡献率达30%，居世界第一。在安全领域，中国自觉承担大国责任，中国已经参与20多次联合国维和行动，成为联合国维和行动中派出官兵最多的国家之一。在发展领域，针对全球经济复苏活力不足，中国提出并推动实施共建共享"一带一路"倡议；针对气候变化等全球性问题领域中的全球治理赤字，中国倡导构建人类命运共同体。总之，中国不断为世界和平与发展贡献中国智慧和中国方案，日益成为国际社会举足轻重的一员。

据统计，目前，"海外华侨华人人数已经达到6000万，分布在世界198个国家和地区"[1]。这一人数几乎相当于法国一个国家的人口。有学者认为改革开放之后从中国走出去的新移民大约有1000万人（2017年）。[2] 新移民包括了大量的留学生、

---

[1] 裘援平：《现在海外华侨华人有6000多万 分布在198个国家和地区》，国际在线：http://www.cri.cn/，2014年3月5日。

[2] 王辉耀：《世界华商总体发展情况》，载王辉耀、康荣平主编《世界华商发展报告》（2017），北京：中国华侨出版社，2017年，第4页。

知识分子以及商务移民等，使得在海外的华侨华人的总体面貌有了更进一步的拓展。[①] 华侨华人除了在数量上有新的发展，在质上也有了大的飞跃。海外华人参政议政意识明显提高，融入主流社会状况明显改善；海外华人的文化认同增强，积极维护中国尊严；海外华侨华人整体实力提高，需要更广阔的发展空间。

"此岸"的中华民族共同体在"强大"，"彼岸"的海外华侨华人整体实力在上升，与前面提到的革命、建设以及改革开放初期阶段相比，双方的变化都是稳步向前的。当然，这种变化是同频共振的，随着中华民族共同体的强大，海外华侨华人在海外的境况也会更好，华侨华人迎来了历史性的发展机遇。[②] 由此可见，中国特色社会主义进入新时代，海外华侨华人与中华民族共同体的共生关系更多表现为海外华侨华人的"发展"与中华民族共同体的"强大"在更大共同体（人类命运共同体）范围内的"一体共生"模式。伴随着中国实力的提升，中国在世界变局中越发有为，这就为海外华侨华人生存与发展的权益实现、权益保障提供了前所未有的历史条件，二者关系呈现新局面，"互为机遇，同生共长"的关系更加深入。

（二）立足新时代，于"共生"中建"一体"

随着全球性问题成为人类共同面临的问题，这就使在多极

---

① 李明欢：《国际移民大趋势与海外侨情新变化》，载丘进《华侨华人蓝皮书》（2011年），北京：社会科学文献出版社，2011年，第24页。

② 靳松：《华侨华人热议"中华民族伟大复兴"入宪 愿携手实现"中国梦"》，国际在线：http://www.cri.cn/，2018年3月23日。

化的世界中，在国际行为主体多元化、多层次化的前提下，冲突、对抗往往意味着相互抵消，两败俱伤，因而寻求主体间具有约束力的价值共识和普遍规范是必要的。[①] 人类命运共同体理念就是这一价值共识和普遍规范。"人类命运共同体"思想，契合了国际社会的普遍需求，亦反映了世界人民对未来社会的憧憬。基于"全球性问题与共、命运与共、利益与共"的人类命运共同体思想，将会成为国际关系行为主体——无论是国家行为主体还是非国家行为主体——共同认同的共有知识（或价值共识、普遍规范），会引领国家行为体通过双边合作及多边合作共同面对全球性问题的挑战。人类命运共同体是人类存在以来一直存在的"自然实体"，今天我们只是从理念上把人类命运共同体从"自在"状态推到了人们的面前。尤其是此次新冠肺炎疫情对人类的"突袭"，进一步推动这一实体从"自然实体"走向"现实实体"。病毒无国界、无种族，再次彰显了人类的"命运与共"。此种情况下，构建以"责任共担"为核心的责任共同体、以"利益共享"为核心的利益共同体，才能使人类命运共同体真正从自然实体走向现实实体。

海外华侨华人是构建人类命运共同体的重要力量。当然，我们既要看到海外华侨华人是人类命运共同体构建的重要"参与者""贡献者"，也要看到他们亦是人类命运共同体构建的"受益者"。从"参与者"角度，整个中华大家庭都适逢其会。人类命运共同体的构建需要包括海外华侨华人、中华民族共同

---

① 孙伟平：《价值哲学方法论》，北京：中国社会科学出版社，2008 年，第 240 页。

体与世界各国人民在内的全世界能够拥有"命运与共"理念。海外华侨华人本身作为国际移民，理应在与中华民族的共同成长中积极参与人类命运共同体共同愿景的践履。从"贡献者"角度，海外华侨华人能够在自身发展的同时积极推动以"责任共担"为核心的责任共同体的构建。华侨华人对这一理念的认同和践行对其世界范围的传播和推广有着重要影响。他们的日常实践对住在国政府和人民是一种示范，能够促进民心相通，增强人类命运共同体意识。从"受益者"角度，海外华侨华人能够在获得中华民族发展红利的同时积极推动以"利益共享"为核心的利益共同体的构建。有学者指出，海外华人在参与和践行人类命运共同体过程中，会有自身的利益诉求和政治考量。[1] 因此，在推动其与中华民族共构人类命运共同体时，让海外华侨华人在合作中共享中华民族发展红利是必要的。共建"人类命运共同体"的热情来自与中华民族共同体一起成长的"获得感"。中国通过"一带一路"建设，不断地扩大对外开放，为海外华商未来发展提供了方向和动力。[2] 可见，"一体共生"关系的核心是共同发展，动力是合作共享，"共享"促成"共生"，"共生"推动共建"一体"。

---

[1] 曾少聪、李少龙：《华侨华人与构建人类命运共同体：作用和制约因素》，《云南民族大学学报》（哲学社会科学版）2021年第9期。

[2] 李嘉宝：《海外华商参与中国—东盟博览会收获满满"投资中国，我们信心更足"》，中华人民共和国中央人民政府网：http://www.gov.cn/，2020年12月7日。

结 语

习近平总书记指出："解决好民族性问题，就有更强能力去解决世界性问题；把中国实践总结好，就有更强能力为解决世界性问题提供思路和办法。这是由特殊性到普遍性的发展规律。"① 构建人类命运共同体是中国在总结本国实践基础上为"世界怎么办"提供的中国方案。海外华侨与国内各族人民在内忧外患的近代中国，推动了以"中华民族"为认同的政治整合；在社会主义建设和改革时期以及新时代，海外华侨华人在促进中国融入世界、世界认知中国上发挥着重要作用，共同推动中华民族共同体发展壮大。

在此过程中，海外华侨华人与中华民族共同体之间关系不断深化，互为机遇、同生共长的特征越发明显。百年未有之大变局为双方在"人类命运共同体"理念指导下共同发展提供了更为广阔的合作空间。"世纪疫情"与百年变局叠加，"人类命运共同体"构建更为迫切，各国人民更需要求同存异，冲破传统的意识形态、文化传统和社会制度的差异，进一步拓展更为广泛的互动、对话、协商，推动全人类共有知识的社会化。在此基础上方能达成一定的主体间共识，为进一步合作创造条件。

伴随着中国的发展，外部世界对中国的误读、误解并未减少。海外华侨华人因其双重文化身份特征使其能够通过西方人

---

① "（授权发布）习近平：在哲学社会科学工作座谈会上的讲话（全文）"，新华网：http://www.xinhuanet.com/politics/2016-05/18/c_1118891128.htm，2016年5月18日。

接受的形式讲好中国故事、传播中华文化、传递中国声音。所以，我们除了从文化基因、民族情感上理解海外华人参与中国与世界互动关系，也应看到他们作为内蕴时代特色的历史主体，在中华民族共同体发展壮大的历程中所呈现的参与感与获得感。

科研项目：本文系国家民委"一带一路"国别和区域研究中心贵州师范大学中国—东盟文化研究中心2021年度课题组招标项目（编号：2021 MWDM 003）的阶段性成果。

作者简介：郭秋梅（1980—　），女，河南漯河人，贵州师范大学马克思主义学院教授，法学博士，博士生导师，研究方向：国际移民、华侨华人与国际关系。

卢勇（1980—　），男，河南信阳人，贵州师范大学马克思主义学院副教授，哲学博士，硕士生导师，研究方向：马克思主义基本原理与国际规范。

共同富裕理念在福建侨乡的初步实践与发展路径研究

邓达宏

摘要： 共同富裕是社会主义本质要求，是福建侨乡人民群众的共同期盼。当前在国内大循环、国内国际"双循环"新格局下，福建侨乡按照"机制活、产业优、百姓富、生态美"的发展目标，坚持新发展理念，融入新发展格局，坚持"根""魂"文化，注重示范引领作用，在打造美丽侨乡、共同富裕发展上取得一些成功经验。特别是在文旅深度融合、侨资侨智双"回流"、乡贤文化与侨企集群深度融合发展以及欧陆风情文化小镇与苏区侨乡融合发展上，以自身优势，有条件、有基础的在推动共同富裕上实现更大突破。但是也存在专业人才缺失、服务意识有待加强、产业资本投入仍需提高、红色文化品牌建设需要加强等制约实现共同富裕的瓶颈。在"双循环"新格局下，为了更好地汇聚福建高质量发展力量，推进福建侨乡共同富裕发展，可在抓住人才关键节点、持续促进侨乡资本的跨国流动、持续发挥闽籍华侨华人讲好中国故事媒介作用、持续支持侨企转型升级、持续引导闽籍海外侨胞参与福建经济高质量发展建设上，以高水平实践打造共同富裕的福建侨乡样本。

关键词:"双循环"格局;福建侨乡;共同富裕发展;路径研究

一、研究缘起

福建省是中国著名侨乡,华侨华人是福建侨乡经济发展的重要力量之一,特别是福州、厦门、泉州和三明等地的华侨华人投资已成为福建外向型经济发展的重要支撑。目前,学界主要研究侨乡经济高质量发展存在的问题,侧重于侨乡劳动力、产业发展、生态发展等因素展开探讨。有学者认为侨资侨属企业是中国乡镇企业发展的一支生力军,也是侨乡经济发展的重要增长点,且存在产品科技含量不高,基本属于劳动密集型行业;地域分布不均匀,资金来源渠道不断拓宽,合作形式趋向多样化;产业欠多元化,结构不合理等现实问题。[①]还有的学者认为,在促进侨乡经济增长的同时,存在涉侨工作不到位的情形,如涉侨部门的侨务共识较弱,招商工作不到位,招商引资与项目落地程序脱节,服务规程不规范,优质侨资企业生态环境缺乏等问题,均会降低华侨华人的投资动力,并阻碍经济

[①] 徐炳华、吴颖:《扩张与失衡:改革开放以来的温州侨资侨属企业研究》,《八桂侨刊》2015年第3期。

增长。① 侨资是提高福建侨乡发展水平的重要力量，是福建侨乡扎实推动共同富裕实现更大突破的基础和条件。正确理解华侨华人对祖籍地的归属感及福建侨乡拥有丰富的侨力资源，是探寻并促进福建侨乡经济高质量发展的前提保证。② 当前，共同富裕是人民群众的共同期盼。扎实推动共同富裕，加快形成以国内大循环为主体，国内国际双循环相互促进的新发展格局是党中央根据我国发展阶段、环境、条件变化作出的战略决策，是事关全局的系统性深层次变革。在"双循环"发展新格局下，如何利用好侨资侨智侨力，汇聚福建侨乡经济高质量发展力量，全方位高质量发展推动高水平共同富裕，更好打造共同富裕发展的福建侨乡样本，值得学界深入探讨。

二、福建侨乡形成的历史及共同富裕发展的基础条件

（一）福建侨乡形成与发展的历史。福建地处东南沿海，海洋文化源远流长，在新石器时期就已开始起源，是中国海洋文化的重要组成部分。与此同时，福建海外移民的历史悠久，形成了典型的侨乡文化景观，见证了福建海洋文化的盛衰。在6000多万海外华侨华人中，闽籍华侨华人有1580万人，他们分布在世界188个国家和地区，其中90%以上分布在东南

---

① 任贵祥：《东南亚华商与福建融侨经济技术开发区》，《八桂侨刊》2011年第3期；郑义绚：《华侨华人资本对华投资对中国经济发展的作用》，北京：对外经济贸易大学硕士学位论文，2006年。

② 卢雨婷、林勇：《侨资与福建农村经济高质量发展的互动关系研究》，《八桂侨刊》2021年第9期。

亚各国。①据统计，改革开放以来，福建累计利用侨资900多亿美元，占实际利用外资80%左右；海外乡亲累计捐赠超过280亿元人民币。②福建省的侨眷、归侨有500多万人，占全省总人口的15%左右。③1979年至1996年，福建全省新移民约为50万。④福建侨乡从唐宋开始萌芽，此后福建侨乡的时空演变不断发展。福建人出国的历史，据史料记载可推溯到东汉，"会稽东冶县（今福州）人有入海行遭风，流移至澶州（今菲律宾）"（《后汉书·东夷列传》）。伴随着福建对外交往的日益密切，商人、水手等迁移到国外定居，成为早期的华侨。在海洋文化发展的历史过程中，福建侨乡规模也经历了由少到多，分布地区由闽南向东部沿海大部分地区、再深入内陆的过程。唐代以来，泉州港逐渐兴起，尤其是南宋以后，我国经济文化重心南移，福建的泉州、漳州、厦门等港口航海业和海上贸易不断发展，中国与南洋群岛各国的政治、经济、文化联系日益密切，福建沿海的一部分商人开始到苏门答腊、爪哇等地经商和定居。明代郑和"七下西洋"以后，更多的福建商

---

① 刘郁菁：《改革开放40年引侨资逾900亿美元 于伟国冀华侨华人参与新福建建设》，中国新闻网：https://www.chinanews.com.cn/hr/2018/02-02/8440108.shtml，2022年12月1日。

② 刘郁菁：《改革开放40年引侨资逾900亿美元 于伟国冀华侨华人参与新福建建设》，中国新闻网：https://www.chinanews.com.cn/hr/2018/02-02/8440108.shtml，2022年12月1日。

③ 吴志、王彬、刘成：《海洋文化视角下福建侨乡的形成与演变原因分析》，《鲁东大学学报（自然科学版）》2012年第2期。

④ 吴志、王彬、刘成：《海洋文化视角下福建侨乡的形成与演变原因分析》，《鲁东大学学报（自然科学版）》2012年第2期。

人、农民、手工业者等，沿着这条路线到东南亚各地经商和谋生，其中一些人留在当地定居。这些早期的福建籍移民成为东南亚华侨的先驱。清朝以来，尤其是鸦片战争以来，西方殖民者为了开发殖民地，从闽粤沿海拐骗、掳掠大批"契约华工"，从1841年到1949年的一个多世纪，出国人数共计579万余人。这一时期又可以分为两个阶段，1930年以前，出国人数一直处于迅速增长状态，1931年以后出国人数增长幅度减小。① 伴随着移民的活动，福建省内涌现大量侨乡。据统计，福建省内有20个县（市、区）属于重点侨乡，一般侨乡有10个（县、市）②，这些侨乡大都分布于沿海地区，少数分布于内陆地区。

中华人民共和国成立后，由于国内政治原因，加之各国政府先后采取了限制华侨入境的政策③，尤其是以东南亚地区为代表，政治上排斥、经济上打击、文化上强迫同化华人。④ 因此，这一时期出国的人数急剧下降。改革开放以来，福建人民出国的热潮再次兴起，一方面由于宽松的开放政策，另一方面，从国际大背景看，经济全球化的发展，发达国家对劳动力

---

① 戴一峰：《近代福建华侨出入国规模及其发展变化》，《华侨华人历史研究》1988年第2期。
② 福建省地方志编纂委员会：《福建省志·华侨志》，福州：福建人民出版社，1992年，第1页。
③ 詹冠群：《现实与历史——新侨乡·新移民·闽籍华人》，福州：海峡文艺出版社，2008年，第6—9页。
④ 俞云平、王付兵：《福建侨乡的社会变迁》，长沙：湖南人民出版社，2002年，第53—54页。

的需求都促进了人口的迁移。到1996年，新移民数达50万人左右。①20世纪80年代以来，福建内陆地区出现了一批新侨乡，如明溪县沙溪村、建阳市（今建阳区）苦竹坪村。福建侨乡的演进过程从海洋文化角度是由核心区渐次向过渡区推进的过程。②现在，闽南仍然是福建海外新移民的重要迁出地，三明、南平、龙岩、宁德等地虽老移民规模不大，但新移民发展迅速，仅几年时间就与厦、漳、莆相当，占总出国人数的8%。③据暨南大学华侨华人研究所李爱慧副研究员的调研，截至2021年5月，华人作为美国第一大亚裔族群，人口数量已经接近550万。④研究显示，来自中国不同省份的新移民深刻地影响着整个华人社区文化以及社团结构。福州地区移美规模情况就很典型。由于福州移民规模的壮大，福州话已成为纽约唐人街的第二大方言。⑤据统计，1998年福建籍华人社团只有10多个，至2005年，全美大大小小的闽籍社团已有100多个，多数集中于大纽约地区，既有以同省籍为基础的大型联合性社团，也有以同县、同镇，甚至同村籍为纽带建立的中小型同乡会。纽约大都会吸引了人数最多的新移民，该区的唐人街

---

① 吴志、王彬、刘成：《海洋文化视角下福建侨乡的形成与演变原因分析》，《鲁东大学学报（自然科学版）》2012年第2期。
② 曲金良：《海洋文化研究》（第2卷），北京：海洋出版社，2000年，第1—15页。
③ 朱美荣：《福建省新移民问题剖析及相关政策初探》，《人口研究》2001年第5期。
④ 李爱慧：《从中餐风味到社团构成，美国华人人口结构发生了怎样的变迁？》，中国新闻网：https://www.chinanews.com.cn/hr/2021/05-10/9474244.shtml，2022年1月5日。
⑤ 李爱慧：《从中餐风味到社团构成，美国华人人口结构发生了怎样的变迁？》，中国新闻网：https://www.chinanews.com.cn/hr/2021/05-10/9474244.shtml，2022年1月5日。

由 1 个增加到 6 个。①曼哈顿唐人街的边界不断拓展，华人的商铺开进了原先的"小犹太区"和"小意大利区"，最引人注目的是来自福州的新移民占据了几乎整个东百老汇大街，把这里变成名副其实的"小福州"②。

（二）福建侨乡具备共同富裕的基础条件。福建侨乡经过历史形成的演绎，尤其是改革开放的长期积累与探索，有条件、有基础在推动共同富裕上实现更大的突破。一是福建侨乡人民群众生活相对较为富裕。侨乡经济总量较高，人均地区生产总值也较突出，居民人均可支配收入也较丰厚。二是侨乡发展也较均衡。侨乡城乡居民收入倍差较低。三是侨乡社会民生事业改革成效比较突出。系列改革为新时期推动福建侨乡共同富裕积累了宝贵经验。

三、夯实基础：福建侨乡践行共同富裕发展实践的特点

海外闽籍乡亲爱拼敢赢、艰苦奋斗、事业有成，在东南亚乃至全球素有美誉。近年来，福建省委、省政府认真学习贯彻习近平总书记关于实现共同富裕的一系列重要论述，高度重视华侨资源的保护和发展，按照"机制活、产业优、百姓富、生态美"的发展目标，在打造美丽侨乡和谐家园、共同富裕上有

---

① 李爱慧：《从中餐风味到社团构成，美国华人人口结构发生了怎样的变迁？》，中国新闻网 https://www.chinanews.com.cn/hr/2021/05-10/9474244.shtml，2022 年 1 月 5 日。

② 李爱慧：《从中餐风味到社团构成，美国华人人口结构发生了怎样的变迁？》，中国新闻网 https://www.chinanews.com.cn/hr/2021/05-10/9474244.shtml，2022 年 1 月 5 日。

以下几个特点：

（一）坚持新发展理念，夯实福建侨乡共同富裕发展政策落实基础。福建省全面贯彻新发展理念，以凝聚侨心侨力同圆共享中国梦为主题，坚持涵养侨务资源和运用侨资侨智相辅相成，鼓励支持海外侨胞在更大范围、更高层次、更深程度上参与福建省"五大发展"示范省建设，为侨乡共同富裕发展打造福建侨乡样本做出新贡献。在服务中心大局上，注重引导，推动招商引资，助力金砖国家在福建侨乡"双循环"发展上创新基地建设，为福建省高质量发展赶超，推进高素质、高颜值、现代化、国际化城市建设，发挥侨务独特优势和积极作用。省、市、县统战部门联合侨联组织，按照"机制活、产业优、百姓富、生态美"的发展目标，县侨办结合各阶段实际情况，开展了服务侨乡（村）经济社会发展的重大举措，指导和推进乡村社区开展侨务工作，有力地推进侨乡经济社会发展，为侨资企业发展营造良好的政策氛围。

（二）融入新发展格局，夯实福建侨乡共同富裕发展环境营造基础。为打造美丽福建侨乡和谐家园，以高质量发展推动高水平共同富裕，省、市、区、镇、村统战部门联合侨联组织，各级部门把侨务工作考核列入党建工作考核内容，持续加强侨务工作网络建设。建立党政主要领导亲自抓，确定一位分管领导具体抓的领导机制，由统战干事、专（兼）职干部负责具体的管理，努力形成有人管侨事、有址议侨事、依规办侨事的局面，使侨务管理服务进村入户。对于华侨的工作，各级干部能坚持服务，十分热心和投入。第一，特别注重维护华侨侨胞的权益。第二，特别注重保护和维护好华侨侨胞的"根"，把华侨侨胞的祖屋（祖坟等）保护好、维护好、利用好，用福建浓浓的乡愁文化情结来牢牢地牵引住海外侨胞的思乡之情。第三，重视海外侨胞的事情国内认真做。全社会形成的爱侨护侨的良好氛围，对侨乡社会文化、经济发展起到极大的作用。

（三）坚持"根""魂"文化，夯实福建侨乡共同富裕发展的人文传承基础。为凸现福建侨乡侨村特色，省、市、区、镇、村统战部门联合侨联组织，挖掘华侨人文内涵，建设一批华侨展览馆、纪念馆，展馆建设系侨情。如福州亭江白眉侨村"白眉侨批博物馆"、沙溪侨村"侨史馆"，永春吾顶村"梁披云梁灵光纪念馆"、侯龙村"陈其挥生平事迹展示馆"、龙美村"仙夹侨捐项目展示馆"、丰山村"丰山侨魂纪念馆"等。各馆都翔实地展现出各村华侨为桑梓建设的丰功伟绩，弘扬华侨华人爱国爱乡的崇高精神，展示侨乡侨村社区侨务工作的丰硕成果。据不完全统计，永春县仅海外丰山籍乡亲热心支持家乡公益事业和各项建设就累计达 2000 多万元[①]，华侨的热心贡献使丰山村侨村振兴、共同富裕发展建设取得了初步成效。

（四）注重示范引领作用，打造共同富裕的美丽福建侨乡。福建省努力发挥各级各类美丽乡村示范村示范作用，以点带面，形成了一批各具特色的示范侨村。如：福州市亭江白眉侨村的白眉侨批博物馆、福清市上迳镇南湾侨村、明溪县沙溪侨乡"欧式"风情风貌。永春县东关镇外碧村着力打造"乡土记

---

① 该数据来源于作者 2019 年 7 月 5 日与桃城镇丰山村侨务工作人员座谈实录整理统计结果。

忆馆",馆长陈剑虎介绍说要把"乡土记忆馆"打造成这片区的"耕读传家馆""儒学社区馆"等。①泉州市有关部门为该馆授牌"世界记忆遗产侨批档案展示点""永春县纪委家风教育基地"。目前,福建侨乡有一批侨村发展态势良好,先后获得了国家生态村、国家民主法制示范村、全省宜居环境建设试点村、国家侨务明星村等荣誉称号。共同富裕是逐步富裕。紧盯重点、靶向施策,在高质量发展中扎实推动侨乡共同富裕发展。

四、"侨智"助力:福建侨乡践行共同富裕发展实践的初步经验

城乡共富,重点在乡村,关键在农民。实现共同富裕就是要以更大力度深化侨乡改革,特别是力争在侨乡资源要素市场化配置上有新的突破,激发侨乡全面振兴、共同富裕发展的内在活力。"侨智""侨力"在推动福建侨乡共同富裕发展上屡建奇功,喜结硕果。

(一)文旅深度融合助推侨乡共同富裕发展。福州马尾亭江镇白眉村是著名侨乡。近年来,白眉村抓住"文博热""艺术热"持续升温的机遇,大力引进侨智、侨力和社会力量,建设"白眉侨批文创园"。在这基础上,以"侨"架"桥",带动侨乡土菜馆、特色民宿、侨批博物馆、直播培训中心等项目在

---

① 该数据来源于作者2019年7月4日与永春东关镇外碧村"乡土记忆馆"馆长陈剑虎座谈实录整理统计结果。

当地建成，带动当地脐橙、蜂蜜、笋干、山茶油等农副产品销售走俏，从而促进当地农户年收入持续增加，为侨乡在"双循环"发展和乡村振兴发展中注入新鲜血液，让侨村走上了共同富裕之路。同时，在当地落成的福建传习书画院，引进书画、非遗艺术品制作、音乐创作等特色大师工作室，进一步提升村庄文化品位和艺术涵养，为乡村振兴、共同富裕发展提供精神动力。目前，白眉村已被列入省级乡村振兴试点村、市级美丽乡村精品示范村、省级乡村旅游特色村，乡村旅游发展路子越走越宽。

（二）侨资侨智双"回流"，助推侨乡文化与医康养深度融合。持续推进文化与医康养深度融合，让侨乡共同富裕发展更具有魅力。永春县姑山镇北溪村做到侨资与侨智的双"回流"，将文化与医康养深度融合，促进了国内、省内区域大循环，是引智与引资并重的典范。2004年，北溪侨村着手建设生态农家乐体验游，引进侨文化和生态园项目，得到中国香港永春同乡福利基金会主席的支持，打造"北溪桃花谷生态旅游区"，吸纳国际一流学者、人才回乡服务，打造北溪村高科技产业园。[①]北溪村明确自身定位，做好顶层规划设计，侨村的发展因地制宜，突出差异化，讲究科学化，追求产业规模化，将文化与医康养深度融合，在做好规划之后能稳扎稳打，取得了综合性的良好发展态势，促进了国内、省内区域大循环发展，激发了侨村全面振兴的内在活力，造福了一方百姓。如

---

① 该数据来源于作者2019年7月4日与中国香港永春同乡福利基金会主席郑永红先生座谈实录整理统计结果。

今，"北溪文苑"已列入"国家4A级旅游区""中国最有魅力休闲乡村""福建省省级园林式村庄""福建省政协港澳台侨交流基地""福建省劳模疗休养基地""福建省职工疗休养示范基地"。

（三）以侨带企，乡贤文化与侨企集群深度融合发展。分好"蛋糕"，首先要做大"蛋糕"。福建侨乡经济正处在转变发展方式、优化经济结构、转换增长动力的攻坚期，要通过科技创新、侨资企业壮大等富民经济，夯实共同富裕的物质基础。南湾侨村为福清上迳镇革命老区村，下辖三个自然村，以产业兴旺为重点，以生态宜居为关键，以乡风文明为保障，以治理有效为基础，以生活富裕为根本，推动农业提质增效、农村文明进步、农民增收致富，绘就了一幅侨乡振兴、共同富裕发展的生动画卷。在日侨乡贤的带动下，成立乡贤促进会，吸纳乡贤90人，按照"以侨带企"发展思路，大力培育发展壮大龙头企业，增加就业岗位，不断延伸鳗鱼产业链条，积聚社会财富，并促成侨眷侨属在国内创办企业，开启了乡村振兴、国内国际双循环探索之路，助推侨乡共同富裕发展。[①] 在发展产业的同时，坚持人民至上的价值取向，明确思路，努力引导乡贤们捐建家乡水、电、路、桥、监控、学校、老人会所、基金等公益项目，不断提升村民的获得感和幸福感。据统计，乡贤促

---

① 该数据来源于作者2021年3月26日与南湾侨村书记等同志座谈实录整理统计结果。

进会已收到公益项目资金1200多万元。① 拓宽了侨资企业的融资渠道，夯实了侨乡共同富裕的物质基础。

（四）欧陆风情文化小镇与苏区侨乡融合发展。共同富裕既要用均衡与发展做好"富"之文章，也要在物质文明和精神文明相协调的"裕"之要义上，不断拓展其内涵。明溪县素有"八闽旅欧第一县"之称。明溪县持续推进欧陆风情文化小镇与苏区侨乡融合发展，强化规划引导，将"打响侨乡特色品牌"工作列为县"十四五"规划编制重要内容，用好侨资侨力，开展对外交流。着力谋划侨乡进口商品城、世界红酒咖啡体验中心、欧陆风情体验区、华侨创业创新基地、欧侨文化交流平台等项目，按照"一个项目、一套班子、一张列表、一抓到底"工作机制，落实项目实施过程中各项审批服务和要素保障工作，确保项目顺利实施、侨乡"富"的能量充沛。同时，明溪县重视苏区文化，将侨乡中红色文化不断地深入挖掘，让殷实的红色精神家底传承好，为侨乡共同富裕发展打下了坚实的文化基础，铸就侨乡百姓永恒的精神家园。

五、问题审度：福建侨乡践行共同富裕发展实践遇到的瓶颈

（一）基层工作经验丰富，但专业人才缺失。在走访调研福州、三明、厦门、泉州等多地侨乡后，笔者发现基层侨乡村

---

① 该数据来源于作者2021年3月26日与南湾侨村书记等同志座谈实录整理统计结果。

级"两委"干部年龄老化问题严重，没有形成老中青人才梯队；干部虽然基层工作经验丰富，但知识结构较弱；侨乡青壮年劳动力外流严重，侨乡企业普遍存在"招工难"问题，其中明溪、永春等地侨乡该现象尤为突出；专业特长的技术人员和高层次人才回乡创业创造的更少。

（二）重视招新商引大商，但对老侨企的服务意识有待加强。近年来，部分侨乡较重视招大商、招新商，对原有老侨企重视不够、服务不到位，在帮扶企业开拓市场、转型升级上还做得不够。亿级大项目建设、供地充足，而老企业发展用地审批不及时甚至难于审批。部分中小企业融资难，在县级支行融资更难。比如，某些企业反映：在企业发展过程中，新用地无法审批、厂区无法扩大，影响企业发展。[①]

（三）慈善公益事业捐赠较多，但产业资本投入较少。调研发现，福州、三明明溪县、泉州永春县各侨乡慈善公益事业非常丰富。福州白眉村侨胞和乡贤捐款超千万元[②]，福清南湾侨村乡贤们捐款1200多万元[③]，三明沙溪乡侨胞和乡贤捐款超350万元[④]，泉州永春县海外侨亲捐资慈善公益事业累计突破七

[①] 该数据来源于作者2021年4月23日与华鸿（福建）建筑科技有限公司董事长座谈实录整理统计结果。

[②] 马丽清、林双伟：《马尾白眉村：打好"侨"牌 弘扬"侨"精神》，福州新闻网：http://news.fznews.com.cn/dsxw/20201223/5fe2973144d6b.shtml，2022年11月1日。

[③] 该数据来源于作者2021年3月26日与南湾侨村书记等同志座谈实录整理统计结果。

[④] 该数据来源于作者2021年4月23日与沙溪乡乡长张援座谈实录整理所得。

亿元。①与之相比，闽籍侨胞产业资本投入较少。有针对性地扩大推介招商，开展特色招商、产业招商还需进一步努力。主动邀请政治上有影响、社会上有地位、经济上有实力、专业上有造诣的海外侨胞，回到乡村、故里进行商务洽谈，投资创业，对接合作，融入乡村社区发展还需进一步积极而为。引导侨资侨智，培育支柱产业，树立发展品牌，形成产业集群，服务各县发展方面还有待进一步提升。

（四）红色文化资源丰富，但品牌建设尚需加强。三明明溪、泉州永春等传统革命老区县红色资源、红色文化相当丰富，但侨村对这些资源的开发利用还不够重视，丰富的红色史志、老区史志等还需整理挖掘。讲好老区故事、红色经典故事，弘扬老一辈革命传统，将红色文化纳入侨乡文化旅游项目，还需镇（村）一级政府的积极组织、协调和规划。

此外，侨乡公共服务尚显不足。经过多年的努力，福建侨乡侨村公共服务已有了较大改观，但在侨乡教育、医疗、社会保障等方面仍存在供给总量不足、结构矛盾突出等问题，制约了侨乡共同富裕的发展。

六、强抓手：推进福建侨乡共同富裕发展的路径

（一）以人才关键节点为抓手，助推福建侨乡共同富裕发展。引入海外闽籍华侨华人高层次专业人士，"智力"直接参

---

① 邓达宏：《闽南侨乡文化助推侨村发展路径研究——以福建永春县侨情调研为例》，《丽水学院学报》2020年第1期。

与福建省侨乡建设，有助于培育侨乡积极的造血功能，推动侨乡产业结构调整和企业转型升级，扩大侨资企业的国内国际双循环。要加快构建福建省侨情"三大数据库"，即海外闽籍重点侨商数据库、海外闽籍重点社团数据库、海外闽籍华侨华人专业人士数据库。精准掌握海外侨情新情况，为我省引智工作服务。目前，厦门市已遴选出150个华侨华人社团作为对外联络、扶持的重点社团，在此基础上，推动3个海外华商协会来厦设立办事机构。① 同时，厦门市还相继出台了"双百计划"和"海纳百川"计划，吸收了一批高层次海外华侨华人来厦投资创业。本省其他地方也应适时加快地方相关社团组织和数据库建设，并实现省域范围数据资源的共享互通。

（二）以持续促进侨乡资本的跨国流动为抓手，助推福建侨乡侨力的有效使用。在新冠疫情冲击下，侨资企业在人员往来和生产经营上都遇到诸多困难，各级部门要提高为侨服务意识，帮助解决企业遇到的实际困难问题，助力提升侨资企业竞争力，促进侨乡资本的良性运转。在国内国际"双循环"格局下，尤其要密切关注国际国内经济环境变化，努力办好中国国际投资贸易洽谈会及海外华商中国投资峰会，有意识地抓住侨商面临转型再投资的契机，完善优化扶持政策和服务机制。既要研究、设计适合侨商投资的领域，帮助寻找适合侨商有效投资的项目，建立侨商投资项目库；还要深入开展促成海外侨商回乡投资的专题调查研究，对有关制度进行改革完善，着力

---

① 该数据来源于作者2021年4月28日与厦门市侨联、侨商、侨领座谈实录整理所得。

破解制约海外侨商回乡投资的体制障碍和政策短板，以优惠的政策和一流的服务，使福建侨乡成为广大侨商最理想的投资热土。

（三）以持续发挥闽籍华侨华人媒介宣传作用为抓手，讲好中国的实践故事。闽籍海外华侨华人拥有一定的经济实力、广泛的人脉关系以及融通中外的文化底蕴，应充分发挥这一群体在推动中华文化走出去上的独特优势，积极引导他们传播中国声音，讲好福建故事，讲好福建侨乡共同富裕发展故事，讲好中国的实践故事，在中外民间友好交往方面发挥好媒介宣传作用。

（四）以持续支持侨企转型升级为抓手，为侨乡提供更多就业岗位。目前，部分国家的疫情仍在持续，给海外侨胞的经济和生活造成巨大的影响，有的甚至是致命性的打击。特别是旅游、餐饮等服务业和华文教育等行业，受到的冲击最大。在疫情较为严重的2020—2022年期间，许多国家的侨胞无法回国，回到国内的侨胞也无法返回住在国，国外的生意只能靠代理人打理，有的只能暂时中断经营。在与滞留国内的侨领侨商交流中，我们了解到，一些侨商将发展重点转向国内，积极在国内寻找新的商机，这是一个新的机遇。要采取措施帮助侨企调整生产经营方向，特别是在数字经济、人工智能、生物科技、绿色低碳等重点产业和前沿科技领域，加强沟通交流，营造良好的生产、生活环境，为侨乡提供新的就业机会，推进福建侨乡共同富裕发展。

（五）以持续引导闽籍海外侨胞参与福建经济高质量发展

建设为抓手，成就高水平共同富裕的福建样本。中国侨商联合会会长、世茂集团董事局主席许荣茂等侨商在与省委领导座谈时表示，"将当好国内国际双循环的桥梁纽带"，推动更多有活力、有潜力、有创新力的"侨的智慧"留在八闽大地。[①]这是极好的事例，要广为宣传。同时，要推动侨商回归工程建设，为海外侨胞提供平台，突出国际化、深耕专业化、做优品牌化，建设更高水平开放型经济新体制，促进福建侨乡共同富裕，奋力谱写全面建设社会主义现代化国家的福建篇章。

作者简介：邓达宏，广东饶平人，福建社会科学院华侨所副所长、研究员，研究方向：华侨历史和侨批文化。

---

① 赵朴煜：《福建省领导会见中国侨商联合会考察团》，中国新闻网：http://www.fj.chinanews.com.cn/news/2021/2021-06-03/485341.html，2022 年 12 月 8 日。

华商研究

缪祖绍：北昆士兰台地玉米种植的华人先驱
——澳档华商企业个案

粟明鲜

摘要：澳大利亚昆士兰北部的开发与19世纪70年代当地的淘金热同步。而大批广东珠三角地区华人，就成为与在当地的欧裔先民共同开发和建设这块土地的主力。澳档记载显示，华人是昆省北部高原台地的农业和种植业的先驱。本文通过梳理缪祖绍的宗卷，揭示出他是当地玉米种植业的先驱代表，其所开设的商行企业惠及当地社区，并通过其家族企业的参与及努力，保存了中华文化在当地的遗存。

关键词：北昆士兰台地；玉米种植；缪祖绍；先驱；中华文化传承

引 言

对于澳大利亚"淘金热"之后来到这里的早期华人历史，相关的研究成果众多。学界通常更多关注的是居澳华人在数年"淘金"后的转型,即他们大多向都市集中,从事商业销售及家具制造及洗衣房等生意;那些仍然留在乡镇地区的华人,也大多从事果菜种植和销售①,甚至在很大程度上,为澳大利亚当地社会提供的果菜供应,其中约75%就是由这些转型的中国移民所生产的。②而对于华人在澳大利亚农业中的贡献,相关学者的研究大都集中在北昆士兰〔主要包括坚时埠(Cairns,现译为"凯恩斯")和丫打顿埠(Atherton,现译"阿瑟顿")地区〕,基本上是将这些中国移民作为一个群体研究,涉及他们如何引进中国的种植技术,对当地农业发展的贡献。也就是说,早期赴澳大利亚的中国移民,是与几乎同期到达的欧洲移民一起,合力开发这片土地,并建设起其庞大的农业体系。昆士兰北部的玉米种植园(早期的中国人称之为"粟园"),中国移民即为此业之先驱。③在其之后,也有学者开展

---

① Choi Ching Yan, *Chinese Migration and Settlement in Australia with Special Reference to the Chinese in Melbourne*, PhD thesis, The Australian National University, 1971.

② T. A. Coghlan, *Labour and Industris in Australia: from the First Settlement in 1788 to the Establishment of Commonwealth in 1901*, London, 1918, p. 1331. Quote from Warwick Frost, "Migrants and Technological Transfer: Chinese Farming in Australia, 1850–1920," *Australian Economic History Review*, Volume 42, Issue 2(July 2002), p.114.

③ Geoffrey Curgenven Bolton, *A Thousand Miles Away: a History of North Queensland to 1920,* Australian National University Press, 1970; Cathie Rosemary May, *Topsawyers, the Chinese in Cairns*, 1870–1920. No. 6. History Department, James Cook University, 1984; T. Birtles, "Trees to bum: settlement in the Atherton-Evelyn Rainforest, 1880–1900," *North Australia Research Bulletin* 8(September 1982), pp. 31—86; Conor Johnson, *The Chinese Contribution to Agriculture in the Cairns District from 1870 to 1920*, James Cook University, HI3284.

了有关中国移民在维多利亚和新南威尔士的农业开发中的贡献之研究，也基本上集中在技术的使用这一方面[①]，同时也涉及他们与社区其他族群的关系。[②]但具体到什么样的人，是如何参与到农业开发之中的，可能是因为单一的档案资料搜集相对困难，即便有一些文字提及，也比较零碎，故尚未出现专门的个案研究。

在澳大利亚国家档案馆里，有几份与华商缪祖绍（Mow Jue Sue）相关的档案宗卷，显示出其家族与丫打顿地区的玉米种植关系极深。本文根据这些档案宗卷，挖掘当地记载，再参考与此相关的研究，拟对其在澳大利亚的经商情况做一梳理，从而揭示这位来自广东的移民缪祖绍，便是19世纪末20世纪初中国人在北昆士兰地区玉米种植园中的先驱和代表人物之一。

一、昆士兰北部的开发

澳大利亚的"淘金热"始于19世纪50年代，集中于维多

[①] Clarkson, L. A., "Agriculture and the Development of Australian Economy during the Nineteenth Century", *The Agricultural History Review*, Vol. 19, No. 1（1971）, pp. 88—96; Frost, Warwick. "Farmers, Government, and the Environment: The Settlement of Australia's 'Wet Frontier', 1870–1920." *Australian Economic History Review* 37.1（1997）, pp. 19—38.

[②] Michael Woods, "Rural cosmopolitanism at the frontier? Chinese farmers and community relations in northern Queensland, c.1890–1920", *Australian Geographer*, Volume 49, 2018-Issue 1, pp.107—131; Bianka Vidonja Balanzategui, *Small Sugar Farmer Agency in the Tropics 1872–1914 and the Anomalous Herbert River Farmers' Association*. PhD thesis, James Cook University, 2019.

利亚和新南威尔士两省。由是，当时来自珠江三角洲周边各县域及四邑地区的广东人，为圆其发财致富及建立美好生活的梦想，最主要也是涌向新金山，即上述两地。[1]在其后的20多年间，他们从淘金工人逐渐转变为城镇的商人和乡村的果菜种植者，与先后来到澳大利亚的西裔移民一起开发和建设澳大利亚这块新土地。而昆士兰幅员广大，虽在库克船长发现澳大利亚后就已经将其包含在包括澳大利亚东海岸的殖民地新南威尔士所属版图里，[2]但在新金山"淘金热"之前，来到此地殖民的西裔移民极少；直到19世纪20年代，英国殖民者才从澳大利亚东海岸南部北上，来到昆士兰东南部，开始定居下来并向北扩展。[3]1859年，昆士兰从新南威尔士省拆分出来，成为一个女王直辖的殖民地[4]，其西、中及北部地区在此后才逐渐被勘查和开发起来。其后昆士兰中北部陆续发现金矿[5]，尤其是1873年北部白马河（Palmer River）金矿场的发现和迅速开

---

[1] 详见杨进发《新金山：澳大利亚华人，1901–1920年》，姚楠、陈立贵译，上海：上海译文出版社，1988年版。

[2] Culture.gov.au, "European discovery and the colonisation of Australia", http://www.cultureandrecreation.gov.au/articles/australianhistory/.

[3] JHL Cumpston, *The History of Small-Pox in Australia 1788–1908*. Melbourne: Australian Government Printer, 1914; Kempton Bedwell, "Beginnings of Toowoomba", *Journal of the Royal Historical Society of Queensland*, volume 5 issue 5（1957）, pp. 1316—1326.

[4] Office of State Revenue, "Q150 Timeline", http://www.osr.qld.gov.au/historical-information/revenue-history-timeline/static-timeline.shtml.

[5] Geraldine Mate, "Gold", *Queensland Historical Atlas*, see https://www.qhatlas.com.au/content/gold.

采①，原先在前述两地已经消退的"淘金热"再度于这块殖民地发散，该地许多英国移民蜂拥北上，也吸引了大批欧洲移民前来此地，昆士兰人口在1871年就迅即达到12万人；②随后，在维多利亚和新南威尔士未能圆梦发财的华工及以香山（中山）县为主的珠三角和四邑地区新一波广东人潮也闻讯蜂拥而至，再续前梦。③据统计，仅仅在1875年至1879年的四年间，就有2.2万中国人从香港搭乘不同批次的船只在昆士兰东北角的谷当埠（Cooktown）和坚时埠登陆入境④，成为白马河及其周边金矿区最主要的淘金工群体。⑤尽管昆士兰的淘金热只是维持了数年之久就告低落，但大批涌入的粤人梦碎后便流向周

---

① Noreen Suzanne Kirkman, *The Palmer Goldfield, 1873–1883*. Honours thesis, James Cook University of North Queensland, 1984.

② Australian Bureau of Statistics, "3105.0.65.001-Australian Historical Population Statistics, 2006: Table 100. Population, sex and marital status, Qld, census years, 1861–1891", https://www.abs.gov.au/AUSSTATS/abs@.nsf/DetailsPage/3105.0.65.0012006?OpenDocument. 另据新南威尔士在1859年之前的统计，昆士兰人口（欧裔）依次为：1846年2257人，1856年17082人，1859年年底25020人，由此可见，进入19世纪50年代之后人口迅速增加。参见 William Coote, *History of the Colony of Queensland: from 1770 to the Close of the year 1881, Volume I（From 1770 to the Separation of the District Morton Bay from New South Wales, and Its Constitution as a Separate Colony in December 1859）*. Brisbane, Queensland: William Thorne, 1882, p.229。

③ Noreen Suzanne Kirkman, "Chinese miners on the Palmer." *Journal of the Royal Historical Society of Queensland* 13（1987），49—62.

④ Kathryn Cronin, *The Chinese Question in Queensland in the Nineteenth Century*, Unpublished B.A. thesis, University of Queensland, 1970, Appendix I.

⑤ Noreen Kirkman, "From Minority to Majority: Chinese on the Palmer River gold-field, 1873–1876.", Henry Reynolds（ed.）, *Race Relations in North Queensland*. Department of History and Politics, James Cook University, 1993, pp.243—257.

边待开发的乡镇地区，丫打顿埠便是他们的一个主要去处，与刚刚定居于此处的第一代西方移民以及他们的下一代，一边继续采矿伐木，一边共同开发昆士兰这块广大的土地。①

丫打顿位于昆士兰北部，是在坚时埠西面相距约 80 千米的一个小镇，也是周边约 6.5 万平方千米的一处海拔 500~1000 米的热带高原台地中心；该台地因火山灰沉积，矿藏丰富，土地肥沃；以坚时为出海口的巴伦河（Barron River），就起源于这块高原台地并流经该地。在昆士兰北部"淘金热"消退之后，这片台地于 19 世纪 80 年代才开始得到开发。② 早期时，台地南段的锡矿大力开采和周边森林伐木业的迅猛扩展，吸引了大批在白马河金矿场失意的华工前来该地，继续寻梦和做工；③ 随后，大批从欧洲前来的移民到此开设的牧场和农场，也需要众多劳工为其清理树桩杂草和平整土地，许多华人便加入这一行业。④ 更重要的是，根据当时的地质学和土壤学探险专家勘察认定，以丫打顿为中心的这块热带高原台地，阳光充足，雨量

---

① 有关 19 世纪末 20 世纪初中国移民在北昆士兰的发展之最新研究，可参阅 Sandi Robb, *North Queensland's Chinese Family Landscape*: 1860–1920. PhD thesis, James Cook University, 2019。

② Tropical Tableland Netguide, "Atherton Tableland History", https://www.athertontablelandnetguide.com/history/tableland-history.htm.

③ "History of the Atherton Tableland and surrounds", in www.chapelhill.homeip.net, see http://www.chapelhill.homeip.net/FamilyHistory/Other/QueenslandHistory/HistoryoftheAthertonTableland.htm.

④ Marjorie Gilmore, "Kill, Cure, or Strangle: Atherton Tablelands", in *Queensland historical Atlas website*, https://www.qhatlas.com.au/content/kill-cure-or-strangle-atherton-tablelands.

丰沛，土壤微量元素含量高，是十分理想的农作物种植区域。①

因应上述需求，从白马河及周边淘金场退出的华工及仍然从广东省接踵而至的华人很快便集中于这一热带高原台地。鉴于这些来自珠三角和四邑的粤人本身就是农民，事实上就成了当地耕种香蕉、甘蔗、水稻、玉米等作物的主力，他们甚至还为此引种了芒果、荔枝、龙眼、榴莲等水果，包括种植蔬菜，以供当地社会发展之需。② 而就丫打顿及周边而言，1908 年 12 月 5 日雪梨《东华报》(*Tung Wah Times*) 称"向以耕粟园为营生，华侨千人左右，做工者百余，小商家亦廿余"；据同年 11 月 17 日坚市埠海关提交给总部的报告，丫打顿华人总数为 1200 人③，但同期该埠澳人的数量也未超过此数。④ 由此可见，

---

① Asa Ferrier, *Journeys into the Rainforest: Archaeology of Culture Change and Continuity on the Evelyn Tableland, North Queensland*, The Australian National University, Canberra: ANU Press, 2015, pp. 23—27; R.J. Meyers, *The North Queensland Maize Industry: with Particular Reference to the Atherton Tableland Maize Marketing Board*, Queensland Department of Primary Industries, Brisbane, 1984.

② D.T. Malcolm, B.K.A. Nagel, I. Sinclair and I.J. Heiner, *Soils and Agricultural Land Suitability of the Atherton Tablelands, North Queensland*, Department of Natural Resources, Queensland Government, Brisbane 1999, p. 45.

③ Chinese arriving at Atherton, NAA: A1, 1908/12456。亦见 "Chinese Settlers in Atherton, Queensland", in *Stumbling Through the Past website*, https://stumblingpast.com/2014/02/23/chinese-settlers-atherton/; "Atherton, QLD: A Town With Rural Charm", in *Historical Australian Towns website*, https://historicalaustraliantowns.blogspot.com/2021/05/atherton-qld-town-with-rural-charm.html。

④ 据昆士兰省人口统计，1901 年，丫打顿澳人数量只有 218 人，1911 年增至 1186 人。见 Centre for the Government of Queensland, University of Queensland, "Atherton", in *Queensland Places*, https://queenslandplaces.com.au/atherton。

华人移民在当地农业开发中之重要作用。① 基于此，在 1905 年 5 月 28 日于丫打顿召开的全省农业会议上，时任昆士兰省农业厅长的邓笛粥（Digby Denham），就根据其在该地区视察所见所闻，高度称赞华人移民是该省农业开发的先驱。②

就是在这样的环境下，年轻的缪祖绍离开家乡广东省香山（中山）县，于 1899 年 1 月初抵达澳大利亚，寻找梦想。

二、初涉丫打顿粟园种植

缪祖绍是香山县隆都水头塘村人，生于 1879 年 7 月 24 日。在其 1913 年所申请的"回头纸"及 1916 年因欧战而根据要求所填报的外侨登记卡上，他都清楚表明自己是在香山出生；③ 但自此之后，则声称是在香港出生，如在 1921 年和 1934

---

① 见 Sally Gall, "Post-WWI maize industry focus for Atherton", *Northern Queensland Register*, 27 Jun, 2016（https://www.northqueenslandregister.com.au/story/3976941/soldier-settlers-not-a-maize-d/）。该文引述之人口统计数据显示，到 1890 年，在丫打顿埠周边种植玉米的中国人就超过了 300 人，可见华人移民在该行业的高度集中。

② "Agricultural Conference at Atherton", *The Northern Queensland Register*（Townsville, Qld）, 29 May 1905, p. 24.

③ Certificate Exempting from Dictation Test（CEDT）-Name: Jue Sue（of Atherton）-Nationality: Chinese-Birthplace: Canton, NAA: J2483, 135/84; Sue, Jue-Nationality: Chinese-Alien Registration Certificate No 14/16 issued 30 October 1916 at Tolga, NAA: BP4/3, CHINESE SUE JUE.

年两次申请"回头纸"时，就已注明其出生地是香港。①由是，后来当地报纸在报道其死讯时，以及现在昆士兰省政府历史文化遗产网站上也都采用后面这一说法。②事实上，当年许多来澳的中国移民为能申请归化入籍，都会将自己的出生地改为香港。因为香港被割让给英国后，所有该地居民及在此出生者皆被视为其属土臣民；而作为英国殖民地的澳大利亚，也据此承认香港居民具有在澳永久居留资格，许多人就此得以申请入籍。缪祖绍很有可能也是走的这条路，并获得成功。至于他是如何拿到一份香港出生证明或者香港居民身份证明，则没有任何文件对此说明。但可以肯定的是，他的上述证明，最终获得了澳大利亚移民部门认可。③

缪祖绍来到昆士兰北部后就随着人流去往丫打顿埠，加入

---

① Certificate Exempting from Dictation Test（CEDT）-Name: Jue Sue-Nationality: Chinese-Birthplace: Hong Kong, NAA: J2483, 323/024; Certificate Exempting from Dictation Test（CEDT）-Name: Jue Sue-Nationality: Chinese-Birthplace: Hong Kong, NAA: J2483, 521/81.

② "Obituary: Mow Jue Sue", *Northern Herald*（Cairns, Qld）, 6 May 1939, p. 28; "Atherton Chinatown Site", https://www.acttourism.com.au/accommodation/apartments/qld/atherton/atherton-chinatown-site/59195.

③ 像缪祖绍这样改换出生地的，还有其他人，比如与其相邻之台山县来澳的邝甫宸（Fong Frank Fulson）。邝氏生于1873年，也是在20岁时于1893年来澳发展，是在西澳洲落脚，立足后经商。他从1910年开始，以自己是在香港出生为由，向澳大利亚移民部门申请归化入籍；但历经17年，皆未获批准。原因是他无法向当局出示其香港出生证明；即便是他申辩因当时香港制度不完善，自己家人并未及时向当局索要此项证明，以致官方因无记录无法出具证明，但澳大利亚移民部门并未采信此说。见 Fong Frank Fulson-Naturalization, NAA: A1, 1918–6308。由这个例子可见，缪祖绍能让澳大利亚移民部门采信其香港出生之说，显然应该（或是通过正常或非正常的手段）拿到了至关重要的出生证明，并获认可。

当地种植玉米和果蔬的华工大军当中。在其后几年间，他在这里一边熟悉情况，了解社会，一边为自己积累日后发展资金。只是澳大利亚档案中找不到他在此段时间的记载，其个人详情不得而知。几年后，因该埠众多华人大都不谙英语，引起少数白人至上的西人仇视，常常有种族冲突的情况发生，致使一些华人离开此地他往或回国。①大概也是受到上述气氛的影响，在1903年年初获得了长期居留的权利后，缪祖绍便回国探亲结婚，然后返回澳大利亚时便去往北领地首府达尔文（Darwin）发展。究其原因，当时从北领地陆续来到昆士兰的华人比较多，昆省海关及警察部门经接触后普遍认为这些华人英语较好，与当地澳人沟通比较容易。②或许缪祖绍转到达尔文闯荡有可能是受这种看法的影响，但无论如何，他的这一选择确实对其日后发展助力极大。他在达尔文做了几年工，英语也有了相当的长进。大约在1910年前后，他重返丫打顿埠，在紧靠该埠的小镇滔炉架（Tolga）租地种起了玉米，依旧慢慢积攒财富。由是，他再次深入参与到昆士兰高原台地的玉米种植业中。

　　1913年9月，缪祖绍申请了回国探亲的"回头纸"，但最终打消了回国探亲的念头。此前他在达尔文做工时，认识了一对比他早些时候从广东来此发展的同乡夫妇，他们的孩子都在当地出生，其中一个女儿生于1898年，名叫Oy Chin〔区珍

---

① 《来函再登》，《东华报》1908年12月5日，第7版。
② Chinese arriving at Atherton, NAA: A1, 1908/12456.

（音译），也写成 Oy Chan]。① 1914 年，区珍已达及笄之年，缪祖绍遂前往达尔文，向其父母提亲并获得准允。于是，当年 9 月，已经 35 岁的缪祖绍娶了这位刚刚 16 岁的第二代华女，并在婚后将其带回滔炉架埠开始了其新生活。② 在当时，居澳华人在原籍有妻小，再在当地娶妻或者纳妾并无不妥，这样的例子事实上也有很多。比如，比缪祖绍大一岁的广东省开平县（今开平市）蛇子岗村人余东叶（Yee Tung Yep），19 世纪 90 年代中期就来到澳大利亚发展，定居于坚时埠附近。他在 1905 年回国探亲娶妻生子后返澳，也是于 20 世纪 10 年代中期于当地再娶了一位在澳出生的第二代华女，并且还在 1919 年将其带回国探亲，与在家乡的原配及家人见面。③ 这种形式组合的婚姻，因女方是自动归化之澳籍，让男方相对容易获得在澳永久居留权，甚至归化入籍；即便不能成功，也因女方是当地出生，属于澳大利亚公民，则可以购买土地，成为业主，这就比那些虽然可以在澳长期居留但仍然是外侨身份的在澳华人要有优势，因后者无法购置土地，只能租赁。④

---

① 详见澳大利亚祖先姓氏查询网 https://www.ancestry.com.au/search/collections/1030/?name=Chin_Gong。在澳大利亚国家档案馆里找不到与其英文名字相关的档案宗卷，也不知道其父母的英文名字。

② "Obituary: Mrs Oy Chan Lee Leong", *Cairns Post*（Qld），17 December 1954, p. 9.

③ Certificate Exempting from Dictation Test（CEDT）-Name: Nellie Yee Tung Yep（of Cairns）-Nationality: Chinese-Birthplace: Cairns-departed for Hong Kong per SS TAIYUAN on 14 May 1919, returned to Cairns per VICTORIA on 18 May 1921, NAA: J2483, 265/54.

④ 有关澳大利亚殖民地时期及联邦建立之后相当长一段时间里外侨及其权益问题，可参阅 Peter Herman Prince, *Aliens in Their Own: 'Alien' and the Rule of Law in Colonial and Post-Federation Australia*, PhD thesis, The Australian National University, 2015.

而缪祖绍在耕种粟园的同时，也在滔炉架埠开设一间果蔬菜园商铺，销售蔬菜生果及杂货，就以自己的名字作为店名，叫作"祖绍果园铺"（Jue Sue and Company）。而缪太太在协助丈夫种植玉米及商铺经营的同时，生育了四男三女七个孩子。因缪祖绍在当地一直都以祖绍（Jue Sue）之名行于世，其店铺也以此为名，因而慢慢地祖绍似乎便成了他的姓名，他也就跟许多定居于澳大利亚并在当地结婚生子的华人一样，按照当地惯例，其子女都以父亲的名 Jue Sue 为姓。他的这些子女分别为：长子 Charles（查尔斯，1915年生），长女 Una（邬娜，1916年生），次子 Philip（费利浦，1918年生），三子 William Lindsay（威廉，1920年生），次女 Minnie（米莉，1921年生），幼子 George（乔治，1923年生）和幺女 Mary（玛丽，1924年生）。至于缪祖绍为这些子女取了什么样的中文名字（或是否有中文名字），因档案中未有提及，无法得知。

三、参与当地华人事务，拓展粟园种植

由于经济条件的改善，缪祖绍在融入当地社会的同时也积极参与当地华人社区的各项活动。从1912年当地华人响应中国驻澳总领事馆号召捐助新生的中华民国诞生开始，缪祖绍便积极认捐；直到1931年九一八事变之后，当雪梨华社向全澳华人募集资金支援祖国抗战时，缪祖绍都响应捐款，不落人

后。① 而对于当地华社的组织，他也投身其间并担负责任。早期，他参加属于洪门（义兴会）而在丫打顿设立的崇新会；到 1910 年代中期，他加入国民党，并在 1920 年成为中国国民党澳洲丫打顿分部的副议长②，二年后成为正议长。③ 只是因 1922 年国民党丫打顿分部并入坚时分部，并将党部迁往坚时埠，他才解除了上述社会公职。④ 党部合并的原因在于自 1910 年代之后，在丫打顿的大批华人因越来越严格的移民限制难以发展，选择回国或转往南洋其他地方，该埠的华人数量急剧减少；⑤ 此外，1918 年欧战结束后，政府为安置复员转业军人，勒令在丫打顿合伙租地经营粟园的华人交还土地，转租给这些退役军人。⑥ 由是，大批没有地位也没有保障的华人便在随后

---

① 在 20 世纪 10、20 和 30 年代的各项筹款活动中，缪祖绍都有捐款。比如，《丫打顿埠捐助军饷芳名列》,《民国报》(Chinese Republic News) 1918 年 2 月 23 日，第 7 版；《筹款热：丫打顿埠捐款芳名》,《民国报》1922 年 1 月 24 日，第 7 版；《雪梨埠华侨抗日会：鸦吖顿各侨胞捐助军需芳名》,《民国报》1932 年 9 月 3 日，第 8 版。

② "中国国民党澳洲鸦打顿埠分部民国九年职员一览表",《民国报》1920 年 5 月 1 日，第 6 版。

③ "民国十一年中国国民党昆省坚时丫打顿分部职员表",《民国报》1922 年 3 月 4 日，第 6 版。

④ 《坚时分部启事》,《民报》(The Chinese Times) 1922 年 6 月 24 日，第 6 版。

⑤ Henry Reynolds, "Racial violence in north Queensland", (1975), 21-29; Cathie May, "Chinese and Europeans in North Queensland: a study in race relations." (1975), pp. 135—146.

⑥ Ian Dempster, "Soldier settlement in the Atherton-Tolga-Kauri area after World War I: its position in context with legislative schemes and its progress to the mid 1930's." *John Oxley Journal: a bulletin for historical research in Queensland* 1.7 (1980), pp. 11—23.

几年间只能选择他往，甚至离境。①事实上，即便像缪祖绍这样已经在当地奠定了一定经济基础的家庭也感受到了经营之艰难和各种压力，而在1923年左右举家去到昆士兰北部滨海重镇汤士威炉埠（Townsville）寻求发展。②

  缪祖绍在汤士威炉埠经商的具体情况如何，因无资料不得而知；但当年与他一起来澳闯荡的兄弟缪祖根（Jue Gun），此前一直都在丫打顿经营粟园③，此时也一起来到汤士威炉，并就此在这里扎下根来。只是在澳大利亚档案里找不到与他相关的档案，不知其最终结果如何，因其名字在1939年当地报纸上出现一次后再无踪迹可循。④也许随着此后太平洋战争爆发，他也最终留在澳大利亚并消失于历史尘埃之中。而缪祖绍在汤士威炉期间开设了一间店铺，但是否与其兄弟缪祖根合股经营，以及经营的业绩如何，皆无从得知。然而，在汤士威炉三年后，缪祖绍于1926年又举家重返滔炉架埠⑤，利用已经归化入籍的身份，在该埠购买了一大片土地，继续做此前经营粟园的老本行。他是如何在这几年间筹集一大笔钱以及如何归化入籍而获得购买土地的权利，目前未找到相关的记录和报道。

---

  ① 《华人失业》，《广益华报》（*The Chinese Australian* Herald）1920年9月25日，第9版；《坚时埠通讯》，《民国报》1921年6月11日，第6版。

  ② Mow Kock PING-Students passport, NAA: A1, 1927/12462。

  ③ 缪祖根的中文名字出现在1912年丫打顿埠捐款芳名之中，当时是与缪祖绍一起在该地种植玉米。见《澳洲国民捐告白》，《警东新报》（*The Chinese Times*）1912年12月7日，第9版。但在中文报刊里，此后再无法找到与其相关的记载。

  ④ "Obituary: Mow Jue Sue", *Cairns Post*, 1 May 1939, p. 12.

  ⑤ Sandi Robb, 前揭书, 第533—534页。

但有一点是可以肯定的，在此前他于滔炉架居住的近 20 年时间里，他与当地主流社会的居民包括欧裔和华裔移民都建立了良好的关系，也备受他们尊重。他去世时当地几十个西裔移民家族奉送花圈并出席葬礼，即为一个例证[①]，故在短暂离开而返回故地重拾旧业时，极为顺利。现在滔炉架与丫打顿之间的一条路，就是以缪祖绍的名字命名的，叫祖绍路（Jue Sue Road），路两旁是上千公顷的农田和牧场，由此可见当年缪祖绍粟园的经营规模及在当地玉米种植业中的地位。而该路以其名命名，则是缪家当年为了抵达其粟园和运输之需而自行修筑之故。

更重要的是，缪祖绍在 1926 年重返滔炉架埠后，也斥资将位于丫打顿埠南边唐人街旧址的大片土地买了下来。[②] 丫打顿唐人街是 19 世纪末年由在此经营或耕种粟园及其他营生的华人所建，与镇子上西人居住点有所区隔。因其建造材料是杉木和铁皮，又被称为杉树镇。随着第一次世界大战结束后在此居住的华人逐渐离去，到 20 世纪 20 年代初，这个曾经有几百人居住的唐人街迅遭遗弃，最终破败，片瓦不存。[③] 在与唐人街相邻之处，还有一座 1903 年华人集资用杉木和乌豆木及波纹铁皮建造的"侯王庙"，供奉南宋国舅爷杨亮节，作为当

---

① "Obituary: Mow Jue Sue", *Cairns Post*, 4 May 1939, p. 14。除了这些西裔移民家族，还有许多华裔家族。

② "Hou Wang Temple"，https://plex.page/Hou_Wang_Temple。

③ Heather Burke and Gordon Grimwade, "The historical archaeology of the Chinese in Far North Queensland", *Queensland Archaeological Research* 16（2013）, 121-139.

地华人祭祀和崇拜之所。①在1926年重返滔炉架埠后，缪祖绍眼见丫打顿唐人街日益冷落，除了出资购买以保存这片土地之外，也联合其他几位留居该地经商的华人家族共同出资，维护和守卫侯王庙，一方面保护这座庙宇使其得以留存，另一方面也使得仍然留居当地的华人还有一个公共祭祀场所得以不时地或定期地使用，维系其原有的中国信仰和传统文化。1967年，缪家子女将其拥有的在杉树镇的土地及侯王庙的资产全部转交给另一位也是来自香山县的富商方安（Fong On）家族后人管理②，而后者在1975年将此物业财产交给昆士兰省政府，由省政府在1992年将侯王庙列为历史文化遗产。③现在，侯王庙已经成为昆士兰北部高原台地上的一个旅游热点；其所承载的厚重历史与遗存，是了解这一带先民包括华人移民先驱如何开发和建设这块土地的主要去处之一。

缪祖绍在滔炉架的粟园经营非常成功。与此同时，他也跟以前一样，仍然开设和经营其祖绍果园铺。1930年后，他除了继续经营其粟园种植外，还把住家搬到丫打顿埠，也把商铺迁到这里继续经营，因为滔炉架的人口不到丫打顿的一半，来

---

① Queensland Department of Environment, Land and Water, "Chinatown, Herbert Road, Atherton", https://apps.des.qld.gov.au/heritage-register/explorer/detail/?id=600011.

② 方安，1867年出生，广东省香山县隆都人。1883年来到澳大利亚北领地的达尔文港，几年后去到丫打顿埠，开设一间商铺，是该埠主要华商，经营玉米销售。他娶1885年出生的同邑萧氏（1898年随父母来澳，从达尔文入境）为妻，有子女多人。1949年，方安在丫打顿去世。见FONG ON, George-Nationality Chinese-Arrived Darwin. NAA: BP25/1，FONG ON G CHINESE。

③ Barrie Reynolds, *Report on Atherton Chinatown*, North Queensland, Townsville: James Cook University, 1991.

到这里可以更好地发展，多种经营，辐射整个高原台地。可惜的是，因在1936年受伤加上多年劳作而身体受损，缪祖绍在此后几年间备受伤病折磨，于1939年4月27日去世①，距其60大寿只有两个多月的时间。

四、缪氏后人在澳之发展

缪祖绍去世时，其长子长女和次子早已经成年，故其粟园和商铺便由其妻带领诸子女继续经营。

长子查尔斯继承父业，主要管理粟园种植及晋身于当地商会和丫打顿台地玉米营销协会，为自己家族的玉米生产和销售发声，同时按期申请农田灌溉用水执照；此外，他也负责将家族的农田经营品种扩大，种植花生以因应市场需求。②更重要的是，他擅长体育，也热爱各项体育运动，早年就打得一手好乒乓球，并由此带领弟妹们加入北昆竞赛协会（North Queensland Racing Association），参与该协会举办的乒乓球比赛活动和其他体育项目，比如赛马；成年后，他热衷打高尔夫球，多次在地区赛中夺魁。与此相关的一个有利结果是，由于参加这些体育活动，他与几个兄弟都陆续获得该协会颁发的庄家执照，缪家因经营体育博彩获利。③太平洋战争结束后不久，他自己一家移居坚时埠，继续在该地参加高尔夫球比赛，并照管以父

---

① "Obituary: Mow Jue Sue", *Cairns Post*, 1 May 1939, p. 12.
② "Peanut Industry", *Cairns Post*, 2 April 1940, p. 3.
③ "N.Q.R.A. Licences Granted", *Cairns Post*, 2 July 1954, p. 7.

亲名字命名的商铺（公司）在坚时及汤士威炉埠分行的生意。

次子费利浦在中学时便参加拳击比赛，相当活跃，1940年曾经挑战过北昆士兰地区拳王头衔。① 中学毕业后，他加入父亲缪祖绍商行协助工作，也成为丫打顿消防救火队的队员，服务当地社区。在父亲去世后，他主要负责祖绍商行营销工作，并开创电器销售与无线电维修等多项业务，于1945年与一位英格兰裔女士结婚。在长兄查尔斯离开丫打顿定居坚时后，整个缪祖绍公司的业务就由费利浦主管。三子威廉则在1941年12月太平洋战争爆发后便报名参军入伍，成为澳大利亚皇家空军战士，服务于机场地勤部门，为国尽其公民义务。② 战时，他就驻防在昆士兰北部地区，参加对日作战；战后，他于1945年年底以空军中士军衔退役，回到丫打顿后，协助二哥经营。③ 幺子乔治也在战时结束中学课程后，进入家族企业，协助几位兄长经营粟园种植和负责商行运营。他们兄弟仨各自负责缪祖绍商行的某项核心业务，都扎根在丫打顿埠。而长女邬娜中学毕业后就一直协助父兄经营，于1947年9月嫁给坚时埠的一位也跟她一样是在澳出生的名叫 Herbert Sang 的华人第二代。④ 她的两个妹妹米莉和玛丽于协助家族经营多

---

① "Mareeba Baxing: McDonagh v Phil Jue Sue", *Cairns Post*, 1 May 1940, p. 4.

② "Chinese Join RAAF", *Telegraph*（Brisbane, Qld）, 9 October 1942, p. 3.

③ "Atherton Personal: Mr. W. L. Jue Sue, discharged sergeant in the R.A.A.F", *Cairns Post*, 3 January 1946, p. 4.

④ "Atherton Personal", *Cairns Post*, 5 July 1947, p. 9; "Sang—Jue Sue", *Cairns Post*, 13 September 1947, p. 8. 缪家子女中，只有长女的婚礼消息出现于传媒，其余皆无报道可循。

年之后，也在大姐结婚之前后分别嫁给姓 Tracey 和 Kesby 的两位西裔人士，都定居在坚时埠。①

而缪祖绍太太区珍在丈夫去世时刚过 40 岁，尚属年轻，因此，在带领诸子女继续经营缪祖绍生意的同时，她在 1940 年年底再婚，丈夫是其家族故友之子 Wilfred Lee Long（其中文名字未详）。Wilfred 是位于坚时埠到汤士威炉埠之间滨海重镇烟尼士非炉埠（Innisfail）之华商李朗（Lee Long）之子，②却是在丫打顿成长起来的，因其父李朗早年曾在此经商，他此时也留居该埠，打理父亲留在这里的分店。他与区珍一家本来就相熟，互有往来。因此，区珍再嫁后并没有离开丫打顿，且继续和儿女们经营着前夫留下的产业生意，直到 1954 年 12 月 16 日在丫打顿埠去世。③

如前所述，缪祖绍在 1903 年前后曾回国探亲结婚，据报出生于同年 7 月 5 日（这也可能是农历，如果是公历，则出生日期应为 8 月 27 日）的缪国秉（Mow Kock Ping）④，是其在国内的妻子所生。当澳大利亚在 1921 年实施《中国留学生章

---

① "Funeral Notice", *Cairns Post*, 17 December 1954, p. 9.

② 李朗生于 1873 年，香山县人，1887 年赴澳，从达尔文港入境，后去到坚时埠和丫打顿埠经商和当菜农，最终去到烟尼士非炉埠开设商铺，是该埠主要华商。李朗亦是娶的 1891 年达尔文出生的 Liz Kin 为妻，有子女逾十人。1950 年，李朗去世。见 Long, Lee-Nationality: Chinese [DOB: 6 December 1873, Occupation: Gardener]-Alien Registration Certificate No 399/17 issued 8 January 1917 at Atherton, NAA: BP4/3, CHINESE LONG LEE; Lee Long-Nationality Chinese-Arrived Darwin on unknown vessel in 1887, NAA: BP25/1, LEE L CHINESE。

③ "Obituary: Mrs Oy Chan Lee Leong", *Cairns Post*（Qld）, 17 December 1954, p. 9.

④ Mow Kock PING-Students passport, NAA: A1, 1927/12462.

程》，为居澳华人在乡子弟开放赴澳留学时，缪祖绍便抓住机会，立即为这位在家乡的儿子申办了赴澳留学的护照和签证。当年9月13日，18岁的缪国秉乘船抵达汤士威炉埠入境澳大利亚，与父亲及其他异母弟妹住在一起。他在滔炉架埠读了两年多的书，于1923年年底跟着父亲一家去到汤士威炉，在这里的教会学校完成了中学教育，并在此按照其弟妹们姓名的排列顺序，将其英文名字从原来的Mow Kock Ping改为James Jue Sue，简写为Jimmy Sue。①1927年9月，已经24岁的缪国秉完成学业回国。②1933年7月4日，缪国秉以James Jue Sue这个名字获得工作签证重返澳大利亚，进入也是由中山籍华商在汤士威炉埠开办的"马广号"或"马广果栏"（Mar Kong & Co.）担任店员。③三年后，他离开该商行，去到丫打顿埠协助父亲经营粟园和商铺生意，有一年多的时间；1937年，他再次去到汤士威炉，与人合股，接管也是由中山籍华商在19世纪末便已开设的老字号商行"福和栈"（Hook Wah Jang）④，成为该商行重组后的四位股东之一，入股价值2500

---

① Mow Kock Ping aks Jimmy Sue, NAA: J2773, 985/1924.

② Certificate for exemption from dictation test-Hock Yee, Ah Hop, Ah Way, Wong Lin, Ah Jang, Mow Kock Ping, Willie Moon, Charlie Fun, Charlie, NAA: J2773, 1127/1927.

③ 关于马广号详情，见Mar Kong and Company, NAA: BP210/9, 88。

④ 这家"福和栈"商行，早在19世纪末便由来自广东省香山县的莫阿其（Mo Ah Kee）等创设，此时是由缪国秉等四人接管。见You, Yum-Student of passport, NAA: A1, 1926/3557。

镑。① 为此,他向澳大利亚内务部申请归化入籍,虽然未能成功,但获准长期居留经商。② 只是不知何故,此后的澳大利亚方面记录,无论是档案或传媒报道,都将缪国秉视为缪祖绍的养子。③1939 年,缪国秉得以将 1911 年 9 月出生的太太林慧真(Wai Chun)从中山县石岐申请来澳④,在这里为其生下一对儿女。不幸的是,1949 年 6 月 8 日,他因乘坐飞机失事死亡,年仅 46 岁。⑤ 至于缪国秉在家乡的母亲及其他亲人情况如何,不得而知。

---

① Chinese employed under Certificate of Exemption by Hook Wah Jang & Co, Townsville, Queensland [death of James Sue Sue, wife Wai chun or Wai Jun, Mar Man Chiu, Mar Chor Kin], NAA: J25, 1949/2743.

② Nationality and Naturalization of Leong Lai Ming and Jimmie Jue Sue, NAA: A981, NATIO 14.

③ 在缪祖绍讣告中,明确列出其有七位子女,外加一位母亲在汤士威炉的养子,即缪国秉。详见 "Obituary: Mow Jue Sue", *Cairns Post*, 1 May 1939, p. 12。尽管如此,缪国秉在汤士威炉的家庭与在丫打顿的继母一家诸位弟妹的关系依然比较密切。20 世纪 40 年代末时,Oy Chin 曾去到汤士威炉埠住过一段时间,其长子 Charles 甚至从坚时埠赶来探望母亲,也与其异母兄长相聚。1954 年年底 Oy Chin 去世后,林慧真立即带着一对儿女前往丫打顿埠,与家族其他成员一起参加葬礼。见 "Funeral Notice", *Cairns Post*, 17 December 1954, p. 9。

④ JUE SUE James [born 1903-China] and wife Wai Chun JUE SUE [nee WAI] [born 1911-China], NAA: J25,1963/5023。缪太太此后便一直在汤士威炉居住,于 1963 年归化入籍澳大利亚。

⑤ "Townsville Chinese Dies on Plane", *Townsville Daily Bulletin*, Thursday, June 9, 1949, p. 2.

结 语

昆士兰的玉米产量占据全澳同类产品的三分之一份额，[①]而以丫打顿为中心的高原台地玉米生产则在昆士兰占据着极其重要的地位。缪祖绍作为丫打顿最早的一批玉米种植农场主，其经营时期较长，即从其本人延续到其下一代，其历史贡献应让后人所知；而其家族后人此后也一直坚守在这块土地上，开枝散叶；到现在缪祖绍商行的店铺也仍然活跃于丫打顿埠，继续建设和服务于这个多元文化的国家。也就是说，缪祖绍及其一家的经历，就是中国移民在澳大利亚与其他族裔移民共同建设这个美丽家园的一个缩影。

基金项目：本文系国家社会科学基金重大招标项目子课题"世界华商通史·大洋洲卷"（17ZDA228）的阶段性成果。

作者简介：粟明鲜，男，历史学博士［澳大利亚格理菲思大学（Griffith University），1996年］，旅澳学人，江苏师范大学澳大利亚/华侨华人研究中心客座教授，教育部国别和区域备案基地——澳大利亚研究中心/国家民委"一带一路"国别和区域研究中心——澳大利亚研究中心成员，主要从事澳大利亚史、华侨华人史研究。

[①] "Map of Australia states by Maize Production, 2020", in https://knoema.com/atlas/Australia/maps/Maize-Production.

论海外三江侨团的历史演进

赵 昌

摘要：三江华侨是近代闽、粤、桂等传统侨乡之外的华侨群体。秉持着开放团结的大三江精神，三江华侨建立了牢固的组织认同，在全球范围内广泛建立了三江侨团组织，并推动三江侨团不断发展变革。在三江侨团的成长过程中，大三江精神的内涵也不断丰富，注重兄弟联谊，聚焦商贸合作并始终保持自立自主，使三江侨团世代延续，至今仍是重要的海外侨团力量。

关键词：三江侨团；大三江精神；历史演进

"三江华侨"群体的形成乃是近代中国华侨史上的独特现象。所谓"三江"的概念其实也经历了一个曲折的演变扩充过程。最初"三江"泛指长江下游一带的入海各省，如江苏、浙江、安徽、江西等，"三江人"主要是指来自上海、苏州、镇江、常熟、温州、无锡、杭州、宁波等地的华侨，也就是操吴语的群体。而后扩大到黑龙江、长江、钱塘江等广阔范围，自称"外江"人，与闽、粤、桂以珠江为中心的"内江"人对称。

虽然由于东南沿海地区地理位置便利，导致出国华工多数为闽粤两省人，但其他省份的人也占有一席之地，尤其是由于当时尚属江苏管辖的上海是近代首批通商口岸，也是招募、贩运华工出国的主要口岸之一，北方省份的华侨多从上海出洋。晚清由容闳推动的著名的"留美幼童"事业，也是从上海海关寻找到突破口的，因此上海乃至江苏是当时中外交流的前沿地区。另外从地理位置上讲，上海处在江苏、安徽、浙江的交会之处，也是北方对外联络的核心，故从上海出洋的中国人也常自称或被通称为"上海人"。[①]如温州华侨在南下谋生的时候，就往往自称"上海人"，制造的家具产品也标上知名度更高的"上海货"。这种现象不唯温州华侨独有，也普遍出现在江苏、江西等"三江华侨"身上。[②]

"三江华侨"虽然人数不多，影响力也无法与闽粤桂等传统华侨群体相比，却秉持着开放、团结的大三江精神，以侨团组织为载体凝聚侨心、构筑认同，也通过侨团组织表达观点、扩展影响。"三江华侨"为中国海外移民赋予了不一样的精神内涵，是近代中国海外移民中特征最鲜明的群体之一，然而却长期为学界所忽视，对这一群体的专门研究尚少。本文以江苏籍三江侨团的成长历程为中心，阐述大三江精神在构建三江人

---

① 在1927年之前，行政上上海一直归属江苏管辖。
② 新加坡三江会馆：《三江百年文化史》，新加坡：新加坡三江会馆，2001年，第46页。

认同，推动海外三江侨团世代延续中的巨大作用。

一、三江侨团的建立与全球流散

虽然随着近代中国的不断开放，三江华侨不断移居海外，但由于人数较少，专门的三江华侨社团组织一直没有建立起来，直至19世纪中后期才在海外逐渐出现了专门的三江华侨组织。不过由于"三江"概念的开放性，三江侨团很快在世界各地建立起来，大三江精神得到世界各地三江华侨的认可和支持。

（一）日本三江侨团的建立

在日本长崎地区最早成立了三江侨团组织。在江户时期（1603—1868）后半期，三江华侨几乎独占长崎贸易，三江华侨的活动场地兴福寺为"唐四寺"之首。[①] 根据《上海侨务志》记载，1866年在上海开设元记商号的宁波人张尊三于1870年左右赴日本函馆经商，主要从事海产、杂货的进出口贸易，后来发展成为著名日本华侨。[②] 其后又有一批著名商人赴日本从事海产、纺织等进出口贸易，如大阪华侨吴锦堂、长崎华侨毛纪等，逐步形成了以"三江人"为核心的华侨群体。1868年，三江帮华侨在兴福寺创设"三江祠堂"，用以安放神位或寄管

---

① "唐四寺"指兴福寺、福济寺（泉州同乡会）、崇福寺（福州同乡会）、圣福寺（广东同乡会）。

② 《上海侨务志》编纂委员会：《上海侨务志》，上海：上海社会科学院出版社，2001年，第55页。

去世同乡的灵柩、遗骨。1878年，又在寺内创建了"和哀堂三江会所"，1887年成立了三江会。

1909年4月1日，神户三江公所向兵库县知事提交成立社团法人的申请书，该申请书于1912年4月24日获得批准，这样，三江公所定名为正式名称"三江商业会"。据史料记载，组建三江商业会的目的是："为图中日贸易之发达，会员相互之间补助及亲睦，与中日人民或本国人间发生商业上重大纷争时，依当事者之恳请，作调停工作。或如华侨之间，有受天灾地变或其他灾害者，则以相当之办法救护之。"① 可见，当时的三江商业会虽然名称为商业，但实际上依然承担着很大一部分的同乡联谊的功能，这与"三江"的地域联系是密切相关的。有学者指出："日本华侨团体，由自发的具有祭祀、慈善等性质的自治团体发展成为地方性的具有商业等机能的同乡会、公所、会馆，而后又……成立全国性较强的'中华总商会'等强有力的华侨团体……宣告了日本华侨社会的正式形成。"②

（二）东南亚三江侨团的成长

"三江华侨"在东南亚的活动主要在马来西亚、泰国和新加坡。在马来西亚吉隆坡茨厂街，三江人多开设书店，如世界书局、上海书局、商务书局、文化供应社、开明书局等。从事教育的有祖籍江苏的坤成中学校长沙渊如等。在中华人民共

---

① 宁波市政协文史委、政协慈溪市委员会编：《吴锦堂研究》，北京：中国文史出版社，2005年，第206页。

② 朱慧玲：《当代日本华侨教育》，太原：山西教育出版社，1996年，第8—9页。

和国成立之前,马来西亚的三江华侨组织主要有槟城三江公会(成立于1897年)、霹雳三江公会(成立于1940年)和吉隆坡暨雪兰莪三江公会(成立于1947年)。槟城三江公会的历史悠久,迄今已经超过百年,1897年,黄南岗等人在槟榔屿创办三江公所,并置地设立公冢。1938年,获准注册槟城三江公所,租用乔治市中路109号成立会所;1941—1945年,因战事停办会务。1946年,重办槟城三江公会,并于1950年向社团注册局注册;1951年募资购入乔治市中路109号,重建会所,并于1953年落成,沿用至今。

根据吉隆坡暨雪兰莪三江公会网站介绍,"二战"之前南渡的三江同乡既有组建社团之意,又有槟城三江公会在前,但囿于同乡流动性强、缺乏经费等因素未能成功。"二战"结束后,天下重归太平,三江华侨的文化优势体现出来,教育界精英涌现,组织意识强烈。此时,在吉隆坡市辖区居住的同乡已有200余人的规模。1946年,张耀良、沙渊如、毕惠通、杨继任、王鉴文、盛崇、顾伯亮、范生林等人在吉隆坡召开"筹组雪兰莪三江会馆发起人大会"。出席者达23人,并推选张耀良、范生林、毕惠通、王鉴文、沙渊如、顾伯亮、盛崇七人为筹备委员,张耀良任筹委会主席,沙渊如、王鉴文、盛崇起草组织章程。1947年,正式成立"雪兰莪三江公会",暂时在吉隆坡金马路甘文丁街8号办公;1951年,会长虞福祥等人筹资于燕美律地段自建会所,会所在1955年竣工投入使用;1962年迁址波得力路的新会所。新会所建成后,公会事务进入正轨,1963年增设了青年组,1966年增设妇女组。1994年设立三江总会大专奖学金。1999年成立歌咏队，可以说公会各项福利政策稳步推进。会长虞福祥于1965年还获得雪兰莪苏丹颁发的太平局绅勋衔。1996年，市政府征地兴建轻快铁征用公所；1997年迁址云顶路翠湖园104号。

泰国是"三江华侨"的重要目的地，其最重要的社团组织就是泰国江浙会馆。泰国江浙会馆创建于1923年。根据泰国江浙会馆提供的信息，江浙人旅居泰国的历史基本上可分为两个阶段："二战"前及"二战"后。第一阶段的衍生进程可追溯至一个多世纪前的拉玛五世年代。1868年泰国拉玛五世继承王位后主张对外开放，学习吸收国外先进技术和管理经验。出于建筑宫殿的需要，拉玛五世招募了一批来自上海、宁波的木工师傅，这成为江浙三江华侨移民泰国的发端。在建筑业的带动下，木器家具的需求量也大幅增长，缝纫、中医乃至古玩、钢琴修理等辅助产业应运而生，这些奠定了三江华侨在泰国生存生活的经济基础。为了能够长期相互扶持，为广大乡亲谋取福祉，三江先贤成立了类似同乡会的组织，这些都为日后成立正式侨团奠定了良好基础。①

1923年，江浙华商王明福、沈章行、张福堂、沈纪堂、张宝元、张兴宝、苏庆和发起，于7月26日正式成立了泰国江浙会馆，会所设于泰京曼谷四丕耶花沙尼巷73号。②当时在泰国除广东、福建、台湾、广西和较后成立的云南籍侨团会馆外，其他我国各省份在泰的侨胞为数甚少，而且也没有其组

---

① 据江苏省侨联提供的《泰国江浙会馆发展简史》记载。
② 当日为农历六月十三，正值中国木匠鼻祖鲁班祖师诞辰日。

织建立，在陈振泰所编《泰国江浙会馆史略》中有这样一段话："为团结群众的力量来谋取社会福利慈善事业，且能联络彼此之友谊，故不以省份之派别观念，亦就都参加这个会馆为会员。因之，江浙会馆在本京（指泰国首都曼谷——引者注）各同乡组织中，成为一个不受区域限制，而拥有多省份会员的会馆。"①因此泰国江浙会馆延续了"三江华侨"开放包容的大三江精神。而为何以"江浙"命名，则是"江苏与浙江两省地区，则基于地灵人杰，人才辈出，且在历史上能显于仕途中不知若干。同时，在地理上是接近我国首都（指当时的南京）和第一大都市之上海，故该两省人民，亦多就集中于沪市或各大商埠，经营出入口业或各种大企业之类。"②这里提到了江浙的地理物产和人文优势，正是"江浙"获得诸省侨胞认可的原因。

新加坡三江会馆起源于1898年，新加坡三江同乡于惹兰里茂设置三江公墓，随后在1906年，潘云卿、曹裕昌等人联合发起组织三江公所，所址位于惹兰安拔士，1908年正式获准注册。1927年，新加坡三江公所改名为三江会馆，成员扩大到所有外江人；稍后，会所设址在卡佩芝路2号，发起成立三江公学校，并于1937年购置卡佩芝路4号为学校校址。在陈嘉庚先生"每帮各留存会馆一所"的倡议下，新加坡三江会

---

① 泰国江浙会馆：《泰国江浙会馆成立六十七周年纪念特刊》，曼谷：泰国江浙会馆，1999年，第70页。

② 泰国江浙会馆：《泰国江浙会馆成立六十七周年纪念特刊》，曼谷：泰国江浙会馆，1999年，第70页。

馆成为三江人的唯一精神家园。①日本占领新加坡期间，会务曾一度停止。1945年，新加坡三江会馆复办；翌年，新会所设置于圣多马径23号，同时复办学校。

（三）美洲及其他地区的三江侨团

在美洲，规模最大的三江侨团应数美东三江公所，全称为美东纽约三江慈善公所。美东三江公所原为1929年6月由旅美浙江、江苏、江西籍人士发起成立的三江公所，创立时有会员80余名，目前已发展到1000余名。1929年，孙安生、阮孝洪、韩阿根等人在美国纽约发起成立美东纽约三江慈善公所；1941年，附设三江慈善公会；1956年，在纽约华埠地威臣街设置公所大厦。公所有常设机构致力于慈善事业，对各慈善机构、社会教育和文化艺术团体均予捐助或做实质性协助；并设有"三江文教奖学基金"，从1966年起每年一次颁发给学业优异的三江子弟。尤其是对会员参与美国政治活动和竞选公职均积极鼓励和支持，如为美国首位华人副州长吴仙标的参选成功做出了贡献。公所积极推进与中国的联系，1997年宁波遭受特大台风灾害时，曾组织会员捐款赈灾。

除国外三江社团外，在港澳台地区，三江侨团也有很大的影响力，其中以"香港苏浙沪同乡会"为代表。1939年，旅居香港的一批江苏、浙江、上海工商界人士筹组成立了"旅港苏浙沪商人协会"，成立之初，成员主要从事的是工商业或金融事业。1941年日本侵略军侵占香港，1942年，旅港苏浙沪

---

① 陈嘉庚：《南侨回忆录》，上海：上海三联书店，2014年，第389页。

各界人士成立"苏浙同乡遣送归乡委员会",并于1943年改名为"苏浙旅港同乡会",共遣送回乡2685人。"苏浙旅港同乡会"继承发扬了大三江精神,"其他各省籍之侨胞,凡未有同乡会及类似组织者,本会亦无分彼我,施以援手"。[①] 1945年重修章程,1946年正式成立"苏浙旅港同乡会",以"维桑与梓,必恭敬止"为宗旨。

二、三江侨团的改革与新陈代谢

"二战"结束后,三江华侨侨居各国纷纷实现了民族独立,三江侨民虽多选择入籍并取得公民权,但继续维持乡团的乡谊活动,三江侨团呈现出新的发展形势。

(一)走向区域联合

东南亚马来西亚地区是三江华侨的重要分布地,三江侨团组织成立较早也较集中。"二战"后在马来西亚的三江华侨群体得到了进一步的扩充发展,为适应新的发展形势,相继成立了砂拉越三江公会(1966年)和沙巴三江公会(1967年),成员均是以祖籍粤、闽、琼以外的"三江华侨"的华裔为主。其实"三江华侨"移民沙巴的历史可以远溯至英国渣打公司经营北婆罗洲的时代,在当时行政当局有计划的招募之下有100多家祖籍山东省的三江同乡集体移民沙巴,并被安置于距亚庇

---

① 香港苏浙沪同乡会:《香港苏浙沪同乡会60周年钻禧纪念特刊》,香港:香港苏浙沪同乡会,2006年,第7页。

六英里的乒南邦。另外，英国殖民当局为加速战后复兴重建，招募了香港方面的建筑商参加公私工程建设。随之又有一批三江工友技术人员来到沙巴州。同时也有为数不少的工程、教育、文化、医务等各项三江籍的专业人士，陆续来到沙巴定居。这些战后移居沙巴的三江人士成为成立沙巴三江公会的基础。三江公会的规模化建设为区域联合创造了条件。1977年11月，在马来西亚的五个地缘性的三江公会组建了马来西亚三江总会，并成为马来西亚七大华侨乡团协调委员会之一。[①]

"二战"后新加坡三江会馆也走上了区域联合之路。1986年，新加坡三江会馆联同福建会馆、潮州八邑会馆、广东会馆、南洋客属总会、海南会馆和福州会馆共七大会馆，联合成立新加坡宗乡会馆联合总会。另外，新加坡三江会馆还联合宁波同乡会（成立于1937年）、温州会馆（成立于1923年）、江西会馆（成立于1935年）、上海公会（成立于1918年）、南洋湖北天门会馆（成立于1957年）、两湖会馆（成立于1947年）、南洋华北同乡会（成立于1935年）、上海西式女服同业会（成立于1938年）、星州华侨干洗公会（成立于1946年）等九个三江帮的组织，使三江会馆成为三江人的联谊总会。目前，附属机构有三江公祠、三江会馆慈善诊疗所、三江学校、三江会馆慈善互助部、三江会馆新舞团、三江会馆合唱团、三江青年团等。

[①] 另外六大乡团是福建社团联合会、客家公会联合会、潮州公会联合会、广东会馆联合会、海南会馆联合会和广西总会。

（二）侨团功能进一步完善

"二战"结束后，随着各地华侨落地生根，三江侨团的社会功能进一步完善。1961年9月20日，新加坡三江会馆在《社团注册法令》下重新注册。1974年，水铭漳、杨子本等人发起创立三江慈善诊疗所。1977年3月1日，三江慈善诊疗所正式服务，聘请专业医生，购置医疗设备，为新加坡各族居民提供服务，只收象征性挂号费，成千上万病人从中受惠。邵氏机构每年拨出专款捐助诊疗所运营，其余部分由三江董事和乡亲捐助。1980年，在水铭漳先生的推动下，为解决老同乡的生计问题，创立安乐院，提供免费住所和基本生活费用，1983年因院址被征用而停办。1982年，三江公墓被政府征用，先人遗骨无处安放，于是筹建三江公祠。公祠建成后，每年春秋两季，三江同乡都会聚集前来祭拜祖先，大大加强了同乡间的凝聚力。1989年，筹资建设三江大厦，并于1999年落成。这是三江会馆发展史上的一个新的里程碑，成为三江人的骄傲。

"二战"结束后，泰国江浙会馆也进入了发展的新时期，此时来泰的三江同乡与早年来泰同乡有着本质上的差别，早期同乡大多为工匠及其家眷，此时则大多携带资金和技术经验来泰国投资开厂，诸如纺织、印染、办公用品、不锈钢珐琅器皿、建筑装修、石油化工、电器、玻璃制品等行业以及投资办校等，成员多为白领阶层和知识分子，诸如银行家、实业家、报人、公司高管等，其中很大一部分人都被吸收进入了江浙会馆。1955年组成山庄和福利两委员会，以推进会员福利。

1964年在佛统开辟新山庄。设立平剧社（1970年后改名为国剧社），聘请教师教授会员学习戏剧，并修建大礼堂和戏台。1962年成立青年社。馆内设有网球、羽毛球场地，开展文体活动。1968年江浙山庄内建立安老院，收养孤寡老人。[①] 目前，在泰国最具影响力的华人会馆中，江浙会馆即为其一。[②]

1954年7月"苏浙旅港同乡会"改组为有限公司，1957年获当地政府批准。1993年2月中文名改为"香港苏浙同乡会"，2006年改称为"香港苏浙沪同乡会"。办有《苏浙会讯》双月刊物，截至目前已出149期。

"香港苏浙沪同乡会"最有特色的活动在于创办学校和社会福利事业。在学校建设上，自1949年香港苏浙沪同乡会理事长徐季良博士发起创校运动开始，香港苏浙沪同乡会先后办有四所学校，分别为苏浙公学、葵涌苏浙公学、苏浙小学和沙田苏浙公学。自创校起，香港苏浙沪同乡会即要求以全普通话授课，开香港普通话教学先河，这也渐成该会属校的传统。另外，学校以"整齐严肃"为校训，教学上该校推行"中英并重"，英文课聘用外籍教师授课，师资力量也很强。1958年，在苏浙公学奠基典礼上，徐季良博士概括了香港苏浙沪同乡会的办学总宗旨："我同乡决心兴学，完全基于百年树人作育英才，并无任何其他作用掺杂其间，我同乡深知人类的进化，必

[①] 周南京主编：《世界华侨华人词典》，北京：北京大学出版社，1993年，第623页。

[②] 其他八家为潮州会馆、客家总会、广肇会馆、海南会馆、福建会馆、台湾会馆、云南会馆、广西总会。

须新陈代谢，积极培养下一代，使其接受善良教育，以期来日凭其所能，贡献于社会。"① 同乡会创办的学校与苏州幼儿师范学校、浙江省嘉兴市第一中学等学校缔结为姊妹学校，促进与江浙地区的学术和文化交流。同乡会先后设立"徐季良奖学金"（1990年）、张楠昌教育基金（1998年）、屠馥生教育基金（1998年）、范甲奖学金（2008年）、王宝明校长奖学金（2009年）、张高维清基金（2010年）、周伯英奖励香港苏浙沪同乡会属校品学兼优学生基金（2014）等教育基金。

在社会福利方面，"香港苏浙沪同乡会"也卓有贡献。在早期阶段，主要从事遣送难侨、赠医助药、平籴赈米、恤灾助殓等善举。1963年开办诊疗所，1976年扩建为慈德诊疗院，1992年改为苏浙慈德诊疗中心。苏浙公墓也是其中一项，并在1976年与台北浙江同乡会合办台北花园公墓。1985年起先后开办两家安老院。1991年江苏遭受特大洪涝灾害之际，苏浙旅港同乡会和溧阳、无锡、太仓、吴县（已撤县，辖境相当于今苏州市吴中区、相城区）等旅港同乡社团的同胞们以多种方式向家乡提供了大批赈灾款物。1992年，经周忠继等倡议，苏浙同乡会专门设立了"苏浙沪家乡教育专款"，陆续通过捐赠方式资助苏浙两省及上海市推广电脑教育。至1994年，同乡会累计向苏浙沪两省一市捐助的港币达到1600万元。

---

① 徐季良:《百年树人作育英才》，载《香港苏浙沪同乡会60周年钻禧纪念特刊》，香港：香港苏浙沪同乡会，2006年，第45—46页。

(三)新三江侨团的出现

进入21世纪后,经过一百余年的新陈代谢,三江华侨华人社团顺应时代发展,开始发生深刻变革,具有显著的时代特征的新侨团纷纷建立。

第一,商业社团大量涌现。随着全球化的发展,社团的职能工作重心发生了很大转变,传统同乡会的慈善、教育、报纸等事业,逐步被商贸合作、行业交流取代。这里面既包括新成立的商业社团,也包括在传统的同乡会社团基础上组建的同乡商会。在新的时代背景下,华侨华人组建社团的一些动因逐步弱化或者失去,另一些功能则显著加强。比如,教育功能,新移民及其子女普遍在出国之前已经接受了比较系统的传统文化教育,英文水平提高,可以直接进入当地的英文学校就读,一部分中文基础较弱的华侨子女也会有专门的标准中文学校就读,因此没有必要依靠同乡会的力量单独设校。再比如传统同乡会的联谊功能也随着新移民适应能力的提升而弱化,逐步被商业合作取代。海外三江侨团的经济实力不断增强,商业合作成为凝聚乡谊的重要共识和基础,因此新兴了许多商业社团。即使传统的同乡社团也在成立以年富力强的新一代移民为主体的商业性下属组织,而旧社团也主要由老一辈社团成员负责开展传统活动。这种现象已经引起庄国土教授等学界著名学者的关注和肯定。[1]比如,泰国江浙会馆在原有基础上设立了江浙沪总商会,加强与江浙地区的商业联系。泰国江浙沪总商会的

---

[1] 庄国土:《21世纪前期海外华侨华人社团发展的特点评析》,《南洋问题研究》2020年第1期,第56页。

宗旨是：1. 促进工商企业之经营，以利向中国和世界各国进出口商品。2. 促进会员之间和谐发展，不定期地组织学术、商业信息研讨会或商业讲座。3. 提高会员所生产之产品质量，力求达到有关标准。4. 调解会员之间或会员与外界之间在经营中所发生的纠纷。5. 向会员提供有关福利。于20世纪90年代移居泰国的华商为总商会的成立奠定了基础。中欧经济科技人才交流促进会则属于新兴社团，是由德国著名华人领袖王荣虎博士发起成立的，以欧洲华人精英和德国专业人士为主要成员的协会。协会主要致力于中欧在科学、技术、经济、商业、人才、教育等方面的多层次和全方位的交流。目前，会员覆盖欧洲主要国家德国、法国、英国、东欧和北欧，人数达500多人。

第二，社团联合趋势加强，社团的领导权逐渐转移到新移民手中。目前，新移民社团的活跃度远远大于传统社团，主要表现在商贸会晤频繁、社团合作增多、活动内容专业化。新华侨活动能力强且多数为商业精英，格局视野大，横向联合增强，各类"总会""总商会"纷纷建立。借助于现代交通通信手段，各社团之间的联系也日益紧密，并不限于见面会、联谊会等传统形式。新加坡江苏会经新加坡政府批准，于2016年10月注册成立后，在新加坡政府各部门、中国驻新加坡大使馆、新加坡社会工商文教科技各界以及江苏省的大力支持下，迅速发展壮大。新加坡江苏会目前已吸引了1000多名正式注册会员，60%具备硕士及以上学历，多数为资深媒体人、科学家、教育专才、计算机通信专家、智能机器人专家以及企业总裁、热心公益人士等，五位正副会长中有四位博士。近年来江苏会还增加了体育部、青年团，还有各部门主任及委员，并在中国上海、香港和美国都有代表处。

第三，新华侨华人社团与中国政府机构的联系大大加强。很多华人社团或邀请中国统战部门、侨务部门、商贸部门参加社团举办的各类活动，或者直接派代表回国与各政府机构会谈业务。有相当一部分新华侨华人社团积极响应国家政策号召，结合地区实际配合国家各类活动。泰国江浙会馆已与浙江省侨办、江苏省侨办、上海市侨办、四川省侨办、宁波市侨办、云南省侨办、成都市侨办、义乌市侨办、扬州市侨办、绍兴市上虞区侨办、无锡市侨办、苏州市侨办、镇江市侨办等建立良好的合作与互动关系，每年的各种经贸侨务活动都积极参加，如"浙江省海外乡贤聚会""浙江省贸洽会""海外江苏之友""相聚上海共谋发展"等知名品牌活动。于2015年在中国香港注册成立的香港江苏社团总会是一个坚持"一国两制"方针，支持特区政府依法施政，致力于维护香港社会长期繁荣稳定的爱国爱港爱乡社团。首任及现任会长为全国政协常委唐英年先生。2021年3月5日，香港江苏社团总会发表声明《落实"爱国者治港"原则　确保香港长治久安》。声明认为"香港现有的选举制度存在漏洞，'爱国者治港'是香港选举制度必须遵从的原则。……总会将继续坚定支持全国人大决定，为维持香港的长治久安贡献自己的力量。"[1]

---

[1] 参见香港江苏社团总会《落实"爱国者治港"原则　确保香港长治久安》，2021年3月5日。

三、三江侨团的大三江精神

"三江华侨"的成因比较特殊,这是塑造其独特精神面貌的重要因素。以上海为中心的商业贸易是"三江华侨"群体形成的最初动因之一,商贸合作是凝聚"三江华侨"群体的重要力量,这与传统侨乡以血缘宗亲、地缘同乡为主要凝聚纽带的现象有显著区别。无论是在日本、东南亚还是在欧美其他地区,"三江华侨"往往并不主要靠出卖劳动力为生,而是追逐商贸利益,或是有一技之长。这展示了近代海外华侨不为人知的另一面,是海外华人商业网络的最初奠基者。

三江概念的不断演变推动了三江侨团的精神塑造。马来西亚著名教育家、霹雳三江公会创办人之一的伍念慈先生认为,三江有广义、狭义之别,通常我们所说的三江是江苏、浙江、江西的简称,但"所谓'三江'一词,在南洋而言,实尽括福建、两广(及海南)以外的中国全部范围"[①]。也有人认为三江的概念是不断演化的,刚开始限于江苏、安徽、浙江、江西四省合称,江苏与安徽原为江南省,故与浙江、江西合称为"三江"。后由于除闽桂粤外其他各省也有不少人士出洋,因此三江的概念不断扩大,涵盖了长江、黄河、黑龙江等中国其他广大地区,因此又有人把三江分"大三江"和"小三江","大三江"精神逐渐成型。

---

① 吉隆坡暨雪兰莪三江公会:《缘起》。

因此,"三江华侨"本身就是一个开放的概念。一方面,与传统以地缘为基础的华人社团不同,"三江华侨"组建的社团往往并不刻意强调地域性,而是相关性。早期由于与"上海"相关,"三江华侨"甚至可以以"上海人"代称,继之强调与长江流域相关的省份集合,再然后长江、黄河、黑龙江,凡与"江"相关,愿意融入"三江华侨"者皆可容纳。但从另一方面讲,三江又有比较鲜明的地域特征,因为"闽、粤、桂三省的河流,诸如闽江、晋江、九龙江、赣江、珠江均流入东南海,与长江、黄河并无牵连"[①]。所以,闽、粤、桂三省之外的被称为"外江",三江也因此逐步成为"外江"的同义词。这种开放性是传统华侨群体和华侨社团所不显著的。还有一个值得重视的问题是,"三江华侨"从一开始即体现出一种联系性,或称全球性。"三江人"一词获得了广泛认同,全球各地的"三江人"保持着良性的继承和延续,在社团活动中相互扶持、与兄弟侨团密切合作。这使得"三江人"一直保持并珍视其良好的信誉。

1936年,我国著名教育家陶行知先生曾赴新加坡开展联合抗日工作,时任新加坡三江会馆馆长陈来昌以一首诗赠他:

---

① 新加坡三江会馆:《三江百年文化史》,新加坡:新加坡三江会馆,2001年,第118页。

三江会馆①

愿君认识新三江，黑龙扬子与钱塘。
珠江为兄闽为弟，从此兄弟不阋墙。
愿君听我唱三江，黑龙扬子与钱塘。
珠江为朋闽为友，联合起来打东洋。

新加坡三江会馆践行"大三江"精神，规定"凡本国（指新加坡）年满二十一岁之'三江'同人，不分性别，皆得参加为'个人会员'"②。新加坡三江会馆打破地域门户之见，积极与兄弟会馆联谊联合，使"大三江"精神世代延续。曾任新加坡华裔馆馆长的纪宝坤教授在为新加坡三江会馆一百周年献词时就说："三江移民为新加坡带来了中国北方的特质以及西方文化，因为上海和其周边的城市都受到较为深远的西方文化的影响。"③

"三江华侨"具有极强的组织意识。在全球各国众多海外华人侨团中，"三江人"始终可以组织起以"三江"或相同概念为名称的社团，即使人数不多，也以"三江"命名，体现对"三江"一词的认同。另外，在组织繁盛时期，也始终可以

---

① 陶行知：《三江会馆》，载《行知诗歌集》，上海：上海三联书店，1981年，第190页。

② 吴华：《新加坡华族会馆志》第1册，新加坡：新加坡南洋学会，1975年，第93页。

③ 新加坡三江会馆：《三江百年文化史》，新加坡：新加坡三江会馆，2001年，第32页。

以"三江"来统合多个"三江华侨"社团。日本三江公所、马来西亚三江总会和新加坡三江会馆的发展历程充分说明了这一点。另外，传统三江侨团在组织上一般较为独立，不接受同乡侨团以外势力的领导，也就是说侨团纯粹是一种民间组织，倾向于横向的帮扶联系而非纵向的官僚体系。组织上的独立性也为三江侨团的活动自由和世代延续提供了保障。

四、结语

三江侨团以开放团结的"大三江"精神为指引，打破地域门户之见，以关联性组织海外华侨，逐步扩大范围，囊括了除内江人以外的所有海外华侨。"大三江"精神不仅推动了同乡组织的区域联合，还积极与兄弟社团联谊，壮大了海外侨团的组织力量，为海外华人的团结协作树立了典范。三江侨团重视知识技能，聚焦商贸合作，不断扩大侨团业务范围，使侨团成为三江侨民实现共同利益的服务载体。三江人自强不息，始终保持自立自主，三江侨团世代延续，至今仍在海外侨团中发挥着重要作用。

三江华侨群体的出现和其体现的"大三江"精神深化了我国海外移民运动的精神内涵，塑造了别具一格的组织和文化认同，推动了三江侨团组织在全球范围内的建立和持续变革，构成我国华侨史上的一道独特风景。

科研项目：教育部人文社科基金青年项目"当代澳洲华人族裔资本研究"

（项目批准号：19YJC850026）；江苏省现代教育技术研究2021年度课题"现代教育技术支持下华侨华人史课程思政建设助力四史教育的探索与实践研究"（课题编号：2021-R-92119）的阶段性研究成果。

作者简介：赵昌，1982年出生，江苏徐州人，国际关系博士，江苏师范大学澳大利亚/华侨华人研究中心副教授，教育部国别和区域备案基地——澳大利亚研究中心/国家民委"一带一路"国别和区域研究中心——澳大利亚研究中心成员，主要研究方向为澳大利亚史、华侨华人史。

跨国主义视角下欧洲华商社团的历史考察

韩燕芳

摘要：欧洲华商社团的出现可以追溯到20世纪初，早期华商社团的规模和数量都较小，且发展较为缓慢。20世纪70年代以后，伴随着欧洲华侨华人数量的迅速增加与华人经济的发展，华商社团迅速兴起，并呈现出新的特点。不仅全欧性的华商社团开始涌现，且发挥日益重要的影响，传统的国家性和地区性华商社团也迅速增多，规模上不断扩大。华商社团的功能也突破行业内部交流的范围，转向更广泛的社会职能、经济职能和跨文化交流职能。

关键词：欧洲；华商社团；跨国主义

最早有中国人前往欧洲从事经商活动始于何时已不可考，但自16世纪葡萄牙和西班牙人来到西太平洋地区从事商业和殖民活动以来，中欧之间的商业交流即已开始，中外史料中已有零星中国人前往欧洲经商的记载。①至19世纪中叶以后，中欧之间贸易交往日盛，华人前往欧洲经商者趋多。至20世纪初各类华人社团组织兴起，作为业缘性的华商社团亦滥觞于此。②"二战"后，东南亚、中国香港和中国台湾等地华人移民欧洲者较多，华商群体亦随之壮大，华人集中的餐饮、零售等行业的华商社团借势兴起。至20世纪末，来自中国大陆的华人移民迅速增加，华商群体进一步壮大，华商社团也呈现出多层次、多样化发展的特点。

学界鲜有专门针对欧洲华商社团的论著，大多是在对欧洲华侨华人社团的总体研究中有所涉及。李明欢教授对欧洲华人社团的研究较早且较为全面，对于以华商社团为主的"业缘性社团"有较为深入的探讨。③此外，陈衍德、邰利亚、杨鑫、王子刚、陈华等对西欧，特别是英国、西班牙等国的华人社团

---

① 据载，三名中国商人约在1485年携带"珍奇物品"从马尼拉出发经墨西哥前往西班牙。参见［英］博克塞《欧洲早期史料中有关明清海外华人人的记载》，杨品泉摘译，《中国史研究动态》1983年第2期，第23页。

② 本文的华商社团主要是指由华商主导建立，或以工商业交流为主要目的社团组织。

③ Minghuan Li, "We Need Two Worlds": Chinese Immigrant Associations in a Western Society, Amsterdam: Amsterdam University Press, 1999; 李明欢：《当代海外华人社团研究》，厦门：厦门大学出版社，1995年版；李明欢：《21世纪初欧洲华人社团发展新趋势》，《华侨华人历史研究》2015年第4期；李明欢：《欧洲华侨华人史（上下卷）》，广州：暨南大学出版社，2019年版。

做了较多讨论。①国外学者如道格拉斯·琼斯和格雷戈尔·本顿等学者在讨论英国和荷兰华人历史和社会融入时对华商社团也有所论及。②作为华人社团的重要组成部分，华商社团既有与其他类型华人社团之间的共性，又有一定的特殊性。本文从跨国主义视角出发，讨论欧洲华商社团在不同时期的发展特点及影响。

一、早期欧洲华商社团及其特点

欧洲华人社团几乎与欧洲华人社会同步发展，20世纪初是起步阶段，也是欧洲早期华人社团萌生、组建的阶段。华商社团也在此时应运而生。

英国华人最早可以追溯到18世纪晚期被东印度公司雇佣后随船来英的中国船员，部分中国船员留居英国。"二战"前英国华人主要职业是海员、小商贩、洗衣店店主、中餐馆

---

① 陈衍德：《欧洲的华人社团与劳力和技能市场》，《东南亚研究》2003年第6期；邸利亚：《西欧华人社团的现代化及其特征》，广州：暨南大学硕士学位论文，2006年；杨鑫：《当代英国华侨华人社团发展研究（1978–2010）》，成都：四川师范大学硕士学位论文，2019年；王子刚：《从数据和量化角度浅析西班牙华人社团发展》，《八桂侨刊》2021年第1期；陈华：《欧洲青田新移民社团研究》，广州：暨南大学硕士学位论文，2013年。

② Douglas Jones, "The Chinese in Britain:Origins and Development of a Community", *Journal of Ethnic and Migration Studies*, Vol.7, 1979（3）; Gregory Benton and Edmund Gomez, *The Chinese in Britain 1800-Present*: *Economy, Transnationalism, Identity*, London: Macmillan, 2008.

老板等。[1]1906年成立的"伦敦正义会"（London Chun Yee Society）可以视为有明确记载的最早的欧洲华商社团之一。在该社团的宗旨中，"协助华侨、华人发展工商业"是其主要职责之一。[2]早期俄国华商社团是一个特殊群体。19世纪中后期，沙皇俄国侵占中国北方大片领土，致使部分世代生活在中国边疆地区的民众被迫"割地为侨"。[3]加之，清末战争与自然灾害频仍，俄国大力开发远东地区，前往俄境内经商谋生者众多。1907年，海参崴华商总会正式注册成立。该商会的宗旨是加强成员间的商业联系，如它的组织会员向总部位于上海的贸易协会即"莲花会"出售人参、鹿角、兽皮、海参、螃蟹和其他海产品等。[4]同一时期还成立了与海参崴华商总会类似的多个商会，如双子城中华总商会（1909年）、波力中华总商会（1910年）、驿马河中华总商会（1913年）等。[5]

最早的赴德中国人可以追溯到18—19世纪在欧亚航运中的海轮水手。[6]20世纪前半叶，少量中国人通过各种途径来到

---

[1] 邵政达：《英国华商的兴起、特征与趋势——以中餐业为中心》，《江苏师范大学学报》2020年第1期。

[2] 周南京主编：《华侨华人百科全书·社团政党卷》，北京：中国华侨出版社，1998年，第256页。

[3] 马莉：《中俄关系视野下的华侨华人》，广州：暨南大学硕士学位论文，2008年，第9页。

[4] Nyíri Pál, *Chinese in Eastern Europe and Russia: A Middleman Minority in a Transnational Era*, Taylor & Francis e-Library, 2007, p. 24.

[5] 马莉：《中俄关系视野下的华侨华人》，广州：暨南大学硕士学位论文，2008年，第12页。

[6] ［德］施丢克尔：《十九世纪的德国与中国》，乔松译，北京：生活·读书·新知三联书店，1963年，第37—38页。

德国从事经商活动,尤其值得注意的是来自浙江青田的华人商贩。其中一部分或凭借从国内携带来的资本或通过经商积累一定资本后,开始独立经营商店,从事批发零售和进出口贸易。1934年在柏林成立的德国华侨工商联合会是德国最早出现的华商社团之一,成员以浙江青田人为主。当时在德国的青田人以小商贩为主,有三四百人,他们都是该协会的成员。[①]自1936年以后由柏林华商林南勋担任会长,他自20世纪20年代起从事批发生意,将货物批发给德国各地的流动商贩,甚至还批发给来自奥地利、捷克斯洛伐克等国的流动商贩。[②]

"二战"后至中国大陆改革开放前,来自中国大陆的华人锐减,欧洲华人主要是战前华人移民及其后裔,或从中国港澳台地区及东南亚各国赴欧的华人。受欧洲战后重建和经济复苏的影响,欧洲华人规模迅速扩大,华人从事的行业也从早期主要以边缘性、体力型劳动为主转向多元,从事工商业活动的华商群体数量急剧增加。其中,尤以中餐业发展最好,聚集华商人数最多。中餐业华商社团也在各国发展较早。

随着战后荷兰中餐馆数量的不断增加,中餐馆业主群体希望建立一个强有力的组织以代表他们向荷兰政府维权。1948年6月25日,荷兰政府出台一项法令,规定在荷餐厅不得出售油炸食品,而中餐馆作为一种特殊的民族餐饮业,很多中国

---

① Mette Thunø: "Chinese Emigration to Europe: Combining European and Chinese Sources", *Revue Européenne des Migrations Internationales*, Vol. 12, 1996, p. 285.

② 徐鹤森:《民国浙江华侨史》,北京:中国社会科学出版社,2009年,第89—91页。

菜不用油炸就不可能做好，因此，如果严格履行这一规定，荷兰中餐业将遭受重创。中餐馆业主群体迅速成立了荷兰华人餐馆协会，协会发出了一封由18名著名中餐馆业主签名的信，请求中国大使馆支持。在中国领事的调解之下，荷兰官方同意不再强迫中餐馆执行此规定。①

值得注意的是，华商社团大多属于业缘性社团，受限于"二战"后冷战背景下的政治因素及欧洲经济的周期性发展等，临时性的特点较为明显。荷兰华人餐馆协会在实现维权目标后很快解散。1964年，荷兰中餐业华商又创建了中国餐饮协会，目的是推动不断增多的中餐业华商们加强对荷兰商业法规的了解（如许可证、餐厅卫生、税率和企业管理等），并促进彼此间的交流互动。但是，这次努力也很快失败了。究其原因，据当时一位中餐馆老板回忆，当时荷兰中餐馆发展正如日中天，很多人并不能看出它存在难以深入发展的困难，因此意识不到成立社团的重要性。②直到1985年在阿姆斯特丹成立了"皇家餐饮、酒店及相关行业企业家联合会"（Royal Union of Entrepreneurs in the HORECA and Related Enterprises），荷兰中餐业华商才真正拥有了自己的社团组织。③

---

① Minghuan Li, "*We Need Two Worlds*": *Chinese Immigrant Associations in a Western Society*, Amsterdam: Amsterdam University Press, 1999, pp. 69—70.

② Minghuan Li, "*We Need Two Worlds*": *Chinese Immigrant Associations in a Western Society*, Amsterdam: Amsterdam University Press, 1999，p.71.

③ Minghuan Li, "*We Need Two Worlds*": *Chinese Immigrant Associations in a Western Society*, Amsterdam: Amsterdam University Press, 1999，p.74.

英国在"二战"后迎来大批来自中国香港和东南亚的华人移民。中餐业和华人零售业发展迅速，华商群体规模迅速壮大。1968年香港政府驻伦敦事务所组织成立了英国华商总会，试图加大对英国华商群体的影响力，并加强彼此团结，便于管理。① 但是，商会的发展并不尽如人意，早在建立之初就被部分英国华人指出其在华人社区中的根基很差，无法代表华人向英国政府作有力发声，甚至有批发商直言商会的作用不大。② 这样的状况直到20世纪80年代以后才得到改善。究其原因，正如有学者指出的："二战"后的很长一段时间内，普通华人在面临创业需要建议、帮助、贷款或者合作伙伴等问题时，更倾向于依靠个人关系谋求赞助，他们认为这样效率和灵活性要高得多。③

总之，"二战"前欧洲华人数量较少，社团数量和规模较小。成员主要是基于乡缘或亲缘聚集在一起，同乡、同族之间的互助是主要目的，基于业缘建立商会性质的华商社团相对较少，且发展较为缓慢。即便如此，或临时或永久性的各类华商社团的出现，为处于摸索起步阶段的欧洲华商群体提供了必不可少的协助与支持，推动了华商群体在欧洲各国的立足与发展。

---

① Gregory Benton and Edmund Gomez, *The Chinese in Britain 1800-Present*: *Economy, Transnationalism, Identity*, London: Macmillan, 2008, p.119.

② Gregory Benton and Edmund Gomez, *The Chinese in Britain 1800-Present*: *Economy, Transnationalism, Identity*, London: Macmillan, 2008, p.166.

③ Gregory Benton and Frank N. Pieke eds, *The Chinese in Europe*, London: Macmillan, 1998, p.13.

二、新时期欧洲华商社团及其特点

20世纪80年代是欧洲华商社团发展的转折阶段,不论在规模还是影响力上都实现了质的突破。自1978年中国大陆实行改革开放政策以来,出现了一次新的华人出国热潮,欧洲是华人最重要的出国目的地之一。不仅有大量的留学移民和劳工移民,还有较多的技术移民和投资移民。华人新移民群体的到来使欧洲华人社团的数量迅速增加。据统计,2008年欧华联会第15届年会召开时,全欧已有804个华人社团[①],到了2012年召开第17届年会时,全欧社团数量已高达1330个,其中华商社团是主要类型之一。[②] 仅20世纪80年代成立的重要代表性华商社团就包括:英国华侨粮油业商会(1983年)、英国中华饮食业总商会(1985年)、英国京菜业同业联谊会(1980年)、法华工商经贸协会(1989年)、意大利米兰华侨华人工商会(1986年)等。[③]

华商社团在数量和规模扩大的同时,也呈现出新的发展特点。从社团层次角度来讲,首先是全欧性质的华商社团涌现,并日益发挥重要影响。代表性社团参见表1。相较早期华商社团的地方性,全欧性的华商社团在团结欧洲各国华商力量、促进全欧华商经济往来互助等方面有更大的影响力。它们不仅可

---

① 李明欢:《21世纪欧洲华人社团发展变化研究》,载赵红英、张春旺主编《中国侨联课题研究成果文集》,北京:中国华侨出版社,2015年,第121页。

② 李明欢:《21世纪欧洲华人社团发展变化研究》,载赵红英、张春旺主编《中国侨联课题研究成果文集》,北京:中国华侨出版社,2015年,第130页。

③ 李明欢:《当代海外华人社团研究》,厦门:厦门大学出版社,1995年,第184页。

以整合更多优势资源、共享更广泛的行业信息、维护全欧各地侨胞权益,而且能依靠其更高的层次与祖籍国建立高层次的联系。

欧洲华商理事会于2014年5月29日在法国巴黎成立,其成员由来自法国、德国、英国、意大利、西班牙、葡萄牙等欧洲地区的成功华人企业家代表组成。[①]2019年5月29日,欧洲华商理事会在巴黎召开第五次年会,中国驻法大使馆公使余劲松出席,称赞理事会成立5年来打破地域行业界限、搭建合作发展平台、分享创业成功经验、创新发展模式理念,为团结旅欧华商、建设和谐侨社、促进中欧经贸关系做出了重要贡献。

表1 以欧洲为单位的华商社团举例

华商社团名称	成立年份	会址	主要负责人
欧洲台商联合总会	1994年	荷兰阿姆斯特丹	沈为霈、陈沛泉、诸中流等
欧洲华商理事会	2014年	法国巴黎	刘若进、戴小璋等
欧洲华商大会基金会	2016年	卢森堡	罗运钦
欧洲华商扶贫基金会	2009年	比利时布鲁日	何晓耀

全欧性华商社团的兴起,使得欧洲各国华商的联系越发紧密。2016年9月22日至24日,首届欧洲华商大会在意大利

---

① 欧文:《300余欧洲华商欢聚巴黎 庆欧洲华商理事会成立5周年》,中国侨网:http://www.chinaqw.com/hqhr/2019/05-31/223851.shtml,2019年5月31日。

坎波内（Campione）小镇召开。大会由总部设在卢森堡的非营利性国际组织——欧洲华商大会基金会发起，并由该基金会和欧洲华商理事会、欧洲华商会共同召集①，共有来自欧中两地的近400名政、商、学界人士参与。大会以"传承与超越：问道中国与世界2.0"为主题，以研究欧洲华商经济发展以及促进华商合作与交流为宗旨。会上，欧洲华商大会基金会总裁罗运钦表示：随着中国加速推进"一带一路"建设，华侨华人无疑将成为其中极为重要的参与者。②

其次，国家层面的华商社团越来越多，并得到祖（籍）国的鼓励和支持。以新时期德国的华商社团为例，2013年5月，时任国务院总理李克强在访德期间正式宣布德国中国商会成立，并将商会成立事宜纳入《中德关于李克强总理访德的联合新闻公报》。③德国中国商会是首个联邦层面代表在德中资企业的权威机构，并且是中国在欧洲建立的第一家海外商会。④该商会主要由在德中资企业联合建立，其职能包括帮助中资企业了解德国市场环境、负责中德企业双方的交流与沟通、协助中资企业办理商务签证或工作许可等。德国中国商会面向在德所有中资企业，帮助其解决问题，促进相互交流，对于推动中

---

① 龙剑武：《首届欧洲华商大会在意大利举行》，中国新闻网：https://www.chinanews.com.cn/hr/2016/09-23/8012597.shtml，2016年9月23日。

② 龙剑武：《首届欧洲华商大会在意大利举行》，中国新闻网：https://www.chinanews.com.cn/hr/2016/09-23/8012597.shtml，2016年9月23日。

③ 张春旺、张秀明主编：《世界侨情报告（2020）》，北京：社会科学文献出版社，2020年，第177页。

④ "德国中国商会"，德国中国商会网：https://chk-de.org/zh/about-us/。

资企业在德健康良好发展起了积极作用。

于2006年4月15日成立的俄罗斯中国总商会，是由中国商务部批准设立并在俄联邦司法部依法注册的第一个华人自律组织。[①]该商会受中国驻俄罗斯大使馆的直接领导，宗旨为在俄罗斯法律的框架下，为在俄罗斯注册的中资企业服务，维护中资企业的正当权益；为促进中俄经济贸易关系的发展和企业间的交流，发挥重要的桥梁和纽带作用。[②]俄罗斯中国总商会的建立对于在俄罗斯的华商来说意义重大，商会成立后与俄官方各部门及莫斯科市政府建立了稳定的联系，[③]为维护在俄华商权益起到了重要作用。

欧洲各国华商自发组织的社团更多（见表2）。1989年11月30日，法国潮州商会正式成立，在其宗旨中开始有了"发扬中华民族优良传统，促进侨社和睦团结；协助会员办理各项商务手续及法律问题"[④]等字眼，表明此时法国华商社团在履行其经济职能的同时，也开始拥有了一定的社会职能。2003年6月15日在巴黎成立的法国华商会也具备了一定的社会职能。法国华商会自成立以来便与中国大陆保持紧密联系，在促进中法贸易交流的同时，还会在祖国需要的时候施以援手。2003年，中国大陆暴发"非典"，次年5月还未正式宣告成立的法国华商会即向中国国务院"防治非典"办公室捐款15万

---

① "俄罗斯中国总商会"，俄罗斯中国总商会网。
② "俄罗斯中国总商会"，俄罗斯中国总商会网。
③ "俄罗斯中国总商会"，俄罗斯中国总商会网。
④ 周南京主编：《华侨华人百科全书·社团政党卷》，北京：中国华侨出版社，1998年，第104页。

元人民币,以表达对中国"抗非典"战役的支持。①

表 2 以国家为单位的华商社团举例

华商社团名称	成立时间	会址	主要负责人
法国华商会	2003 年	法国巴黎	卓旭光
德国华商联合总会	2002 年	德国汉堡	李福全、张禹华等
俄罗斯中国总商会	2006 年	俄罗斯莫斯科	周立群
意大利华商总会	1998 年	意大利那不勒斯	留志然、董立群、胡圣鎏、施立群等
西班牙华商总会	1988 年	西班牙马德里	汪秀民、王绍基、叶耀东等

最后,地区性华商社团发展迅速。与国家层面的华商社团类似,地区性华商社团也得到祖籍国方面的支持和鼓励。由于中资企业在欧洲各国发展迅速,以中资企业华商为主体的地区性华商社团得到中国各省份工商联、侨联等部门的支持。比如,中国东部的各经济大省江苏、山东、浙江、广东和福建,设立商会的积极性很高,其中江苏和山东不属于传统的侨务大省,但他们在海外商会创建发展方面更加积极有为。② 例如,在江苏工商联的推动下,江苏省在欧洲成立德国江苏总商

---

① 《法国华商会捐款 15 万元支持中国抗击"非典"》,中国新闻网:http://www.chinanews.com.cn/n/2003-05-26/26/306966.html,2003 年 5 月 26 日。
② 庄国土:《21 世纪前期海外华侨华人社团发展的特点评析》,《南洋问题研究》2020 年第 1 期。

会、西班牙江苏总商会、苏州欧洲商会等。①2015年以后，山东在德国、荷兰、法国、奥地利等地也建立了类似商会。

从社团成立的目的来看，改革开放后出现了以发展慈善事业为主要目的的华商社团，成为华商社团功能转型的重要例证。例如，2009年2月以扶助中国贫困地区为宗旨的欧洲华商扶贫基金会在比利时的布鲁日成立，该基金会由旅居比利时的华商何晓耀牵头成立，包含来自荷兰、意大利、西班牙等多国的华商。②在当天举行的第一届理事会就职典礼上，基金会向中国云南省金平苗族瑶族傣族自治县捐款2.8万欧元，用于救助失学儿童。③2017年10月23日晚，欧洲华商扶贫基金会在慈善晚宴上共筹款2.18万欧元④，其后将所有金额交至中国驻比利时使馆，以支持云南省金平县金河镇十里村修建饮水设施。2019年7月11日至12日，基金会代表到云南省红河州金平县开展捐赠活动，分别向马鞍底中学和金水河中学两所学校各100名贫困学生捐赠每人600元助学金，共计12万元。⑤2021年2月26日，新任会长卢益胜在

---

① 庄国土：《21世纪前期海外华侨华人社团发展的特点评析》，《南洋问题研究》2020年第1期。
② 姚伟、蔡玲玲：《海外游子心系中国扶贫 牵头创立基金会》，新民网：https://paper.xinmin.cn/html/xmwb/2020-03-16/21/62007.html，2020年3月16日。
③ 《欧洲华商扶贫基金会成立 向中国失学儿童捐款》，国务院侨务办公室：http://www.gqb.gov.cn/news/2009/0428/1/13746.shtml，2009年4月28日。
④ 任彦：《欧洲华商扶贫基金会向中国贫困地区捐款》，人民网：https://www.sohu.com/a/199937778_114731，2017年10月24日。
⑤ 马驰鹏：《旅比侨团欧洲华商扶贫基金会向红河州金平县贫困学生捐赠助学金》，新华网：http://m.xinhuanet.com/yn/2019-07/13/c_138222947.htm，2019年7月13日。

"云端"就职仪式中介绍说，欧洲华商扶贫基金会成立12年来，已累计向云南、浙江、山东等地区扶贫项目捐助近40万欧元。①欧洲华商扶贫基金会牵挂祖国贫困地区，并以实际行动回馈祖国，为欧洲华商社团与祖籍国的互动做出了良好的示范。

三、欧洲华商社团的作用和影响

随着欧洲华商社团数量的不断增加，规模和跨国联系也在日益扩大，社团的功能也日益突破行业内部交流的范畴，转向更广泛的社会职能、经济职能和跨文化交流职能。

就经济方面来说，欧洲华商社团作为业缘性社团在促进本地区华商经济发展，推动跨区域、跨国性的经济交流中扮演越来越重要的角色。相对早期以亲缘、地缘或单个行业内部华商建立的社团，新时期的华商社团大多具有跨行业、跨地区等特点，能够更广泛地推动华商的跨地区、跨行业经济交流。2001年在法国巴黎北郊欧拜赫维利耶市工业区成立的"法国华人进出口商会"（Acenciation Franco Chinoise de Commerce），主要由当地从事进出口贸易的华商组成，涉及服饰、皮件、工艺品、眼镜、钟表、玩具等多个行业，商会宗旨即为"团结

---

① 潘革平：《中国驻比利时使馆点赞侨界助力脱贫攻坚》，新华网：http://www.xinhuanet.com/world/2021-02/26/c_1211042415.htm，2021年2月26日。

华商、服务华商、共谋发展"。①2019年3月14日在波兰成立的第一个波兰—中国官方商业组织"波兰—中国总商会"（Polish-Chinese General Chamber of Commerce），主要目标是推动波中经济关系发展，促进出口和投资。②无论是由华商自发组建的社团，还是由政府推动建立的组织，其核心要旨都是服务于华商群体，作为中欧经济互动和本地华商经济交流的组织者和依靠力量。

从政治角度来说，各华商社团在推动祖籍国与住在国交往交流方面发挥积极作用。2017年6月12日至13日，第二届世界华侨华人工商大会在北京举行，在"'一带一路'与华商组织协作论坛"上，百位境外华商组织负责人探讨如何加强华商组织协作，引导成员参与"一带一路"倡议。③会上，多个华商组织领导人发言表示，各国华商组织应发挥桥梁作用。2021年3月10日，在浙江宁波、舟山两地侨联召开的"甬舟侨务一体化"合作发展联席会议上，提出召开"一带一路"中东欧华商组织合作宁波峰会。④各华商会领导人在提倡社团成员积极推动我国"一带一路"倡议实施方面发挥了重要

---

① "法国华人进出口商会"，华人百科网：http://huarenbaikewang.com/index.php?title=%E6%B3%95%E5%9B%BD%E5%8D%8E%E4%BA%BA%E8%BF%9B%E5%87%BA%E5%8F%A3%E5%95%86%E4%BC%9A。

② 《波兰—中国总商会成立》，中华人民共和国商务部网站：http://www.mofcom.gov.cn/article/i/jyjl/m/201904/20190402849465.shtml，2019年4月3日。

③ 周欣媛：《华商组织助力"一带一路"：协作、引领、共赢》，中国新闻网：http://www.chinanews.com/hr/2017/06-13/8249603.shtml，2017年6月13日。

④ 林波：《浙江重点侨乡"强强联手"探侨务合作 共推一体化发展》，中国新闻网：http://www.chinanews.com/hr/2021/03-10/9429295.shtml，2021年3月10日。

作用。

欧洲华商社团也积极与住在国政府保持联系，成为维护当地华商权益的重要力量。2022年2月5日，法国美丽城联合商会邀请巴黎10区、11区、19区和20区等四区官员在当地幸福楼大酒楼举行茶话会，庆贺新春。巴黎10区区长高德芭（Alexandra Cordebard）、巴黎19区区长达钮（François Dagnaud）、20区区长皮利耶（Éric Pliez）和11区副区长乐朋（Luc Lebon）等政府官员出席。[①] 会议中，副会长陈东晓对法国政府在维持美丽城地区治安方面做出的努力表示感谢，法国政府官员们也对美丽城联合商会对街区的繁荣发展所做的努力表示肯定，并听取了商会成员就治安环境、经济发展、文化交流等方面的建议和意见。法国美丽城联合商会自成立以来就与当地区政府官员联系密切，2014年、2018年、2019年等都曾邀请当地区政府官员共同参与庆祝新春的活动。2020年10月16日，法国美丽城联合商会还曾与巴黎20区新当选区长埃里克·普里埃（Eric Pliez）及警区负责人就改善商圈治安与卫生情况举行座谈会。商会所在区政府多次听取商会关于治理当地卫生环境、治安等问题的意见。

欧洲华商社团不仅为住在国华人融入当地社会、增进彼此联系、促进共同发展、维护华人正当权益等方面做出了贡献，而且是住在国与祖籍国之间的一座座桥梁。新时期的很多华商社团都与祖籍国保持着密切联系，甚至一些社团专门致力于回

---

① 欧文：《法国美丽城联合商会与属地四个区区长茶话庆春》，《欧洲时报》。

馈祖国，比如，欧洲华商扶贫基金会宗旨中明确提出"支援中国贫困地区发展"。随着全球化的深入和华人数量在欧洲的迅速增加，华商社团也在迅速发展壮大，而华人社会和华商社团的发展彼此呼应、相辅相成，他们的发展为加深中欧贸易往来与文化交流提供做出了重要贡献。

总之，早期华商社团数量较少，专业化程度较低，新时期欧洲华商社团在数量和规模上都有了较大提升，类型和功能也变得更为多样，且不再局限于某一地区或国家，出现了全欧性的华商社团。在功能上不局限于商业交流，而是伴之以扶贫、法律服务等多种功能，对成员的凝聚力和影响力也逐渐增强。近年，受欧债危机、难民危机和新冠肺炎疫情等因素的影响，在欧华商遭受了诸多困境，这也使他们进一步意识到团结与联合的必要性。欧洲华商社团作为相互沟通和联系的平台，在引导华商群体知法守法用法、积极融入当地社会、合理维护自身权益等方面越来越发挥关键性的作用。

基金项目： 本文系国家社会科学基金重大招标项目子课题"世界华商通史·欧洲卷"（17ZDA228）的阶段性成果。

作者简介： 韩燕芳，女，江苏师范大学历史文化与旅游学院/华侨华人研究中心，硕士研究生，主要研究方向为华侨华人史。

跨国主义视角下西班牙新华商群体的兴起与转型

陈 欢 邵政达

摘要：20世纪70年代末以来，借助中国大陆改革开放、西班牙经济崛起与"大赦"政策的良机，一批中国新移民进入西班牙创业，逐渐形成遍布西班牙各大小城镇的新华商群体。目前，西班牙登记社保的华商人数已达6万之众，占在册华侨总数四分之一以上。华商从中餐业和百元店等行业起步，逐渐涉足商品批发零售、服装加工等行业，经济实力不断提升。近年来，受欧洲经济危机、新冠疫情等因素影响，华商经济遭遇严重危机，西班牙华商围绕多元化、本土化、品牌化和规模化方向转型升级，正以新的面貌日益成为西班牙经济社会中的一支重要力量。

关键词：西班牙；新华商群体；改革开放；跨国主义

华商在西班牙创业、发展的历史可以追溯到20世纪初，大多来自浙江省青田县。由于20世纪上半叶的西班牙经济相对落后，政治上长期处于混乱和高压状态，华商人数十分有限，经济活动游移在社会边缘。直到20世纪70年代以后，中西两国关系正常化后，大批来自中国大陆的新移民通过西班牙"大赦"政策移居此地，华商人数才实现较大突破。华商以创业致富作为理想，他们开设的中小企业已分布至西班牙各大小城镇，其出众的营商能力引起西班牙社会的关注。①国内外学者对西班牙华商的关注不多，但相关研究已对华人社会现状、经济发展等问题有了一定探讨。本文在前人研究基础上，从跨国主义视角出发，探讨中国大陆改革开放后以新移民为主体形成的西班牙新华商群体的发展与转型。

一、西班牙新华商群体的兴起

中国大陆实行改革开放政策以来，西班牙华侨华人数量进入迅猛增长时期。1976年西班牙官方统计的中国移民人数为

---

① 李明欢针对西班牙华人社会进行了深入剖析，指出西班牙华人职业构成最突出的特点是"老板"比例较高。王子刚对西班牙华人中小企业在经济危机以来表现出的跨国主义特征和发展策略做了剖析。方晓、徐松华、白宁迪、吴悫、林国阳、李睿等学者从华人移民史和社会融入的视角讨论了西班牙华人移民的族群发展。国外学界特别是西班牙学者的研究视角更加多元。巴塞罗那自治大学东亚研究系教授华金·贝尔特兰（Joaquín Beltrán Antolín）及其夫人阿米莉亚·萨伊兹（Amelia Sáiz Lopez）对西班牙华人社会演变、族裔经济、社会网络、跨国主义、社会融入等问题都进行了研究。此外，格拉迪斯·涅托（Gladys Nieto）、宋冰（Bing Song）、桑乔·赫苏斯·安赫尔（Sancho, Jesús Ángel Merino）和罗莎·阿帕里西奥（Rosa Aparicio）等学者也重点关注了西班牙华人的社会融入问题，并提出了一些有价值的建议。

541人，1986年增长到2455人。①此后移民人数长期呈加速度上升，至2022年已达223591人（不含入籍华人）②，如果加上入籍华人，人数或已近30万之众。目前，华侨华人是西班牙第六大外来移民族群，第一大亚洲移民族群。华侨华人群体人口基数的增大奠定了新华商群体兴起的基础。这一现象迅速增多的背后，是中国改革开放政策下华人移民渴望发财致富心态的"推力"和经济腾飞后西班牙社会急需劳动力的"拉力"共同在起作用。西班牙之所以能成为众多华人新移民的理想目的地，与20世纪70—80年代两国复杂的政治、经济变革相关。

政治上，中西两国在1973年建交，外交关系实现正常化。西班牙于1975年开启民主化改革进程，中国随后也开始实施改革开放政策，两国社会发生剧烈变化，中国大陆和西班牙人员流动开始恢复，并逐渐密切起来。1974年，浙江青田人陈迪光在其叔叔、西班牙老华侨陈志彬的协助下，成为持西班牙驻中华人民共和国大使馆签证正式侨居西班牙的第一人。③

经济上，西班牙经济的高速发展与中国侨乡的"出国热"不谋而合。一方面，西班牙经过民主化改革及加入欧洲经济共

---

① Joaquín Beltrán Antolín, "Los Chinos en Madrid: Aproximación a Partir de Datos Oficiales. Hipótesis para una Investigación", Elena Vazquez Menendez, Tomas Calvo Buezas eds., *Malestar Cultural y Conflicto en la Sociedad Madrileña*, Madird: Comunidad Autónoma de Madrid, 1991, p. 295.

② 根据西班牙国家统计局（Instituto Nacional de Estadística）公布数据整理而成，参见：https://www.ine.es/jaxi/Datos.htm?path=/t20/e245/p04/provi/l0/&file=0ccaa002.px.

③ 李明欢：《西班牙华人社会剖析》，《华侨华人历史研究》2016年第2期。

同体后,进入经济发展的黄金期。1997年到2007年,西班牙GDP增长率连续11年居欧盟第一位。[1] 经济的快速发展需要大量劳动力,西班牙政府从1986年至2005年对非法移民实施六次大赦,放宽了移民进入的条件,中国新移民人数迅速增长。另一方面,中国改革开放后来自传统侨乡的青田人、温州人最先认识到不同国家生活水平和消费水平的差异,迫切希望到国外创业致富,于是在20世纪90年代出现了"出国热"现象。

图1 1952—1993年西班牙华侨华人数量变迁[2]

华人新移民的第一大来源地仍然是浙江省南部地区。根据2010年数据,全西班牙华人移民中,浙江籍移民占61.72%,

---

[1] 徐松华:《西班牙华人现状及面临问题和对策》,载王晓萍、刘宏主编《欧洲华侨华人与当地社会关系:社会融合·经济发展·政治参与》,广州:中山大学出版社,2011年,第242页。

[2] 张一昕:《跨国主义视角下南欧华商群体的历史考察》,徐州:江苏师范大学硕士学位论文,2021年,第23页。

而在浙江籍移民中，青田人所占比例又高达65%。①第二大来源地是福建省，占21.5%。仅浙江与福建两省就占西班牙华人移民的83.2%。②另外，还有来自上海、北京、广东和其他省份的华人。至20世纪末，由于国企改革导致的下岗潮，来自东北的移民增多，包括在国内仅300万人口，属于少数民族的朝鲜族华人移民也在西班牙出现。③除此之外，由于历史原因，西班牙一直存在着相当数量的中国台湾移民。

西班牙华人移民人口结构呈年轻化特征，性别比例相对平衡。根据2022年西班牙国家统计局数据，华人移民15岁以下的孩子占比20%，高于西班牙的13.8%；65岁以上老人占比仅有2.7%，远远低于西班牙的21.6%。与西班牙人平均45.01岁的年龄相比，华人移民平均年龄为33.6岁。因此，华人移民是一个人口年轻化的群体，在一定程度上补充了西班牙因人口老龄化而缺失的劳动力。

华人新移民主要由核心家庭组成，父母取得合法身份或长期居留权后，一般会通过"家庭团聚"方式将孩子接到西班牙。家庭成员都是华商企业的劳动力，这也使得新华商群体的企业经营具有家族化特征。随着越来越多华人移民扎根西班牙，一批华二代、华三代在西班牙出生、长大。有数据显示，自2004年以来，西班牙中国移民平均每年出生人数超过2000

---

① 李明欢：《西班牙华人社会剖析》，《华侨华人历史研究》2016年第2期。
② 李明欢：《欧洲华侨华人史》，北京：中国华侨出版社，2002年，第580页。
③ Joaquín Beltrán Antolín, "Las Comunidades Chinas en España y sus Actividades Económicas." *Economía Exterior*, No.30（Jan., 2004）, p. 155.

人。① 他们成为促进华人移民不断融入当地社会的重要力量。

西班牙华人新移民整体文化素质偏低，高学历和技术型移民较少。2006年青田县侨情普查报告显示，146825名华侨中，初中及以下学历的华侨占总华侨人数的82%。② 青田人是西班牙华侨华人的主体，因此该报告揭示出的问题能够反映西班牙华人新移民教育水平的普遍状态。这一特点使华人移民在就业上存在很大局限性，难以融入当地劳动力市场，大多只能聚集在华人传统的行业中。

西班牙华人新移民中的"老板"比例非常高。根据该国劳动与社会经济部对外来移民工作许可的分类，移民的工作有"自雇"（Cuenta propia）和"务工"（Cuenta ajena）两类，前者即"老板"，后者即"上班族"。2008年华人自雇人数超过英国人，2009年超过罗马尼亚人，成为自雇人数最多的外来移民群体。③ 2022年10月，西班牙华人移民登记社会保障

---

① Joaquín Beltrán Antolín, "La Presencia China en España: Globalización y Transnacionalismo", in Fundación Seminario de Investigación para la Paz ed., *La Emergencia de China e India en el Siglo XXI*, Zaragoza: Gobierno de Aragón. Departamento de Educación, Cultura y Deporte, 2009, p. 258.

② 林国阳：《西班牙排华问题研究——以浙江籍青田新移民为例》，广州：暨南大学硕士学位论文，2014年，第61页。

③ Joaquín Beltrán Antolín & Amélia Sáiz López, "Del Restaurante Chino al Bar Autóctono. Evolución del Empresariado de Origen Chino en España y su Compleja Relación con la Etnicidad", in M. Barros Nock & H. Valenzuela García eds., *Retos y Estrategias del Empresariado Étnico. Estudios de Caso de Empresarios Latinos en los Estados Unidos y Empresarios Inmigrantes en España*, México: Publicaciones de la Casa Chata, 2013, p. 89.

的人数有111541人，其中的61880人为自雇者。[①] 换句话说，"老板"（即华商）人数占全部华人就业者的比重达一半以上。可见，华商是整个西班牙华侨华人中最主要的群体。

正是华商在华人移民中比重大的特点促成了华人移民在地理分布上的"大分散小集中"特征。马德里、巴塞罗那及瓦伦西亚三地是传统华人聚集区。西班牙华侨地区分布情况参见表1，随着大批新移民进入西班牙，他们大多以开设中餐馆、百元店等为谋生手段，为了减少竞争、增加利润，新的创业者会选择由人口密集的大城市转向小型城镇。目前，华商已遍布全西班牙50个省及下辖市镇，成为西班牙地理最分散的移民族群之一。[②]

表1 西班牙各地区华侨（不含入籍华人）人数统计（2022年1月数据）[③]

地区	人数	占比（%）
加泰罗尼亚（Cataluña）	63076	28.2
马德里（Madrid）	60047	26.9
瓦伦西亚（Comunitat Valenciana）	25866	11.6

---

① 根据西班牙劳动与社会经济部（Instituto Nacional de Estadística）公布的数据整理而成，参见 https://www.ine.es/jaxi/Datos.htm?path=/t20/e245/p04/provi/l0/&file=0ccaa002.px。

② "La China es la Comunidad Extranjera con más Trabajadores Autónomos en España", 2020-01-24, elEconomista: https://www.eleconomista.es/gestion-empresarial/noticias/10316863/01/20/La-china-la-comunidad-extranjera-con-mas-trabajadores-autonomos-en-Espana-.html，下载日期：2022年12月8日。

③ 根据西班牙国家统计局（Ministerio de Trabajo y Economía Social）公布的数据整理而成，参见 https://www.seg-social.es/wps/portal/wss/internet/EstadisticasPresupuestosEstudios/Estadisticas/EST8/EST10/EST290/EST292/EST304。

续表

地区	人数	占比（%）
安达卢西亚（Andalucía）	21948	9.8
加那利（Canarias）	10426	4.7
阿拉贡（Aragón）	6113	2.7
卡斯蒂亚-拉曼查（Castilla-La Mancha）	6044	2.7
巴斯克（País Vasco）	5979	2.7
巴利阿里（Balears, Illes）	5734	2.6
穆尔西亚（Murcia）	4260	1.9
其他9个自治区	14098	6.2
总人数	223591	

总之，随着中西两国邦交正常化、西班牙的经济腾飞及中国大陆改革开放和出国热潮的出现，华人新移民增长极为迅速，现已成为西班牙外来移民中人数最多的少数族裔之一。大多数华人新移民来自青田、温州等地，文化水平较低，以创业致富作为自己的移民理想，因而华商（即"老板"）比例较高。其中，中餐业和百元店等小型店铺是早期西班牙华商从事的主要行业，为了避免华人聚集区市场饱和，许多华商向中小城镇扩散，这一策略促进了华商全面融入西班牙经济社会的进程。

二、新华商群体的行业分布与经济发展

20世纪90年代以前，西班牙华商大多从事中餐业，随着

中餐业的饱和，华商逐步转移到其他行业，例如，小商品批发零售、服装加工与销售、食品店等。进入21世纪，随着中国经济和两国经贸关系的不断发展，华商利用跨国主义的双边优势，逐渐扩大业务范围，发展形成了以餐饮服务、进出口贸易、批发零售、加工制造等行业为主，以旅游、建筑等为辅的产业经营结构，经济实力不断提升。

华商从事的经济活动根据投资额大小存在递进的层次。所需初始资本最低的经济活动是服装作坊，它作为暂时的过渡工作，是许多新移民立足的首选。待积累到足够资金，新移民就会遵循前人的经验开始创业，成为食品店、百元店和鞋店等中小企业的"老板"；随后，是中餐厅及批发仓库。投资额最高的是大型进出口公司和房地产公司。①

根据从事经济活动的顺序，西班牙华商经济可以分为三个阶段。中餐业是西班牙华商从事最早的行业之一。1973年，马德里共有39家中餐馆，全西班牙估计有200家中餐馆。②到了20世纪90年代，中餐业发展进入鼎盛阶段，西班牙有2000多家中餐馆。③根据西班牙华侨华人协会名誉主席徐松华

---

① Joaquín Beltrán Antolín, "El Empresariado como Modo de Vida. El Caso de los Inmigrantes Chinos", in Joaquín Beltrán, Laura Oso, Natalia Ribas eds., *Empresariado Étnico en España*, Madrid: Observatorio Permanente de la Inmigración（OPI）, Ministerio de Trabajo y Asuntos Sociales, 2006, p.243.

② 李明欢：《欧洲华侨华人史》，北京：中国华侨出版社，2002年，第652页。

③ Joaquín Beltrán Antolín, "El Empresariado como Modo de Vida. El Caso de los Inmigrantes Chinos", in Joaquín Beltrán, Laura Oso, Natalia Ribas eds., *Empresariado Étnico en España*, Madrid: Observatorio Permanente de la Inmigración（OPI）, Ministerio de Trabajo y Asuntos Sociales, 2006, p.241.

先生统计，2011年中餐馆已达4700家。[1] 为迎合当地人口味，早期中餐馆的大部分菜肴都被改良成了"不中不洋"的快餐风格，在装修上则以传统中国风格为主。中餐馆数量的迅速攀升及发展上的参差不齐使这一行业面临诸多挑战，社会上产生了许多质疑其卫生质量的声音，最为轰动的是1996年的"过期食品风波"[2]，给华商的中餐生意带来严重打击。而事实上，一些华商确实存在灰色经营问题。

除从中国大陆移居西班牙的创业者外，也有许多其他欧洲国家华商受西班牙中餐业市场相对空白的吸引前来投资。20世纪70年代以前，西班牙经济落后，大众消费能力有限，中餐馆数量一直无法有大的突破，而其他西欧国家中餐业迅速发展，渐趋饱和状态。随着西班牙地中海沿岸和岛屿的旅游区开始迅速发展，西欧华商便在游客集中的度假区开设中餐馆。1965年马拉加、格拉纳达和拉斯帕尔马斯的第一批中餐厅开业，1966年巴利阿里群岛、1967年特内里费和阿利坎特的中餐厅也纷纷开业。[3] 这一现象引起了其他华商的纷纷模仿，使得中餐馆模式在全国范围内迅速推广。

---

[1] 徐松华：《西班牙华人现状及面临问题和对策》，载王晓萍、刘宏主编《欧洲华侨华人与当地社会关系：社会融合·经济发展·政治参与》，广州：中山大学出版社，2011年，第239页。

[2] 1996年，正值西班牙中餐业发展最为迅速的时代，媒体突然曝出中餐馆使用"过期食品"的问题，在西班牙社会引起轩然大波，中餐业遭到前所未有的打击。

[3] Joaquín Beltrán Antolín, "De la Invisibilidad a la Espectacularidad. Cuarenta Años de Inmigración China en España", in Xulio Ríos Paredes ed, *Las Relaciones Hispano-Chinas. Historiay Futuro*, Madrid: Los Libros de la Catarata, 2013, p. 116.

随着中餐业的饱和与新移民的不断增加,华商开始涉足其他经济部门,尤其是适合发展家族企业的经济活动,如礼品店、糖果和干果店、小型杂货店、食品店、百元店、服装皮革作坊等,之后又出现了服装店、鞋店、蔬菜水果店等。一部分完成财富积累的成功华商,开始投资经营大型仓库、大型进出口批发公司和华人商城。

新华商多来自民营经济发达的浙南地区。这里早已探索出"小商品、大市场"的"温州模式",使得华商能够利用国内发达的小商品经济,在西班牙发展批发零售业务。此外,欧洲一体化使大量中国货物通过西班牙进口再转道其他欧洲国家,也促进了华人批发商的发展。于是,在西班牙诸多地区相继形成了规模不等的华商批发商圈。①

批发业的繁荣带动了终端零售业的发展,其中的代表就是百元店。百元店,顾名思义是可以用当时的流通货币100比塞塔(Peseta)②买到琳琅满目、各类杂货的商店,西班牙语通常叫作"Bazar"③。小型百元店面积小、成本低,适合家族式经营,吸引了许多创业者,迅速成为西班牙华商最成功的商业模式之一。西班牙华商从事的传统行业,其最大的特点就是价格

---

① 《西班牙华商经济稳步发展 亟待走出"灰色"怪圈》,国务院侨务办公室网站: http://www.gqb.gov.cn/news/2014/0225/32507.shtml,2014年2月25日。

② 比塞塔(Peseta)是西班牙自1869年至2002年欧元流通前所使用的法定货币,100比塞塔大约相当于0.6欧元。

③ "Bazar"来源于波斯语,中文一般译为"巴扎",在西班牙语中指销售生活用品、礼品、杂货等各种产品的店铺。该词是部分受波斯文化影响的地区对集市或市场大厅的称呼,但这一形式的商业模式已经被世界各地所广泛接受。

低廉,尽管产品由于质量不高难以让本土消费者满意,但符合"大赦"中入境的众多南美、北非外来移民的需求,从而促进了华商批发零售业的繁荣。

西班牙华商经济以家族经营为主,规模普遍不大。一方面,企业中的劳动力大多是老板的亲戚、同乡,因此愿意牺牲休息时间工作,直到积累到足够的资金创业。另一方面,老板会为员工提供食宿,在其有意向创业时提供资金支持。家族企业模式能降低人工成本,促进同乡间的互帮互助、互相成就,但这种经营模式也给华商带来了一系列弊端。首先,这种闭塞的环境使华商很少与当地社会进行经济、文化互动。久而久之,社会上产生了一种华商不雇用当地人,与当地社会隔绝的印象。其次,华商不计付出地超时工作,已经给当地经营生态造成威胁,引起当地企业主的强烈反对。

西班牙西非娜国际集团董事长张甲林,把华商经济的基本特征概括为"行业上的高度集中,资金上的高度分散"。[①] 就是指华商资金大量分散在中小家族企业中,无法集中起来进行大规模投资,这对华商经济的壮大显然是不利的。而且,虽然华商经济已有了一定程度的多元化发展,但大部分人仍然从事以劳动密集型、技术含量低为特征的批发零售业、服务业,在激烈的市场争夺中,只能用"廉价产品"作为"撒手锏",华商也因此自嘲——"中国人赚的都是辛苦钱"。

---

① 曹云华、张彦、黄多多、张木森、叶敏、胡爱清、师会娜:《2011年世界侨情:特点与趋势》,国务院侨务办公室网站:http://qwgzyj.gqb.gov.cn/hwzh/166/2039.shtml,2012年No.3。下载日期:2022年8月29日。

总之，华商以中餐业为财富积累的起点，逐渐涉足其他行业，尤其是部分依靠侨乡与西班牙转口贸易双边优势不断扩大业务层次的华商，将"温州模式"在西班牙发扬光大，使众多华人批发零售业在西班牙迎来了繁荣期。但华商经营也存在不可忽视的缺点，如"灰色"经营、产品价廉质次、经营模式落后等。随着欧洲、西班牙大环境的变化与本地消费者消费倾向与习惯的改变，这些问题日益凸显，已严重阻碍华商经济的壮大。许多人意识到，只有通过转型升级才能实现华商经济的长远良性发展。

三、西班牙新华商群体的经济转型

近年来，西班牙华商在经营理念、经营方式上不断更新，促进了其经济的转型升级与多元化发展。部分华商尽管仍从事传统行业，但注重灵活调整经营策略，并意识到本土化经营的重要性。另有一些华商积极谋求产业转型升级，以"品牌化"战略为导向，已在主流市场上赢得了一席之地。目前，华商经济已遍布各大行业，并且不断向高附加值、高科技含量的产业进军。

经济危机后，传统百元店生意逐渐下滑，一些华商为进一步抢占市场，采取扩大经营规模的策略，面积达几千平方米的大型百货超市陆续出现。这类超市一般位于城市郊区，面积大、品种全、价格低，具有强大的竞争力。例如，在西班牙中部二三线城市的巴亚多利德（Valladolid），共有约150家华人百元店，其中10家面积在1000平方米以上，甚至出现了一家占地面积高达1万平方米，营业面积达3500平方米的巨型华人百元店。①

传统的餐饮业朝向特色化和多元化经营转型。随着西班牙人对纯正中餐品质要求的提升、华侨华人和留学生需求的增加，中餐厅不再一味迎合当地人口味，而是注重保留地道的中国饮食风味，也将中国国内流行的饮食风格引入西班牙。中餐菜系齐全、品类丰富，越来越成为西班牙社会特色餐饮的翘楚。一些大型中餐厅还扩大到经营亚洲菜，包括泰国、日本、越南、印度尼西亚和印度菜系。还有部分华商转型开办邻里酒吧、WOK自助餐厅和日本餐厅等。西班牙时尚网站ELLE评选出了西班牙最好的中餐厅，共16家，它们普遍环境优雅考究，以地道、精致的粤菜和上海菜为主，吸引了许多西班牙美食爱好者的目光。②

在服装业方面，华商经营突破原有的低价竞争模式，更多地考虑店面装潢、服装款式、进货渠道等方面，力图以时尚、优雅、前卫的观感吸引更多消费者。经营策略的转变极大提高了华人服装店的服装档次和质量。一些华人服装品牌已经打出了名气，如被称作中国"ZARA"的"Mulaya"，以其时尚的装潢、良好的质量、低廉的价格在市场上受到好评。

---

① 《西班牙华人大型百元店在争议声中稳步发展》，中国侨网，2016年11月29日。
② Loreto Blanco, José Manuel Rodríguez, "Los Mejores Restaurantes Chinos de España", ELLE: https://www.elle.com/es/living/elle-gourmet/g796099/mejores-restaurantes-chinos/, 2021-11-29.

一直少有华商涉足的农业方面也迎来新发展。近年，随着欧洲华侨华人数量的持续增长和中餐业的迅猛发展，无论是西班牙还是整个欧洲市场对中国蔬菜的需求都不断扩大。一些华商敏锐捕捉到这一商机，在有着"欧洲菜园"之称的西班牙开农场、建大棚，业务辐射至全欧洲。"在西班牙种菜"成为一种颇具潜力的新兴行业。有的华商还把经营规模扩展到了西班牙蔬菜、花卉和果木上。[①]例如，有着西班牙华人"蔬菜大王"称号的青田人洪伟荣，目前已拥有四个农业合作社，种植面积高达200万平方米。他还成立了西班牙阿伯兰特农产品有限公司，将生意扩展到美国、加拿大等地。[②]

此外，以品牌化战略确立了自己在市场上地位的华商企业已经很多，他们共同的特点是：在国内布局生产基地，自主掌握核心技术，组建以西班牙人为主的营销团队，通过本土化的广告投放和营销手段提升品牌知名度和附加值。[③]例如，远东工贸集团品牌"EXTRASTAR"、康迪尔集团节能灯品牌"KDE"、欧诚集团照明品牌"ARTESOLAR"、惠森集团童装品牌"NEWNESS"、五金品牌"SUPER PANDA"、华人服装品牌连锁店"MULAYA"、博尔玛集团的箱包服饰品牌连锁店"MODELISA"、詹氏集团体育用品和渔具品牌"PATRIOT SPORT"和"LIVEFISH"等。这些企业在西班牙市场上获得

---

① 《"给华人种菜"火爆西班牙 旅西华人创造新商机》，中国侨网，2016年3月25日。
② 《从白手起家到"蔬菜大王" 旅西华侨洪伟荣用行动创造奇迹》，中国新闻网：http://www.zgqt.zj.cn/201882/201993/202305/t 20230508_175733.shtml。
③ 李明欢：《西班牙华人社会剖析》，《华侨华人历史研究》2016年第2期。

了极大成功，有的还谋划向欧洲其他国家和美洲扩展业务。此外，还有部分华商收购本土企业，依托本土客户资源优势，逐渐将产品推广到主流中高端市场。①这种收购对于华商与当地企业来说是优势互补，体现出华商积极融入主流经济的态势。

与华商经济转型升级和多元化发展相伴随的，是具有高学历、高素质和现代企业管理理念的职业华人和新生代华商的崛起。目前，在桑坦德银行、西班牙对外银行、西班牙电信等著名企业中都有华侨华人的身影，其中有些已成为高层管理人员。担任西班牙电信公司独立顾问和其他数家西班牙企业董事的陈红就是这类职业华人的代表。②年轻的新生代华商继承家族企业，也展现出与老一代华商截然不同的面貌。他们积极开拓其他领域，如进出口贸易、服装品牌、旅行社、电信通信等。另外，越来越多从国内毕业的高学历、高素质人才，被中国跨国公司派遣至此，极大改善了西班牙华商群体的整体面貌，促进了华商经济融入住在国主流经济的进程。

总的来讲，受近年欧洲经济危机、新冠疫情和民粹主义兴起等不利因素的影响，西班牙华商经济面临严峻挑战，转型升级势在必行。目前，西班牙新华商群体的转型主要围绕"多元化""本土化""品牌化""规模化"方向，已取得显著成效，不仅有效克服了华商间存在的同质化严重、产品价廉质次、经

---

① 《西班牙华商经济转型初现端倪》，侨务工作研究：http://qwgzyj.gqb.gov.cn/hbsx/152/1601.shtml，2010年1月15日。

② 《华侨华人在西班牙展现新形象》，人民网：http://www.people.com.cn/24hour/n/2013/0430/c25408-21327392.html，2013年4月30日。

营不规范、恶性竞争等问题，也使华商经济日益朝向高端、品质和品牌化发展，日益成为西班牙主流经济中具有重要影响的积极力量。

基金项目：本文系国家社会科学基金重大招标项目子课题"世界华商通史·欧洲卷"（17ZDA228）的阶段性成果。

作者简介：陈欢，女，江苏师范大学与阿根廷国立圣马丁大学联合培养，硕士研究生，主要研究方向为华侨华人史。

邵政达，男，江苏师范大学历史文化与旅游学院/华侨华人研究中心教授，国侨办侨务理论研究江苏基地成员，国家民委"一带一路"国别和区域研究中心成员，主要研究方向为华侨华人史、欧洲史。

国际移民与华侨华人研究

联邦与地方：加拿大《排华法案》立法过程分析（1871—1923）

陈乙燊

摘要：过往学界对于加拿大排华的研究大多关注排华的原因以及排华所产生的影响。本文则将焦点关注在加拿大1885年与1923年两部《排华法案》的立法过程，依据所存加拿大联邦议会和地方议会记录，探讨分析两部《排华法案》先后出台的具体历史语境。通过对议会辩论的分析，发现不列颠哥伦比亚地方政府与加拿大联邦政府在不断博弈与妥协的过程中先后出台了1885年《排华法案》和1923年《排华法案》。进而认为在加拿大引发所谓的"华人问题"，不仅是双方之间种族文化冲突以及劳工竞争的问题，在某种程度上还是加拿大政府出于对经济的把控和对外交关系的考虑。而不列颠哥伦比亚地方政府不遗余力地争取联邦政府立法排华的举动可以看作地方主义在该省的萌芽。

关键词：加拿大；《排华法案》；联邦政府；地方政府

一、引言

华人源源不断地来到加拿大,首先遭遇的困难来自不列颠哥伦比亚省的排华。关于加拿大排华的研究一直以来都是加拿大华人史领域的重点,中加两国学者对其多有论述。他们有的关注排华的原因,认为种族歧视、劳工竞争、文化冲突以及"白人至上主义"理念盛行等原因导致了排华,因而华人问题大都被看成种族文化冲突问题、劳工竞争问题,大多数是以华人与白人的关系作为切入点;[①] 有的关注排华的影响,认为排华导致加拿大华人谋生的条件变得异常困难,但是排华也间接促进了华人社区的成长与华人社团的发展。[②] 先前的研究将排华的原因及所引发的影响剖析得十分全面。本文所关注的重点在于华人接连不断地穿越国界进入加拿大,从而最终导致了

[①] [加]魏安国等:《从中国到加拿大》,许步曾译,上海:上海社会科学出版社,1988年版;黄昆章、吴金平:《加拿大华侨华人史》,广州:广东高等教育出版社,2001年版;[加]黎全恩等:《加拿大华侨移民史》,北京:人民出版社,2013年版;林志鹏:《加拿大历史上歧视中国移民立法及其社会背景》,《中南民族学院学报(哲学社会科学版)》1990年第6期;Patricia E. Roy, *A White Man's Province*: *British Columbia Politicians and Chinese and Japanese Immigrants*, 1858–1914, Vancouver: University of British Columbia Press, 1989; Gillian Greese, "Exclusion or Solidarity?Vancouver Workers Confront the 'Oriental Problem'", *BC Studies*, No.80, 1988, pp. 24—51。

[②] 吴金平:《1858–1884年华侨对不列颠哥伦比亚排华的反应》,《历史教学》2003年第2期;David Chuenyan Lai, *Chinatowns*: *Towns Within Cities in Canada*, Vancouver: University of British Columbia Press, 1988; Wing Chung Ng, "Chinatown Theatre As Transnational Business: New Evidence from Vancouver during the Exclusion Era", *BC Studies*, No.148, 2005, pp. 25—54。

1885年限制华人移民的《排华法案》与1923年禁止华人移民的《排华法案》的推出，而将法案的形成过程置于中央与地方的框架之内，利用加拿大众议院的辩论材料，关注议员们关于华人问题的"对话场景"，进而力图发现因为华人的到来所导致的加拿大地方政府与联邦政府的冲突。

二、先发制人：地方政府立法限制华人

自不列颠哥伦比亚殖民地发现金矿以后，包括来自欧洲、美国的移民开始陆续进入该地淘金。随后而来的华人其实在淘金的早期和其他族群还能够相安无事，维多利亚岛上的《新威斯敏斯特时报》（New Westminster Times）就曾在1860年年末回顾该年的移民状况时提及华人的到来，并展望了未来大米行业的发展（因为华人以大米为主食）以及对未来该地的移民情况充满信心，字里行间丝毫没有排斥华人的意思。① 但是随着华人站稳脚跟，勤劳勇敢且劳动力成本低等优点使得华人逐渐成为不列颠哥伦比亚省劳动力市场的宠儿。天生傲慢的白人开始对华人保有戒心，后来甚至发生了正面冲突，如1861年就有两名华人在卡尤什（Cayoosh）矿场被白人矿工枪杀；② 还有华人在政府街区附近行走被白人从便道的台阶推到了路中央，

---

① "Local Intelligence", *New Westminster Times*, December 24, 1860, p.1.
② ［加］魏安国等：《从中国到加拿大》，许步曾译，上海：上海社会科学出版社，1988年，第62页。

受伤严重。①白人通过法律来限制华人，很早温哥华岛殖民地议会就提议向每个华人征收10元人头税，但是没有通过；②卡里布（Cariboo）和耶鲁（Yale）当地立法机关甚至认为在选举时华人的投票是不记录在案的。③随着不列颠哥伦比亚殖民地加入加拿大联邦，不列颠哥伦比亚省政府开始逐渐将"华人问题"上升到联邦政府层面、希望通过联邦议会立法来寻求解决办法。

根据加拿大《1867年英属北美法案》第95条关于"农业与移民"的规定："在每个省立法机关可以就该省内的农业和流入该省的移民进行立法；这里声明：加拿大议会可随时就所有省或任何省内的农业以及流入所有省或任何省的移民进行立法；关于农业或移民的省立法机关的任何法律，当且仅当它不与加拿大议会的任何法律相抵触时，应在该省且对于该省生效。"④可见移民乃是中央与地方的共同责任，二者都有权通过立法来管理和处置移民问题，只要省立法机关的立法不与加拿大中央议会的立法相冲突，那么地方政府在移民问题上的主动

---

① ［加］杰姆士·莫顿：《在不列颠哥伦比亚的中国人》，载陈翰笙主编《华工出国史料汇编·第7辑》，北京：中华书局，1984年，第312页。

② ［加］魏安国等：《从中国到加拿大》，许步曾译，上海：上海社会科学出版社，1988年，第60页。温哥华岛殖民地于1848年建立，1866年与大陆建立的殖民地合并为不列颠哥伦比亚殖民地。

③ *The Cariboo Sentinel*, August 23, 1866, p. 4; "Public Notice", *British Columbia Tribune*, September 10, 1866, p.2.

④ ［加］沃尔特·怀特等：《加拿大政府与政治》，刘经美、张正国译，北京：北京大学出版社，2004年，附录A《1867年宪法法案》，第259页。该法案原称《1867年英属北美法案》，于1982年改为现名，在加拿大发挥宪法的作用。

权还是很大的。

因此，不列颠哥伦比亚省议员最开始在省议会里寻求对限制华人移民进行立法。他们的首要对策就是征收人头税。前文提到该省在殖民地时期就曾提出过向华人征收人头税，1871 年议员阿瑟·本斯特（Arthur Bunster）再次呼吁向华人每人每年征收 50 元人头税，没有得到响应；① 之后，纳奈莫（Nanaimo）议员约翰·罗布森（John Robson）再次提议通过这条法律，但依然没有人响应。② 此外，则是限制华人参与到该省的公共工程。1872 年，该省土地与工程总监罗伯特·比万（Robot Beaven），提议公共工程不得雇用华裔，响应人数寥寥无几。③ 此时，这样的立法提案受挫主要因为联邦政府答应修建通往西部沿海的太平洋铁路，该省知道美国修建铁路雇用了大量华人，④ 因此在"修建铁路需要华人"这种不情愿的想法下，上述的立法提案没有获得通过，应该注意到这个时期排斥华人与铁路修建息息相关，后来在众议院的辩论上二者时常被一起讨论。

不过随后该省议会的风向开始改变，重要的原因是阿莫尔·德科斯摩斯（Amor De Cosmos）当选为不列颠哥伦比亚

---

① ［加］魏安国等：《从中国到加拿大》，许步曾译，上海：上海社会科学院出版社，1988 年，第 64 页。

② Canada, British Columbia, *Journals of the Legislative Assembly of the province*, 1872, p. 15.

③ Canada, British Columbia, *Journals of the Legislative Assembly of the province*, 1872, pp. 16—17.

④ ［加］杰姆士·莫顿：《在不列颠哥伦比亚的中国人》，载陈翰笙主编《华工出国史料汇编·第 7 辑》，北京：中华书局，1984 年，第 313 页。

省省长。此人早期出于商业利益原因没有支持排华，但是一直以来对华人带有偏见，罗伯特·比万就是他的朋友之一。1874年1月12日，阿瑟·本斯特再次向议会呼吁对华人收取人头税，但是这次该提案并没有被直接否决。[1]1876年5月1日，维多利亚地区议员威廉·托儿米（William Tolmie）则提议成立一个包括戴维、比万等人在内的调查委员会，这个提议得到11人的支持，但也有13人反对[2]，不过之后该委员会还是成立了。它向议会递交了调查报告，重申了政府应该采取相关措施防止华人在不列颠哥伦比亚省泛滥，以免伤害来此定居的其他移民。1878年8月5日，委员会建议制定一项法案，即《更好地向华人收税法》(An Act to Provide for the Better Collection of Provincial Taxes from Chinese)，当日通过议会一读，此后一周内通过了二读和三读，该法案生效。[3]但是，联邦议会很快就以该法超越了省级立法的权力为由加以废止，因为《1867年英属北美法案》规定管理"归化和外侨"的权力只有联邦议会拥有，因此外侨的特权或者惩罚只能由联邦议会所赋予。[4]该法案中关于"移民"和"外侨"的表述，在意义上有些模棱两

---

[1] Canada, British Columbia, *Journals of the Legislative Assembly of the province*, 1874, p. 18.

[2] Canada, British Columbia, *Journals of the Legislative Assembly of the province*, 1876, pp. 46—47.

[3] Canada, British Columbia, *Journals of the Legislative Assembly of the province*, 1878, pp. 80—88.

[4] Kay J. Anderson, *Vancouver's Chinatown*: Racial Discourse in Canada, 1875–1980, Quebec City: McGill-Queen's University Press, 1991, p. 48.

可,因此地方和中央都可以在这方面做文章。例如,不列颠哥伦比亚省颁布了剥夺华人选举权的立法,而联邦政府并没有干涉。该省后来多次推出关于华人在土地权、选举权等方面的立法,有的生效有的被联邦政府废止。也正是《1867年英属北美法案》的缺陷——没有原则综述、语言模糊、中央和省的权力界限不清,使之想要建立一个强大联邦政府的愿望落空。①然而,不列颠哥伦比亚省政府知道,只有说服联邦议会通过国家立法的形式,才能真正取得排华的效果。于是,很快就有代表不列颠哥伦比亚省的议员在联邦议会里发声。早在1876年,德科斯摩斯就已经在众议院质询政府是否考虑在建筑太平洋铁路西段时,规定欧裔劳工供应应该超过华工;②1878年本斯特曾提出一项法案,即禁止铁路雇用"头发超过5英寸半"的工人(显然针对蓄辫的华人),但也没有获得通过。③

三、初次交锋:联邦与地方在"华人问题"上存在分歧

众议院真正对"华人问题"进行详细讨论要到1879年。不列颠哥伦比亚的政客诺亚·莎士比亚(Noah Shakespeare)领导成立的工人互保会通过德克斯摩斯向渥太华呈递一份请愿

---

① 付成双:《加拿大西部地方主义研究》,北京:民族出版社,2001年,第12—13页。

② 政府回答说并没有考虑这样的问题。Canada, House of Commons, *Debates*, 3rd Parliament, 2nd Session, Vol.1, 1875, p. 397.

③ Canada, House of Commons, *Debates*, 3rd Parliament, 5th Session, Vol. 1, 1878, pp. 1207—1211.

书，它进入众议院后引发了激烈讨论。请愿书首先向众议院阐明请愿者们的目的，就是希望议会能够出台类似澳大利亚昆士兰（Queensland）管制华人进一步移民的法案，请求修建太平洋铁路时不雇用华人以及通过向华人征收人头税的法案。其次它阐述为什么要排华：不列颠哥伦比亚省的华人除了抢占白人的工作以外，还将劳动所得寄回中国，无法给该省做出贡献。此外，请愿书还援引美国加州参议院特别调查委员会的华人调查报告，认为如果不采取措施，该省也会面临诸如华人秘密会社无视法律而扰乱社会秩序、华人妓女、无法向华人征收足够的税收以及华人挤占白人工作机会等问题。最后，请愿书给出了他们认为的解决办法。第一，对华人收取人头税，禁止华人租用土地和归化；剥夺获得归化华人的公民权和禁止华人在轮船上工作。第二，希望宗主国英国和美国协商修改《蒲安臣条约》(Burlingame Treaty)①，将条约中关于自由移民的规定改为仅限于商业交往，借此防止华人从美国西部借道前往加拿大西部。②从请愿书内容来看，不列颠哥伦比亚省的华人问题背后主要是劳工问题，其核心就是华人劳工与白人劳工之间的竞争。莎士比亚一直以来就是白人劳工的代言人③，以他为代表的不列颠哥伦比亚省政客们，则致力于通过限制华人的就业机

---

① 《蒲安臣条约》即《中美天津条约续增条约》，它的主要内容就包括两国政府尊重移民自由，而这也使得华工可以合法、自由地进入美国。

② Canada, House of Commons, *Debates*, 4th Parliament, 1st Session, Vol. 2, 1879, pp. 1251—1260.

③ Jamie Morton, "Noah Shakespeare", Dictionary of Canadian Biography, vol. 15, http://www.biographi.ca/en/bio/shakespeare_noah_15E.html, 2017 年 11 月 29 日。

会和公民权利而使不列颠哥伦比亚省保持"以白人为主的省"（White Man's Province）的特征。①

为了在众议院辩论中更有说服力，来自该省的议员纷纷发言，希望能够通过高超的话术达到目的。第一，将该省的华人问题重要性进行升格。他们除了援引加州的调查报告以外，还提出美国太平洋沿岸诸州，如加利福尼亚、俄勒冈、内华达、华盛顿领地（Washington Territory），都反对华人移民，②处于同一地区的不列颠哥伦比亚省也应如此，遂将排华问题上升为地区性问题；之后有议员认为"华人问题关系到整个英语民族的利益，已经引起了包括澳大利亚在内的全部大英帝国殖民地的关注"③，又将地区性问题扩大为大英帝国范围内的问题；再而有人提及美国在1884年柏林会议（Berlin Congress）上已经在谈论华人移民，因而认为"华人问题已经真正是一个世界性问题了"。④总之，将本省华人问题的严重性无限放大后，讨论时他们就可以参考在处理华人移民方面先行一步的美国和澳大利亚的重要"参考文献"。第二，将华人他者化。他们认为"华人和白人是两个完全不同的种族，而且华人永远无法被同化，况且双方信仰不同，华人不可能受洗成为基督徒"。⑤

---

① Patricia E. Roy, *A White Man's Province: British Columbia Politicians and Chinese and Japanese Immigrants*, 1858–1914, Vancouver: the University of British Columbia Press, 1989, p. 13.

② Canada, House of Commons, *Debates*, 4th Parliament, 1st Session, Vol. 2, p. 1253.

③ Canada, House of Commons, *Debates*, 4th Parliament, 1st Session, Vol. 2, p. 1261.

④ Canada, House of Commons, *Debates*, 4th Parliament, 1st Session, Vol. 2, p. 1253.

⑤ Canada, House of Commons, *Debates*, 4th Parliament, 1st Session, Vol. 2, p. 1253.

这样，从文化和宗教意义上强调华人和白人为"他者"与"我者"，以及"永远无法"和"不可能"的判断，在二者之间构建了一个巨大的鸿沟。并且，"他们"无法变成"我们"，而"我们"在话语序列中则成为近代种族理论中所谓天生就比其他种族更优越的种族。第三，利用当时开始流行的"黄祸论"将华人妖魔化。"黄祸论"出现的原因有很多，其中就有西方反华人士出于国家利益考虑而对中国可能的"崛起"心怀戒惧。[1] 如有的议员警告大家"如果不对华人严加防控，他们就会大量地涌入而占领加拿大的领土，就像当年北方游牧民族摧毁罗马帝国一样代替西方文明"[2]，进而还有人警告说，"不要忘记成吉思汗在欧洲发动的恐怖大屠杀，过去发生的事现在还会再发生"。[3] 上述言论将华人群体妖魔化为蛮族，同时更从欧洲的历史记忆中抽调出"罗马帝国遭北方蛮族入侵"和"成吉思汗西征欧洲"两件事，将华人比作北方蛮族和成吉思汗的军队，以此唤醒在场议员文化中可怕的集体记忆，得以强化他们对华人的恐惧。

但是，在场的其他联邦议员并不为所动。如反对党领袖亚历山大·麦肯齐（Alexander Mackenzie）认为，"在人类大家庭中那种所谓的某些阶级不适宜于作为居民的说教是危险的，而且有悖于民族法，有悖于加拿大奉行的政策……（华人难堪

---

[1] 方旭红：《论"黄祸论"的形成根源及影响》，《安徽大学学报》（哲学社会科学版）2005年第1期，第13页。

[2] Canada, House of Commons, *Debates*, 4th Parliament, 1st Session, Vol. 2, p. 1261.

[3] Canada, House of Commons, *Debates*, 4th Parliament, 1st Session, Vol. 2, p. 1264.

的一面）都是来自不列颠哥伦比亚省议员的一面之词，这些也都是从加利福尼亚听说而来的"。还有人更是觉得这个提案令人十分反感，认为"他们不该将恶名加在华人身上"。① 更有议员从国家对外交往层面出发，认为"如果我们通过了排华的法律而对其他国家的人关闭我们的港口，那么其他国家（包括中国）也会对我们关闭港口……"②。反对这个提案的议员们更倾向把华人问题放在国家语境上来探讨，所考虑的问题都是从这个新生国家的利益出发，诸如如何制定国家的法律或者是国家的外交政策。联邦总理约翰·A.麦克唐纳（Sir John A. Macdonald）虽然是来自维多利亚选区，但是他也没有轻举妄动，最后他建议成立一个以德克斯摩斯为首的特别委员会来深入研究这个问题。1880 年，委员会就给出了调查报告，希望能通过这个调查报告来满足之前他们提出的要求，但是太平洋铁路尚未动工，麦克唐纳警告不列颠哥伦比亚的议员们，如果想要铁路，就不得不接受华工的存在。③

由此可见，这个阶段中央与地方在华人问题上的分歧在于二者的出发点不同，地方政府更关心不列颠哥伦比亚省白人或者说白人劳工的利益，因为这些政客的选票几乎都来自白人，而联邦政府主要将华人问题与国家未来的发展相联系，如对外关系、铁路修建等。虽然在场面上中央没有屈服于地方，稍占上

---

① Canada, House of Commons, *Debates*, 4th Parliament, 1st Session, Vol. 2, pp. 1262—1263.

② Canada, House of Commons, *Debates*, 4th Parliament, 1st Session, Vol. 2, p. 1265.

③ ［加］魏安国等：《从中国到加拿大》，许步曾译，上海：上海社会科学出版社，1988 年，第 72 页。

风，但是地方为了达到立法的目的，已经开始咄咄逼人，将华人问题上升到区域、大英帝国甚至全球语境中来讨论，用种族论、"黄祸论"来夸大问题的严重性，预示着他们是不达目的不罢休。

四、相互妥协：限制华人移民的法案出台

据《加拿大人口普查》统计，1881年不列颠哥伦比亚省的华人人口已经达到4350人，在该省众多种族中仅次于印第安人和英国人。[1]同年，省财政大臣还预测未来一年将会有大约5000名华人将会进入该省。[2]不列颠哥伦比亚省的反华情绪因为华人陆续到来而持续高涨，与此同时，该省在联邦众议院的议员继续自己的诉求，如1881年本斯特提议"免除该省面粉的进口税，而对大米的进口税增收25%"，希望能够通过提高大米的价格来限制华人移民；同时他还控诉"当太平洋海岸的省份在议会提出的问题，都没有得到公正的对待"[3]。而在讨论关于外侨购置土地及归化的相关法案时，本斯特认为该法案适用范围不应该包括华裔而强烈抗议，并斥责麦克唐纳背叛自己的选区，而他选区的人民都反对华人。[4]从1882年到1885年，地方与中央在众议院多次过招，最终地方政府成功

---

[1] Canada, *Census of Canada*, 1880-81, Vol. 1, 1881, p. 298.

[2] "A Government of Retrogression", *Daily Colonist*, March 11, 1881, p. 2.

[3] Canada, House of Commons, *Debates*, 4th Parliament, 3rd Session, Vol. 2, 1881, pp. 1012—1013.

[4] Canada, House of Commons, *Debates*, 4th Parliament, 3rd Session, Vol. 2, 1881, pp. 1371—1372.

说服联邦政府出台《排华法案》,并在移民法的相关条款的制定上占据主动地位。

1882年,德克斯摩斯带着抱怨的口气在众议院里发言:"华人移民很明显将会成为非常严重的问题,我在前几届议会上已经多次提及这个问题,我省的立法机构也已经通过多项法案,从而希望联邦政府能够采取行动阻止华人进入我省。但时至今日政府仍然无动于衷……我们知道昆士兰很多年前就出台了向华人征收10英镑人头税的法案,并得到大英政府的批准……"恰好同年美国通过《排华法案》,他继续说道:"看到美国政府的行动提醒了我,就是加拿大政府应该采取措施来抑制(华人)移民;我把这个问题交给正对着我的总理,为了共同的利益和国家的利益,是否有什么办法可以解决不列颠哥伦比亚这个难题?"①可以发现澳大利亚和美国的例子再次现身作为说服议会的工具,此时邻国的做法可以说给不列颠哥伦比亚的政客带来了些许希望,因此他们借助美国立法排华的例子想给联邦政府做一个示范作用,毕竟这件事就发生在加拿大身边,不像澳大利亚,虽然同为大英帝国的殖民地,但是远在大洋洲,而美国和加拿大共在一个大陆之上。

总理的回应依然是以太平洋铁路作为切入点。他回答道:"……事实上,如果你想在理想的时间内建好铁路,那么就必须停下反对华人移民的步伐……如果不列颠哥伦比亚想要更多白人移民,那么就需要这条铁路尽可能早完成(这样欧洲移民

---

① Canada, House of Commons, *Debates*, 4th Parliament, 4th Session, Vol. 1, 1882, pp. 1476—1477.

就能搭乘铁路来到加西)……他们都是孤身一人,说明不会定居于此,那么他们只要完成工作就会返回中国……我认为他们是异族,也不会且我们也不期望能同化他们……所以这只是一个关于选择的问题,要么你选择华工要么你放弃铁路……"①太平洋铁路是联邦政府在不列颠哥伦比亚加入联邦时所给的承诺②,更是麦克唐纳政府为了建立一个独立民族国家与强大的联邦政府所推行的国家政策的重要一环③,麦克唐纳的梦想是在北美洲建立一个横贯大陆的英语国家———一个可以替代美国的国家。为了实现这个梦想,铁路是必要的,他坚持认为:"要把西部分散的省份和空地(用铁路)联系起来,它将阻止美国的扩张;连接英伦三岛和东方的帝国铁路,将避免前往东方需要绕过好望角。"④可见,太平洋铁路不仅仅是联邦政府赠给不列颠哥伦比亚省的礼物,更是联邦政府在北美大陆抗衡美国的决心和通向遥远东方的期望。在麦克唐纳看来,加快太平洋铁路修建进程,需要的是大量劳动成本更低的华工。他也认为华人"非我族类"⑤,会在完成铁路修建后离开,所以不需要

---

① Canada, House of Commons, *Debates*, 4th Parliament, 4th Session, Vol. 1, 1882, p. 1477.

② Margaret A. Ormsby, *British Columbia: A History*, Toronto: Macmillan, 1976, p. 259.

③ 加拿大建国之初所谓的国家政策,由提高关税、鼓励西部移民和修建太平洋铁路三大内容组成。

④ Pierre Berton, *The National Dream: The Great Railway*, 1871–1881, Toronto: Anchor Canada, 2001, pp. 1—2.

⑤ 他在1882年的选举中提出"加拿大属于加拿大人"的种族主义的竞选口号,参见[加]魏安国等《从中国到加拿大》,许步曾译,上海:上海社会科学院出版社,1988年,第73页。

采取什么限制措施。

相较之前，华人问题在联邦议会上的讨论似乎更加清晰，华工既是不列颠哥伦比亚政客们建立属于白人省份的障碍，又是联邦政府建立强有力民族国家的工具，双方都把华人当作实现自身利益的垫脚石。但是我们可以发现麦克唐纳对于华人问题已开始动摇，除了因为其本人对华人就存在偏见，还因为来自自己选区——不列颠哥伦比亚省维多利亚市的压力。

在接下来的一年内，不列颠哥伦比亚的议员们多次在众议院挑起排华的议题，并振振有词地阐述自己的理由。第一，他们控诉华人的"罪状"。他们谴责华人卫生状况极差；抱怨华人逃税和犯罪；提出华人的低成本使白人无法与其直接竞争而纷纷离开，并警告华人如果数量太多，还会蔓延至加拿大东部；还宣称华工是奴隶（其实是赊单工），而大英帝国不应该存在奴隶制。① 第二，反驳华工有利于铁路的修建。新当选众议院议员的莎士比亚认为，一个白人劳工可以抵上六个华工，他还引用一位铁路包工头的话，说招聘华工修建铁路是十分失败的。② 第三，再次提及美国和澳大利亚出台的排华法案，认为没有必要等到铁路修建完成后再采取措施，因为他们发现华人修完铁路后回国就是个谬论，中国的珠三角地区还有很多人在找机会来到加拿大。③ 第四，强调排华是群众的呼声。如来

---

① Canada, House of Commons, *Debates*, 5th Parliament, 1st Session, Vol. 1, 1883, pp. 323—326, p. 328.

② Canada, House of Commons, *Debates*, 5th Parliament, 1st Session, Vol. 1, 1883, p. 324.

③ Canada, House of Commons, *Debates*, 5th Parliament, 1st Session, Vol. 1, 1883, p. 325.

自维多利亚的议员就强调他选区的选民都强烈要求限制华人进入不列颠哥伦比亚。① 可以看出不列颠哥伦比亚省排华的愿望是极其强烈的，该省议员论述的理由也林林总总。应该看到其实落脚点在最后一条，那就是群众的呼声，而实际上，它是政客们建立"白人省份"的呼声。

　　反对排华的议员们也陈述了自己的观点。首先，他们认为华人并不是邪恶低等的。了解中国的议员说："他们都是孔子的信徒，但是并不代表他们是无能的。早在欧洲人以前，华人就发明了指南针、火药、造纸术和缫丝技术。他们不仅能力出众，而且还很擅长自我革新……"② 还有人认为即使华人信仰儒学也能够被基督教改变，所以同化华人是没有问题的，而且白人如果以身作则的话，华人也会模仿学习，这样相关缺点也能改正。③ 其次，指出美国的很多调查充满了矛盾，因为受调查的人证词中，有表现华人良好的一面，也有表现华人糟糕的一面，只不过把后者放大了。④ 最后，强调华人对加拿大做出的贡献，以及当前加拿大的发展需要充足的移民与劳动力。如有的议员就指出"在修建铁路时候，华人总是身先士卒地出现在那些危险和不舒适的地方……而且因为他们的存在给修建铁路节约大约100万美元"；⑤ 还有的议员认为"现在加拿大的

---

① Canada, House of Commons, *Debates*, 5th Parliament, 1st Session, Vol. 2, 1883, p. 906.
② Canada, House of Commons, *Debates*, 5th Parliament, 1st Session, Vol. 1, 1883, p.327.
③ Canada, House of Commons, *Debates*, 5th Parliament, 1st Session, Vol. 1, 1883, p.327.
④ Canada, House of Commons, *Debates*, 5th Parliament, 1st Session, Vol. 1, 1883, p. 330.
⑤ Canada, House of Commons, *Debates*, 5th Parliament, 1st Session, Vol. 1, 1883, pp. 326—327.

发展需要大量的移民……引入移民不是取决于肤色、信仰和种族，而是取决于移民是否勤劳诚实"。有人从资本与劳动力的关系上论述华工的问题，说劳动力会会聚到资本雇佣他们劳动并支付报酬的场所。如果资本廉价，其他条件相同的话，劳动力就会更加丰富，因为开发资源需要耗费大量劳动力；如果劳动力廉价，其他条件相同，资本将获得更大的回报，且会更有动力去消费。①

从这一阶段的攻守对决中，不难发现不列颠哥伦比亚省的政客们依然是紧盯本省的利益，并且最终让联邦政府妥协而答应立法；而从反对方的发言中还能发现是否对华人入境立法，其实是关乎国家治理方式的问题，上述"资本和劳动力"的言论恰如其分地反映了当时流行的古典政治经济学的思想，而这种思想正是发源自加拿大的宗主国英国。换言之，如果联邦政府立法限制华人移民，实质上就是干预了劳动力的自由流动，将不利于资本寻找成本最低的劳动力——华工来赚取最大的利润；而这也折射出到底政府要做一个放任经济自由发展的小政府，还是国家干预经济发展的大政府，所以华人的问题不仅是劳工竞争的问题，还是政府权力把控国民经济的问题。

进入立法阶段，地方与中央的斗争依然没有结束。双方的分歧主要有两点，一是立法限制或管控（restrict or regulate）华人移民加拿大，还是禁止（prohibit）华人移民入境；二是在某些法案条款上有疑问，到底要收多少人头税以及到底多

---

① Canada, House of Commons, *Debates*, 5th Parliament, 1st Session, Vol. 1, 1883, p.329.

少吨的船舶吨位可以运载一位华人。关于第一点,莎士比亚最初的动议是制定法律禁止华人进入不列颠哥伦比亚,其同事贝克(Baker)也在众议院详细阐述并支持这个动议。① 但是这个动议很快就遭到了反对,有的议员认为"澳大利亚和美国都没有完全禁止华人移民……对加拿大而言这种手段显得太过专横了"。其实对于像加拿大这样幅员辽阔却又人口稀少的新生国家,想要发展就需要引入大量的人口,所以先前有议员认为应该等到有足够白人劳工来到加拿大,再做考虑是否应该要禁止华人移民。② 还有议员认为"如果一个华人行为得体、勤劳勇敢,那么他就有同样的权利来到这个国家,如果他没有那些良好的品质,那么就应该加以限制"。③ 最后,联邦总理则从加拿大与中国的贸易关系考虑,他认为太平洋铁路马上就要完工,加拿大应该利用铁路在对华贸易上与美国展开竞争,而完全禁止华人会破坏加中两国的贸易关系。④

后来联邦政府任命了一个皇家华人移民事务委员会前往美国西部地区和不列颠哥伦比亚详细调查华人的情况,其中一位委员约瑟夫·A.查普洛(Joseph A. Chapleau)根据调查报告,希望更改排华法案上的两项条款,一是将人头税从50元

---

① Canada, House of Commons, *Debates*, 5th Parliament, 2nd Session, Vol. 2, 1884, pp. 974—976, pp. 1282—1285.

② Canada, House of Commons, *Debates*, 5th Parliament, 1st Session, Vol. 2, 1883, p. 904.

③ Canada, House of Commons, *Debates*, 5th Parliament, 2nd Session, Vol. 2, 1884, pp. 1286—1287.

④ Canada, House of Commons, *Debates*, 5th Parliament, 2nd Session, Vol. 2, 1884, p. 1287.

降到 10 元，二是将限制每 50 吨船舶吨位载运 1 个华人降到每 10 吨船舶吨位载运 1 个华人。这是因为，他们通过调查发现，不列颠哥伦比亚省人对于限制华人入境的意见不一，大多数认为只要采取适当限制措施即可，而且调查发现，华人在该省贡献颇多，不仅仅限于修建铁路，还包括渔业、矿业、园艺业等。最后，他依旧强调了中国有着广阔的市场，不能因为太过苛刻地限制华人来加而损害中加之间的贸易。①不列颠哥伦比亚的议员马上反击，直斥调查委员会并不权威、公正（因为其中另一位委员曾经否决华人纳税法），警告华人问题不仅是本省的问题，还是整个加拿大的问题，禁止华工是人民的呼声。②地方政府此时也在支持本省的议员，维多利亚举行了公众集会，严厉谴责调查报告书和查普洛的提议，甚至还决定成立排华同盟；马尼托巴省的报纸也撰文警告说，太平洋铁路将会带着成千上万的华人来占领加东。③

由此观之，联邦政府虽然答应出台法案处理华人问题，但是出于国家利益的考量，并不想把法案的条款制定得那么严厉；而在众议院呼吁 9 年的不列颠哥伦比亚人已经急不可耐。最后双方互相让步，不列颠哥伦比亚放弃禁止华人入境的主张，而中央则维持 50 元人头税和每 50 吨船舶吨位载运 1 个华

---

① Canada, House of Commons, *Debates*, 5th Parliament, 3rd Session, Vol. 4, 1885, pp. 3002—3011.

② Canada, House of Commons, *Debates*, 5th Parliament, 3rd Session, Vol. 4, 1885, pp. 3013—3019.

③ ［加］魏安国等：《从中国到加拿大》，许步曾译，上海：上海社会科学院出版社，1988 年，第 81—83 页。

人的标准。1885年7月20日,联邦政府通过了《排华法案》(*The Chinese Immigration Act*, 1885)。

五、达成一致:禁止华人移民法案出台

虽然已经出台《排华法案》,但是不列颠哥伦比亚的华人人口还是从1891年的8910人上升到1901年的14628人。与此同时,也有11272名日本人进入不列颠哥伦比亚。政客们没想到该省的亚洲人越来越多,想要共同将两个族群赶出加拿大,但是因为中国经过义和团的动荡被认为已经失去了合法性,所以只要通过劝说联邦政府提高人头税来阻止华人入境,而日本因为和英国存在所谓的"君子协定"(Gentleman's Agreement),所以他们只能寻求联邦政府通过外交交涉让日本本国限制移民的数量。①

1896年,议员乔治·马克维尔(George Maxwell)在议会提议将华人入境所征收的人头税由50元提高到500元。其首先指出省内华人所引发的问题:华人秘密会社扰乱社会秩序、华人道德品质低下和带来了传染病、华人劳工抢夺白人劳工的生计以及华人无法融入加拿大社会。② 显然,联邦第一个排华运动过去20年后,指责华人的说辞基本没有什么变化,

---

① Patricia E.Roy, *A White Man's Province: British Columbia Politicians and Chinese and Japanese Immigrants*, 1858–1914, Vancouver: the University of British Columbia Press, 1989, pp. 92—93.

② Canada, House of Commons, *Debates*, 8th Parliament, 1st Session, Vol. 1, 1896, pp. 897—900.

其中最重要的一点仍然是华人劳工与白人劳工之间的竞争，正如议员坦言这才是"实质性的问题"①，前文已经反复提及这个临太平洋省份所致力于将不列颠哥伦比亚省打造成"属于白人的省"，但是先前的移民法似乎并没有达到限制华人入境的效果，因为"许多富有的华商替中国劳工支付了 50 元的人头税以方便带他们进入加拿大并为他们工作；太平洋铁路公司下属的航运公司基本雇用华人"。②

反对的议员同样表示了先前的担心，认为现在加拿大发展正是需要引进移民来补充劳动力，担心过分的排华影响中加之间的贸易往来而失去中国这个大市场，最后列举特立尼达和多巴哥的例子，希望加拿大人可以帮助华人更好地融入加拿大社会从而共同建设加拿大。③所以这个问题讨论至今，本质就是以保障国家利益为主，还是以保障地方利益为主，之前双方在第一阶段时各自做了让步。不过很快有人点出了处理华人问题分歧如此之大的另一个面向，那就是加拿大东部地区④对华人问题知之甚少，而真正了解该问题严重性的是太平洋沿岸的省份，反对排华的联邦政府官员们几乎都在加东，这里华人较少，所以他们无法直接感受到华人问题给加西带来的苦恼。

---

① Canada, House of Commons, *Debates*, 8th Parliament, 1st Session, Vol. 1, 1896，p .898.
② Canada, House of Commons, *Debates*, 8th Parliament, 1st Session, Vol. 1, 1896, pp. 897—900, p. 902.
③ Canada, House of Commons, *Debates*, 8th Parliament, 1st Session, Vol. 1, 1896, pp. 904—907.
④ 加拿大东西部之分通常以马尼托巴省为界，以西（包括马尼托巴省）为加西，以东为加东（其中就包括联邦政府所在地安大略省）。

时任联邦总理威尔弗里德·劳里埃（Wilfred Laurier）就曾发电报，告诉不列颠哥伦比亚省"关于限制华人移民在东部并不是一个问题"。而不列颠哥伦比亚的议员在联邦议会直斥政府"根本没有意识到华人问题在加西和加东同样重要，不知道华人若不被阻止，迟早会从西部蔓延到东部"。① 很快，联邦政府在1901年和1903年分别将华人入境的人头税提高到100元和500元。

虽然人头税已经增加到500元如此高的地步，但是华人的人数依然只增不减，他们沿着太平洋铁路进入东部的多伦多和蒙特利尔等城市。后来，相关的调查发现华人通过六种行为逃避人头税而进入加拿大。第一，通过雇用华人最多的三条主要客运航线偷渡进入；第二，伪装成华人船员进入；第三，通过华人船员骗取重新入境的许可证；第四，利用购买的回国华人的再入境许可证；第五，冒充商人的妻子和儿女；第六，冒充"华商"的身份。②

面对中国和日本移民数量的增加，温哥华在1907年夏天成立了排亚联盟，同年9月暴力袭击了华人和日本人的聚居区。随着时间不断推进，日本与英国的"君子协定"也即将到期，不列颠哥伦比亚省的议员再次在议会中动议立法排斥华人和日本人，而这个阶段形式更不一样。因为经过多年，特别是刚刚经历"一

---

① Canada, House of Commons, *Debates*, 8th Parliament, 1st Session, Vol. 1, 1896, p. 1355.

② 因为商人及其家庭成员可以不缴纳人头税进入加拿大。见［加］黎全恩等《加拿大华侨移民史》，北京：民族出版社，2001年，第262—266页。

战",欧洲经济凋零,欧洲人越来越多移民加拿大,同时还有大量"一战"退伍老兵回国,加拿大的经济规模无法承载如此多的人口,因而这次国内包括农业协会、退伍老兵协会、教师协会、残疾士兵协会等组织以及加东地区都把矛头指向了华人和日本人。他们指责这些东方人无法被同化、生活水平低下、与白人劳工竞争导致失业率增加等。① 因而立法终止华人入境的呼声越来越高,这使东部的联邦议员和政府官员也感到华人问题的"严重性",甚至1921年的联邦大选的主要议题就是讨论禁止华人移民加拿大。② 这一次,联邦和地方终于朝着一个目标前进,1923年7月1日新的《排华法案》(*The Chinese Immigration Act, 1923*)出台,法案虽然再也没有人头税的限制,但是除了外交人员、加国出生的华裔子女、来加就读的大学生等五种特殊人群外,其他的华人完全被拒之门外。

六、结论:联邦、地方与加拿大西部地方主义

综观本文的论述,虽然不列颠哥伦比亚政府多次出台相关立法来限制华人在本省的活动,但是要真正实现该省建立一个以"白人为主的省"的梦想,那么就需要尽可能最大限度地阻止华人来加,而能够做到如此,需要他们争取到联邦政府的立

---

① Canada, House of Commons, *Debates*, 14th Parliament, 1st Session, Vol. 2, 1922, pp. 1509—1516.

② [加]黎全恩等:《加拿大华侨移民史》,北京:民族出版社,2001年,第353页。

法。但是地方和联邦在华人问题上存在着分歧，双方无法在利益上达成一致，地方政府执着于"白人为主的省"，而联邦政府则关注于新生国家未来的发展，特别是在太平洋铁路修建问题上对华人表示了支持，可以说对华人的政策成为实现国家利益与地方利益的工具。随着一批又一批的华人穿越国界进入不列颠哥伦比亚省，地方与联邦则不断地就华人问题展开辩论。从辩论中可以看出华人入加后所引发的所谓"华人问题"，不仅仅是双方之间种族文化冲突以及劳工竞争的问题，更是加拿大联邦政府权力把控的问题，还是加拿大处理对外关系的问题。双方在将近五十年的时间内，你来我往，在不断博弈与妥协的过程中出台了第一部限制华人入境的《排华法案》，后来随着国内外形势的转变，二者最终达成一致出台了第二部禁止华人入境的《排华法案》。不可否认，移民法的出台还深受美国和澳大利亚排华法案的跨国影响。

与此同时，不列颠哥伦比亚在这一过程对联邦政府表达的不满以及不断呼吁立法的努力，可以看作当时西部地方主义的表现形式。加拿大西部地方主义大多数以反抗主义类型为主，从而呈现出一种西部离心主义（western alienation）的倾向[①]，而其可定义为"区域性不满的政治意识形态"，直接表现就是"西部加拿大人对西部加拿大人与联邦政府之间关系以及联邦

[①] ［加］黎全恩等:《加拿大华侨移民史》，北京：民族出版社，2001年，"导论"第4页。

政府内代表们的不满"。① 这种不满可以具体表现在对政治上使西部处于二流的从属和半殖民地地位不满，对魁北克在国家政府内所拥有的影响的反感，以及对历届自由党联邦政府内西部力量微弱的愤怒和省政治精英对更多管理自主权的呼吁；对经济上西部丧失了发展主动权，日益沦为东部工业区的农业边缘的不满。② 例如，里埃尔领导的红河起义正是马尼托巴省对联邦政府的不满，而不列颠哥伦比亚省议员在华人问题上长达三十多年与联邦政府的拉锯战正是离心主义式的西部地方主义的体现，或许争取联邦立法排华的举动可以看作地方主义在不列颠哥伦比亚省的先河。

作者简介：陈乙燊，男，北京大学历史学系博士研究生，主要研究方向为华侨华人史。

---

① Robert J. Lawson, "Understanding Alienation in Western Canada: Is 'Western Alienation' the Problem?Is Senate Reform the Cure?", *Journal of Canadian Studies*, Vol. 39, No.2, 2005, p. 128.

② 付成双：《加拿大西部地方主义研究》，北京：民族出版社，2001年，"导论"第4—5页；"第一章"第40—41页。

20世纪末中英留学生政策探析
（1979—1999）

施雨辰 邵政达

摘要： 20世纪末中英留学生政策的不断向好发展是中国改革开放政策与英国高等教育国际化、市场化改革互动的结果。持续升温的中英关系则为这一良好互动提供了坚实的政治保障。这一时期中英留学生政策大体经历三个阶段的发展：一、中国内地改革开放至80年代中期是政策开端期，中方积极促进，中英留学合作起步；二、80年代中后期是政策扩展期，英国不断增加留学吸引力，双方共同促进留学合作；三、90年代是政策规范期，中英双方积极推进，留学合作加速发展，留学政策不断规范、完善。中英留学生政策的向好发展推动双方留学生互派规模的持续扩大，其中以中国向英国派出留学生为主。大批留英生在归国后为我国科技和社会进步做出重要贡献。

关键词： 改革开放；英国；中国；留学生政策

一、引言

中国内地改革开放政策的实施是新时期中英留学政策发展的原动力，使中国留学生抓住了英国高等教育国际化、市场化的契机。由于中英高等教育发展程度存在差异，1978年至20世纪末期间的两国留学以中方向英方派遣留学生为主，且早期留英学生大多为公派。20世纪90年代后，自费留学逐渐成为中国人赴英留学的主要方式，同时，中英积极进行教育合作，推动留学生及专业人员的互派。

国内学界侧重于对中国留学教育史进行梳理。李喜所、刘晓琴等学者从中国留学史的视角考察留英教育的发展演变；[①]赖继年认为"中英友好奖学金计划"对于中英留学发展具有重大意义，是双方积极进行教育合作与创新的产物。[②]刘艳梳理并分析了中华人民共和国成立以来的出国留学政策，认为"改革开放后，中国制定并实施了新的、更大规模的、全方位派遣出国留学人员的政策，为中国当代留学活动注入了新的元素"。[③]国外学者多从高等教育国际化和市场化角度研究"全费时代"英国留学生政策。菲利普·阿特巴赫（Philip Altbach）认识到留学是"一个重要的教育变量——涉及'派

[①] 李喜所主编：《中国留学通史》，广州：高等教育出版社，2010年版；刘晓琴：《中国近代留英教育史》，天津：南开大学出版社，2005年版。

[②] 赖继年：《三边互动下的留英教育："中英友好奖学金计划"的执行及其影响》，《现代大学教育》2011年第5期。

[③] 刘艳：《新中国出国留学政策变迁研究（1949–2014）》，长春：东北师范大学博士学位论文，2016年，第1页。

遣国'和'东道国'等式两边决策的基本问题",并强调综合性分析英国高等教育国际化动因;[1] W.A.C.斯图尔特（W. A. C. Stewart）、迈克尔·沙托克（Michael Shattock）、帕特里克·沃克（Patricia Walker）等学者梳理了英国高等教育国际化、市场化背景下留学政策的转型。[2] 尽管相关研究已经较为丰硕，但鲜有学者从中英教育合作的视角论述两国留学政策的变迁。本文结合20世纪末中国改革开放、鼓励留学和英国高等教育国际化、市场化的背景，从中英留学教育动态互动的角度出发，探析1978—1999年间中英留学生政策的变迁、动因及影响。[3]

二、20世纪末中英留学生政策的阶段性发展

20世纪70年代末，中国实行改革开放政策是现代中英留学生政策发展的分水岭。与此同时，英国着手进行高等教育市

---

[1] Philip G. Altbach, "Impact and adjustment: Foreign students in comparative perspective", *Higher Education*, Vol.21, No.3, 1991, pp.305—323; Philip G. Altbach, Jane Knight, "The Internationalization of Higher Education: Motivations and Realities", *Journal of Studies in International Education*, Vol. 11, No. 3/4, 2007, pp.290—305.

[2] W. A. C. Stewart, *Higher Education in Post-war Great Britain*, London: The Macmillan Press, 1989. Michael Shattock, *Making Policy In British Higher Education 1945-2011*, London: Open Univerity Press, 2012. Patricia Walker, "International Student Policies in UK Higher Education from Colonialism to the Coalition: Developments and Consequences", *Journal of Studies in International Education*, Vol.18, No.4, 2014, pp.325—344.

[3] 本文的研究以中国大陆改革开放为背景，研究对象主要指中国大陆与英国之间派遣公、自费留学生的政策。

场化、国际化改革。中英双方以更主动的姿态进行教育合作，通过协商，制定一系列积极的留学生政策。具体来说，政策变迁可以分为三个阶段。

（一）20 世纪 70 年代末至 80 年代中期

第一阶段以撒切尔夫人领导的教育改革和中国改革开放为背景，新时期中英留学生政策开始起步。

英国方面，市场化是此时国际留学生政策的主要环节。1979 年保守党上台，面对严峻的经济形势，政府开始实行留学生全费政策，英国留学政策进入"全费时代"。留学资助方面，英国不仅逐步取消了对留学生的统一资助[1]，"撤销对欧洲共同体以外所有大学生的公共补贴，还缩减了英国高等教育开支，仅 1980 年对高等教育的政府拨款就削减了 15%"；[2] 收费方面，英国向留学生收取全额学费：所有在英国进行高等教育和继续教育的留学生（不包括来自欧共体成员国的留学生），自 1980 年起均需向英国大学及其他高等教育机构支付全额学费。此后，英国留学生学费不断上涨[3]，导致国际留英生人数

---

[1] 1979 年之前，英国政府每年需支付 1 亿英镑资助留学生。

[2] 王辉耀编：《2009 年中国留学人才发展报告》，北京：机械工业出版社，2009 年，第 233 页。

[3] 1979 年之后，仅有欧盟成员国的学生享有本国学生的待遇，其他国家的留学生或者交纳本国学生 6~15 倍的学费，或者仅可以获得特定的学费资助项目。1983 年艺术类课程的学费是 1979 年的 3 倍，而医学类课程将近是 1979 年的 6 倍。参见杨振梅《撒切尔夫人时期英国的留学生政策研究》，厦门：厦门大学硕士学位论文，2014 年，第 21 页。

迅速下降。① 迫于英国大学校长和留学生组织等利益主体的压力,撒切尔政府被迫出台了一系列的奖学金计划,例如,海外研究生基金计划② 和"皮姆一揽子计划"③。当然,此时英国实行的奖学金计划仅仅是全费政策的内部调整,收效甚微。

削减高等教育拨款和留学生全费政策迫使英国高校不得不扩大留学生招生范围,以弥补经费的不足。据大学拨款委员会和大学校长委员会计算,1981—1984学年英国政府削减对于高校11%~15%的经常性拨款,预估各大学损失13000万~18000万英镑。④ 因此,国家对高等教育投入的减少,促使各高校扩招海外学生,将留学生学费收入作为教育资源的重要补充。⑤

中国留学政策方面,这一时期的选派方针为"广开渠道,争取多派",以公派为主,但鼓励自费。公派留学政策经过不断调整,逐步形成固定的模式。

---

① 1979年留学生新生入学人数同比下降34%,从45400下降为29900。1979–1980年英国留学生总人数从824000下降为558000,下降了32%。1980年之后留英人数仍在不断下降。参见:Patricia Walker, "International Student Policies in UK Higher Education from Colonialism to the Coalition: Developments and Consequences", *Journal of Studies in International Education*, Vol.18, No.4, 2014, pp.331—332。

② ORSAS,全称为"Overseas Research Students Award Scheme"(海外研究生基金计划)。此前中国学生极少获得,后来中国和印度成为英国最大的留学生来源国,英国调整了奖学金分配计划,加大了对中国留学生的资助。

③ 1983年2月8日,英国宣布实行"皮姆一揽子计划",即每年额外支出4600万英镑,其中2100万英镑用于技术合作培训项目和联邦奖学金项目,剩下2500万英镑专门用于资助马来西亚、中国香港和塞浦路斯等地的留学生。

④ 顾明远、梁忠义编:《世界教育大系:英国教育》,吉林:吉林教育出版社,2000年,第522页。

⑤ 沈玉宝:《英国高等教育国际化的动因、特点及启示》,《北京教育(高教)》2012年第2期。

改革开放后，中国政府鼓励出国留学，扩大留学规模。1978年8月，教育部发布《关于增选出国留学生的通知》，其中将出国选拔计划由原来的500人增至3000人。1981年，《关于出国留学人员管理工作会议情况的报告》经国务院批准，确立了"突出重点，统筹兼顾，在保证质量的前提下争取多派一些"的留学工作方针，此后中国留学人员的派遣工作日益呈现出多元化和多渠道的特点。1982年，教育部试行选派80名研究生出国直接攻读博士学位，国内预备期为两年。该阶段中国出国留学人员以公派研究生和进修生为主，绝大多数攻读理工科。留学生出国前有国内预备期，预备期内国家提供统一的外语培训。

正是在上述背景下，新时期中英高等教育之间的一系列合作开始起步。1978年后，中英两国开始就中国学生留学英国的问题进行协商。1978年，英国科教大臣威廉斯夫人对中国进行友好访问，英方主动提出接收中国留英生，但威廉斯夫人始终婉拒中国方面扩大教育交流的要求。随着撒切尔夫人高等教育改革的实施，留英学费猛增，中国教育部将留英名额进行了相应压缩。[①] 尽管存在不少阻力，新时期中英留学合作还是逐渐起步，双方就教育交流签订多个重要文件，其中1978年签订的《科学和技术合作协定》和1979年签订的《教育和文化合作协定》最具历史意义，直接推动了改革开放后第一批公派留英生的派遣，并为留英教育的持续发展提供了国家层面的

---

① 杨长春主编：《我的留学回国经历》（上册），北京：开明出版社，2003年，第41页。

政策保障。

《科学和技术合作协定》于1978年11月15日签订,有效期5年。这是中华人民共和国成立后中英两国政府签订的第一份涉及教育交流及留学工作的协定,其中规定了"中英政府将促成留学生、研究生、培训人员和高级学者的交换"①,并明确了互派留学人员的具体办法。次年双方签订的《教育和文化合作协定》是《科学和技术合作协定》的延续与发展,这两个协定成为日后中英之间留学交流和教育合作的重要参考文件,开启了双方政府间留学合作的全新时代。此外,中国科学院也多次与英方的学术机构签订合作协议,促进双方的学术交流。②

奖学金方面,该阶段英国官方并没有为中国留学生专门设立奖学金,但在爱国华商推动下,中英开始合作设立民间奖学金计划。华人"世界船王"包玉刚③积极推动中英两国交往,设立中国人留学英国的奖学金——"包兆龙包玉刚中国留学生奖学金",该奖学金捐助的对象是进修生,目的是为中国培养高级人才及加强中英友好关系。该计划的实施为"中英友好奖

---

① 《中英签订科技合作协定》,《人民日报》1978年11月17日,第5版。

② 1978年11月10日,中国科学院与英国皇家学会在英国伦敦签订了《中国科学院和英国皇家学会科学合作协议》,次年5月16日又与英国学术院、英国社会科学研究理事会签订了《学术交流协议》。参见:中华人民共和国外交部编《中华人民共和国条约集》(1978年),北京:世界知识出版社,1983年,第186页。

③ 包玉刚(1918–1991),浙江宁波人,被誉为华人"世界船王"。据统计,至1981年年底,包玉刚拥有船只210艘,总载重吨位2100万吨,曾与中国合资成立国际联合船舶投资有限公司,投资1亿美元在中国造船。1976年被英国女王授予"爵士"。包玉刚积极推动中国船业与运输业以及高等教育发展,同时帮助推动中英交往,在香港回归等方面作出了巨大贡献。

学金计划"的实施提供了经验。①

由此可见，改革开放虽为中英留学事业打开了窗口，但是留学生政策的制定工作刚刚起步，以"中方积极促进、英方态度游移"为该阶段主要特征，两国间的留学合作与教育交流的局面还没有完全打开。② 英方态度游移的主要原因在于——20世纪70年代以来英国深陷经济"滞胀"，社会矛盾加剧，英国政府希望减少财政支出、缩小高等教育规模。此外，双方在香港回归祖国的问题上还存在一些矛盾。中英留学政策在艰难中起步，为之后相关政策的扩展奠定了基础。

（二）20世纪80年代中后期

第二阶段属于政策扩展期。此时，随着英国高等教育国际化、市场化以及中国内地改革开放程度进一步加深，中英留学生教育政策进入迅速发展期。

英国方面，该阶段英国针对国际留学生全费政策迎来重大改革，高等教育国际化、市场化持续推进。这一时期英国留学生政策改革离不开两个重要文件，1985年发布的《20世纪90年代英国高等教育的发展》绿皮书和1987年发布的《高等教育——应付新的挑战》高等教育白皮书，标志着全费政策的转折。

---

① 赖继年：《"中英友好奖学金计划"与新时期留学教育的发展》，《当代中国史研究》2011年第5期。

② 1979–1983年间，中国向英国仅派出了877名留学生。参见中华人民共和国教育部计划财务司编《中国教育成就统计资料》，北京：人民教育出版社，1984年，第126页。

《绿皮书》提倡继续缩减教育开支，但是在全费政策的范围内，要提升教育质量与服务。例如：依据留学生情况，调整课程结构和教学内容，改善英国留学的口碑；同时，给予各高等院校和地方政府更多的自由与权力：可以自行决定实际的收费标准，也可以利用私人资金，资助在英留学生。① 英国《泰晤士报高等教育副刊》认为《绿皮书》的发表，标志着英国高等教育新旧时代的交替②，英国高等教育市场化迎来质的飞跃。

同时，保守党政府设立了志奋领奖学金计划（又称ODA奖学金计划）③和英国国际发展部共享奖学金计划④，同时将更多奖学金项目列入"皮姆一揽子计划"中。志奋领奖学金计划始设于1983年，次年开始接受申请。该奖学金计划面向全球，在不同国家分派不同名额。印度和中国是志奋领奖学金计划最重要的受益者，每年各有近30个名额。⑤ 英国国际发展

---

① 英国政府在《绿皮书》中提出，绝大部分的外国留学生必须支付学费，以抵偿为他们所花费的教育成本，他们不应该享受英国纳税人的资助。参见吕达、周满生：《当代外国教育改革著名文献（英国卷第一册）》，北京：人民教育出版社，2004年版。

② 张志辉：《试论二战以来英国高等教育的发展特点——兼论对我国高等教育的启示》，《现代教育科学》2012年第1期。

③ 志奋领奖学金计划（British Chevening Scholarship）设立初期被称为英国外交和联邦事务部奖学金计划，1994年该计划改名为志奋领奖学金。

④ ODA奖学金计划，全称为"Overseas Development Administration Shared Scholarship Scheme"，后更名为"Department For International Development Shared Scholarship Scheme"（DFIDSSS）。1986年由英国海外发展管理部建立，英国外交和联邦事务部、英国海外发展管理署以及其他参与的高校共同出资。

⑤ 杨振梅：《撒切尔夫人时期英国的留学生政策研究》，厦门：厦门大学硕士学位论文，2014年，第33页。

部共享奖学金计划只面向博士研究生,并要求受资助者所学专业必须与源发国的社会、经济和科技领域相关。

于1987年颁布的《白皮书》标志着英国政府对全费政策的突破。此时,撒切尔政府意识到留学生给英国高校及社会发展带来的巨大效益,提倡大学要发挥其为社会经济做贡献的第三使命。因此,英国联邦政府开始逐步增加留学生教育经费,1989年资助11000万英镑,1990年提高至14300万英镑。与此同时,英国不断扩大奖学金资助范围,还为多国设立专属本国学生的奖学金。其中,针对中国学生设立了"中英友好奖学金计划"。[1]尽管这些调整仍在全费政策范围内进行,留英学费依旧高昂,但英国的留学生人数已经出现回暖态势。自1987年年底,在英国留学的本科生及研究生人数已经超过1978年之前的历史最高水平,此后一直处于增加态势。[2]

中国方面,该阶段中国进一步放开留学政策,提出了"按需派遣,保证质量,学用一致"的政策方针,并且逐步放开对自费留学的限制,自费留英人数逐年增加。1984年12月,国务院发布了《关于自费出国留学的暂行规定》,明确规定取消对自费留学的学历、年龄和工作年限的限制,只要通过正当和合法手续取得外汇资助或国外奖学金,办理好入学许可证件,均可申请自费到国外进修。1985年,国家提出"支持留学,

---

[1] 此外还有针对法国学生的让·莫内奖学金项目,还有面向南非黑人等的各类奖学金项目。

[2] 杨振梅:《撒切尔夫人时期英国的留学生政策研究》,厦门:厦门大学硕士学位论文,2014年,第37页。

鼓励回国,来去自由"的出国留学方针,进一步放宽了自费出国留学的限制。[1]同时,国家也进一步完善了公费留学政策。1986年12月,《关于出国留学人员工作的若干暂行规定》公布,其中就公派出国留学人员的选派,从事国外"博士后"研究或实习,公派出国留学人员回国休假及配偶探亲等问题做出规定。[2]

在中英两国政府不断推进国际留学教育以及香港问题逐步解决的背景下,双方先后签订了一系列教育合作的协议。1984年,在之前协议基础上,中英两国在北京签订了《中华人民共和国政府和大不列颠及北爱尔兰联合王国政府文化、教育和科学交流计划》,宣布中英双方将在艺术领域、自然科学和人文科学领域内提供为期不超过一学年的研究生或进修生奖学金,共25个。若中方提出要求,英方可将名额增加至不超过100个,中方也会相应增加名额。此后,双方每两年或三年都会续签一次。[3]随着中英合作领域的不断拓宽,两国政府相关部门间也签订了一些涉及教育合作的协议。例如,1985年签订的《中华人民共和国航天工业部和联合王国贸易工业部关于空间

---

[1] 欧阳倩倩:《改革开放40年 留学政策变迁史》,《留学》2019年第1期。

[2] 规定将公民出国留学作为我国对外开放政策的组成部分,并指出要长期坚持;同时,确立"按需派遣,保证质量,学用一致,加强对出国留学人员的管理和教育,努力创造条件使留学人员回国能学以致用,在社会主义现代化建设中发挥积极作用"的出国留学工作思路。参见苗丹国编《出国留学工作手册》,北京:北京语言文化大学出版社,2001年,第14—23页。

[3] 中华人民共和国外交部编:《中华人民共和国条约集》(1986年),北京:世界知识出版社,1988年,第423—427页。

科学技术合作的谅解备忘录》以及《中英和平利用核能合作协定》,都提出双方在平等互利条件下进行高科技人才的交换与相互学习。

奖学金方面,中英最大规模的奖学金计划——"中英友好奖学金计划"正式出台。该奖学金计划是由中英两国政府及包玉刚基金会共同实施的留学教育项目,也是新时期中英双方积极促进教育合作的产物,特别是在中国留学生留英史上占有重要地位。[①] 1986年6月,中英两国政府代表和包玉刚爵士基金会在英国伦敦签署了《中华人民共和国、包玉刚爵士基金会和英国关于设立中英友好奖学金的谅解备忘录》,标志着"中英友好奖学金计划"正式启动。随后,"中英友好奖学金计划"委员会与资格审查委员会相继成立,且每年召开一次委员会会议。该奖学金的经费由中国教育部、英国海外发展署和香港包玉刚爵士基金会共同提供,资助的留英生主要为访问学者与博士研究生,以理工科为主。据统计,1987—1990年该计划共派出909名留英学者和研究生。[②] 该计划以学成后按期回国工作为主要宗旨,其培养的大批优秀人才回国后对新时期中国社会主义建设以及中英关系发展都产生了重要影响。

综上,20世纪80年代中期至末期,中英留学政策发展以中方扩大开放、英方增加吸引为主要特征。随着英国国内形势

---

① 赖继年:《"中英友好奖学金计划"与新时期留学教育的发展》,《当代中国史研究》2011年第5期。

② 赖继年:《留英生与当代中国》,天津:南开大学博士学位论文,2012年,第143页。

稳定、中英关系持续向好发展,双方对于留学问题态度趋向一致,即促进中英教育合作,扩大留学规模。

(三)20世纪90年代

第三阶段属于政策规范期。至20世纪90年代,中国的改革开放政策推动了经济和社会的巨大进步,在这一背景下,中国的留学生政策更加开放,确立了"来去自由"的留学方针,同时,英国最终完成了国际教育的市场化,推进中英留学政策的规范与完善。

英国方面,国际教育市场化改革最终完成。1992年英国《高等教育改革法》颁布,废除高等教育双轨制,建立单一的高等教育框架,标志着英国教育开始完全面向市场。1995年英国加入世界贸易组织后,正式宣布完全开放英国的初等、中等以及高等教育。通过教育的国际化与市场化,英国吸引大量海外学生,大大增加了教育产业化的收益,"开发海外市场及大力发展留学生教育成为英国政府着重发展的方向之一"。[①]

英国国际教育完全市场化后,官方推出一系列政策规范留学市场。与留学生有关的法规有:《留学生高级学位管理》(1992年)、《在英国的留学生:大学副校长委员会工作规范》(1995年)[②]等。1995年英国文化委员会颁布《教育机构与留学生工作规范》,对留英生的入学程序、学术事务、信息提供、投诉处理、市场交易行为和福利供应等方面做了详细规

[①] 卢瑶等:《英国国际学生政策分析(上)》,《世界教育信息》2015年第7期。

[②] [英]皮特·斯科特主编:《高等教育全球化:理论与政策》,北京:北京大学出版社,2009年,第35页。

定……同时，英国还修改移民法，规定留学生成为英国新移民的要求和程序①。英国在签证与就业方面给予留学生一些利好政策，例如，允许留学生每周打工20小时，寒暑假可以打全工；在英国留学签证半年以上，其配偶可以赴英国陪读、找工作等；还规定拥有超过半年以上签证的留学生可享受免费的医疗保险。②

同时，英国注重保证留学生教育质量。1990年颁布《高等教育：一个新的框架》，提出建立单一高等教育框架，全国高等院校统一于相同的质量保障标准。1991年，英国加入国际高等教育质量保证机构网络，进一步加强对各大高校教育质量的监管，提高教育质量的标准。1997年，英方又建立高等教育质量保证署（Quality Assurance Agency），由此建立起统一的教学质量保障机制。以上种种措施，对英国国际教育发展具有重要意义，使得英国逐步在国际竞争中取得"以教育质量为核心"的相对优势。③

中国方面，该阶段留学政策走向成熟，公派与自费留学政策更加系统、规范，个人留学与归国也更加自由。1993年11月，中共中央以文件的形式确立了"支持留学，鼓励回国，来去自由"的留学工作方针，标志着我国出国留学政策走向

---

① Janet Dobson, Khalid Koser, *International Migration and the United Kingdom: Recent Patterns and Trends, RDS Occasional Paper*, No.75, 2001, p.37.
② 吴坚：《当代高等教育国际化发展》，北京：人民出版社，2009年，第43页。
③ 周磊：《来华留学政策执行研究》，北京：首都经济贸易大学出版社，2019年，第130页。

成熟。[1]

1993年，国家教委《关于自费出国留学有关问题的通知》[2]规定中等学校毕业生、在校自费大学生出国留学不收取高等教育培养费，并规定博士毕业研究生自费出国做博士后研究不收取高等教育培养费。[3] 1996年国家教委发布《关于做好1996年国家公费出国留学人员选派办法改革全面实行工作的通知》，正式成立国家留学基金管理委员会，其受国家教委委托，承担来华和出国留学人员的招生、选派和管理工作。[4] 中国留学生政策走向专业化、规范化、法制化道路。

在两国政府合力推动下，中英留学政策更加规范，且中国的话语权不断增加。这一阶段延续了上一阶段的稳健发展，同时出现一些新的积极变化。例如，1991年签订的《文化、教育和科学交流计划》提出了新的奖学金内容，规定"英方要根据中国高级奖学金计划提供奖学金"。[5] 1996年签订的《中华人民共和国政府和大不列颠及北爱尔兰联合王国政府一九九六

---

[1] 1993年11月中共中央十四届三中全会通过了《中共中央关于建立社会主义市场经济体制若干问题的决定》，《决定》确立了"支持留学，鼓励回国，来去自由"的出国留学工作方针，这是1993年后中国留学生工作的总方针。

[2] 该通知已于2004年废止。

[3] 苗丹国编：《出国留学工作手册》，北京：北京语言文化大学出版社，2001年，第117—118页。

[4] 苗丹国编：《出国留学工作手册》，北京：北京语言文化大学出版社，2001年，第25页。

[5] 中华人民共和国外交部编：《中华人民共和国条约集》（1991年），北京：世界知识出版社，1995年，第346—351页。

年四月一日至一九九九年三月三十一日文化交流计划》①规定中英双方互派专家、学者和留学生的计划内容，其有效期为三年，到期后双方又进行了续签。此外，中国卫生部、农业部、商业部等与英国相关部门也都签订了加强合作，互派留学人员的相关协议。中国的教育部门、高等院校与英国大学签订的互派留学生与交换生的相关协议更是不胜枚举，中英留学规模越来越大。

奖学金方面，此时英国对中国留学生提供的奖学金类型与名额越来越多。依据1996年驻英使馆教育处信息，中国留学生可以申请的奖学金项目有以下多种：其一，面向全球留英生的政府奖学金。其二，由皇家学会资助面向博士后的奖学金，旨在支持和促进中英两国科技合作与交流，每年向中国提供25个名额。其三，由英国研究院资助，仅面向社会科学类中国博士后来英短期访学的奖学金，每年提供10个名额。其四，英国科学院王宽诚奖学金，由香港王宽诚基金提供，促进中国学者来英进行学术交流。其五，海外研究生奖学金（ORS），由英国政府提供，英国大学校长委员会（CVCP）管理，专门奖励非欧盟成员国的学生，许多中国学生靠此奖学金赴英攻读博士学位。1995—1996学年，共有235名中国学生获得该项奖学金，现该奖学金已失效。其六，英中教育基金和中英研究人员基金资助计划，1994—1995学年，为15位中国留学生提供资助。其七，中英友好奖学金计划，该计划资助

---

① 中华人民共和国外交部编：《中华人民共和国条约集》（1996年），北京：世界知识出版社，1999年，第600页。

规模最大，每年约向中国学生和研究人员提供130个名额。其八，英国外交部志奋领奖学金，该奖学金主要资助年轻学者，1995—1996学年，向中国提供了79个奖学金名额，受资助者年龄多在25~30岁。[①]

综上，改革开放至20世纪末，中英留学政策发展经历了开端期（改革开放至80年代中期）、扩展期（80年代中叶到末期）、规范期（20世纪90年代）三个阶段，以中国内地改革开放为动力，同时以英国高等教育国际化、市场化为契机，打开了新时期中英之间教育合作与留学交流的新篇章，也为新世纪中英留学教育的深化发展奠定了坚实基础。

三、改革开放初期中英留学政策发展动因

改革开放至20世纪末，中英留学政策变迁，整体上呈现出中方不断开放、英方扩大吸引的特征，同时各阶段变迁又各有特点。双方的利益相趋是推动该时期中英留学政策向好发展的根本原因。依据人口迁移的"推拉理论"，在中方"推力"和英方"拉力"的共同作用下，中英留学合作日益紧密，留学政策在双方积极互动中发展、完善。因此，改革开放初期中英留学政策变迁动因可以从中方、英方、中英互动三个方面来进行解析。

在改革开放的大背景下，中方积极推动中英教育合作与留

---

① 张艺华：《英国的奖学金》，《世界教育信息》1998年第7期。

学交流，不断完善留学生政策相关法律法规，鼓励公费和自费留学英国。一方面，改革开放为中国人走出国门创造了良好的内部环境。20世纪70年代末，为消除"文化大革命"影响，邓小平主张大力发展教育文化事业，恢复留英教育。1978年，邓小平于全国科学大会上重申"科学技术是生产力"这一重要观点，提倡主动向外国学习，弥补我国在科技方面的不足。在其指示下，我国加大了向外派遣留学生的规模。此后，教育部颁布《关于加大选派留学生数量报告》《出国留学管理条例》等文件，制定了留学教育的一系列法律法规。同年12月，党的十一届三中全会胜利召开，开启了全方位、多层次、宽领域改革开放的历史新时期，中国的留学教育获得了前所未有的发展时机。

另一方面，积极推进海外留学也是中国改革开放的现实要求。改革开放后中国开始全方位参与国际竞争与合作，国际舞台上中外经济实力的博弈成为中国留学政策变迁的基础性因素。[1] 基于此时各国发展水平差异，中国要想以更平等姿态参与国际交往，需要增强综合国力，提升国际地位，需要更多人才支撑。积极推动留英政策实施，可以借助英国优质高等教育助力中国高层次人才的培养，这是从更深层次对英国扩大开放格局的体现，成为"那个时代解决最迫切的现代化议题而衍生出来的自然产物"。[2]

---

[1] 刘艳：《新中国出国留学政策变迁研究（1949–2014）》，长春：东北师范大学博士学位论文，2016年，第95页。

[2] 樊超、王珂：《考察出访与中国对外开放的起步（1978–1979）》，《首都师范大学学报（社会科学版）》2021年第3期。

从英方来说，其积极推动中英留学，并制定相关支持政策属于英国高等教育国际化、市场化的一部分，符合英国国家利益。英国高等教育于20世纪70年代末出现市场化改革的趋势，80—90年代开始以市场化为导向进行高等教育改革，改革注重完善管理，关注教学与科研和其他服务的质量和效率，以求最少的投入取得最大的教育效益。巧合的是，英国国际高等教育市场化与中国改革开放进程基本同步。中国拥有世界上最大的留学生市场，仅仅出于经济利益的考量，英国也希望尽快将中国拉进自己的国际教育产业中，在中国留学生市场中抢占份额。20世纪80年代，撒切尔政府逐步认识到高校对英国经济、社会发展的"第三使命"[1]，随后不断完善全费政策下的留学生政策。80—90年代，英国各大高校也加大推进高等教育"产业化"的力度，参与国际留学生市场竞争，以扩大影响增加收益。据英国官方统计，1999年英国79所大学的海外留学生收入总计高达7亿英镑。[2]

此外，这一时期中英关系的向好发展成为推动中英教育合作深化与留学政策发展的主要背景和直接动因。20世纪70年代后，中英关系破冰。1972年3月13日中英正式建立大使级外交关系。10月，英国外交大臣道格拉斯访华，就中国向英国派遣留学生与中方达成协议：中国向英国派遣一批留学生，

---

[1] 沈玉宝：《英国高等教育国际化的动因、特点及启示》，《北京教育（高教）》2012年第2期。

[2] 张晓：《中国留英学生缘何大量增加》，光明网：https://www.gmw.cn/01gmrb/2000-08/16/GB/08%5E18514%5E0%5EGMB4-112.htm，2000年8月16日。

以培养与西方国家建交所需要的人才及英语师资人才。[①] 1972年年底，中央政府正式派出了 16 名留英学生。[②] 此后，中国每年都派遣留英学生，虽然数量不多[③]，但中英留学教育自此稳步开启。

1979 年，保守党赢得大选，撒切尔夫人出任首相，在位长达 13 年。任期内，撒切尔夫人为香港问题的和平解决及中英关系的向好发展都做出了重大贡献，促进了"中英友好奖学金计划"的实施。中英双方经历 22 轮关于香港问题的谈判后，于 1984 年 12 月 19 日正式签订《中华人民共和国政府和大不列颠及北爱尔兰联合王国政府关于香港问题的联合声明》。次年，联合声明正式生效，香港问题终获解决。在此背景下，中英双方以更加积极主动的态度进行留学交流并制定相关政策。至 1997 年，英国工党领袖布莱尔出任首相后，多次表示要与中国开展面向 21 世纪的全面合作。在次年 10 月布莱尔访华期间，双方签署《中英联合声明》，达成建立并增强"全面的中英伙伴关系"的共识。香港问题的解决与中英全面伙伴关系的建立成为推动中英留学合作深化和政策发展的背景和直接动因。

[①] 赖继年：《留英生与当代中国》，天津：南开大学博士学位论文，2012 年，第 51 页。

[②] 国家教育委员会外事司编：《教育外事工作历史沿革及政策》，北京：北京师范大学出版社，1998 年，第 33 页。

[③] 依据中方统计数字，从 1972 年到 1978 年改革开放前，中国向英国一共派出 355 名留英生。参见中华人民共和国教育部计划财务司编《中国教育成就统计资料》，北京：人民出版社，1984 年，第 127 页。

四、改革开放初期中英留学生政策影响

在改革开放初期中英之间推行积极的留学生政策背景下，中国内地迎来留英热潮，中国的留英人数特别是自费生人数飞速增长。这是中国近现代历史上第三次留学潮[①]，也是这一时期中英留学生政策起步和发展带来的最直接影响。

根据官方统计，改革开放前的100多年里，中国留学生人数累计约12万；但从中国大陆改革开放到20世纪结束的短短二十余年间，中国海外留学生数量就达到约34万。[②]留英热潮是改革开放后留学浪潮中的重要组成部分。在改革开放之初的1979年，我国向英国派遣的留学生人数位列同期派往各国中的第二。这一年，中国向超过30个国家选派了1320名留学生，其中向英国派出的留学生人数超过德国和美国，仅次于法国。[③]

1979—1983年，中国留英生基本上以公费留英生为主，每年派出人数一两百人。随着1984年《关于香港问题的联合声明》和"中英友好奖学金计划"的施行，1984—1985年间，

[①] 学界普遍认为中国当代存在三次留学潮：第一次留学潮出现于20世纪初年；第二次留学潮涌现在五四运动之后；第三次留学潮则至20世纪70年代末才出现，是改革开放即中华民族第三次民族觉醒的产物。参见李喜所《中国近现代史上的三次留学大潮》，《国际人才交流》2008年第9期。

[②] 《留学发展报告显示：中国成最大的留学生输出国》，《教育发展研究》2012年第17期。

[③] 梁志明：《当代留学大潮与中外文化交流》，中国网：《公共外交季刊》，2012年第2期；2012年6月7日。

公派前往英国的中国留学生共 362 人[①]，达到 80 年代的顶点。

进入 20 世纪 90 年代以后，自费留英生人数迅速增长，英国高等教育统计局对中国留英生人数的统计（1994—2001 年）可见下表。[②]

1994—2001 年中国留英生人数表

年度	本科生	研究生	其他	总数
1994—1995	245	2072	51	2368
1995—1996	323	2298	125	2746
1996—1997	302	2235	123	2660
1997—1998	353	2322	208	2883
1998—1999	708	2954	355	4017
1999—2000	1380	4190	704	6274
2000—2001	3165	6885	2045	12095

越来越多的留英生学成归来，为中国社会进步作出重要贡献。20 世纪末，中国迎来了人才"回流潮"。据统计，从 1978 到 1999 年，各类出国留学人员共 32 万人，已有近 11 万人学成回国，仅 1998 年学成回国人数就达 7379 人，几乎是

[①] 薛惠娟：《文化适应与个人资本形成：中国学生留英经历研究》，上海：上海交通大学出版社，2011 年，第 15 页。

[②] 资料来源于 "Higher Education Statistics Agency"，转引自赖继年《留英生与当代中国》，天津：南开大学博士学位论文，2012 年，第 107 页。

1990年（1593人）的5倍。① 留英生是当时人才回流的重要组成部分，在各行各业中都涌现出一批精英。他们不仅从英国带回先进的科学文化知识，还有宝贵的信息资源和商业网络②，极大推动当时中国的高等教育、科技、人文社会科学等领域的发展。

许多归国留英生成为中国许多新学科和新专业的开创者。例如，郭建平曾于1987年在英国伦敦大学获得人类工效学硕士学位，回国后在东北林业大学设立了人类工效学专业。③ 饶子和于1989年在英国牛津大学分子生物物理实验室做博士后研究，回国后进入清华大学。他把结构分析与生物学的功能研究有机联系起来，"从无到有地建立起清华大学的结构生物学学科"。④

通过引进新知识、新技术、新学科，更新和创建实验室，开拓新的研究领域和方向，同时，许多归国留英生还致力于把科学研究与生产活动相结合，将科技成果转化为生产力。例如，20世纪90年代初，曾在英国进修的程兆谷成功研发中国第一条激光焊接汽车齿轮生产线上的一台二氧化碳激光器。该生产

---

① 周棉编：《留学生与中国的社会发展（二）》，长春：吉林人民出版社，2008年，第254页。

② Guochu Zhang, "Migration of Highly Skilled Chinese to Europe: Trends and Perspective", *International Migration*, Vol.41, No.3, 2003, p.91.

③ 人类工效学是根据人的心理、生理和身体结构等因素，研究人、机械、环境相互间的合理关系，以保证人们安全、健康、舒适地工作，并取得满意的工作效果的机械工程分支学科。

④ 王辉耀主编：《魅力学者：十位海归教科文卫英才》，北京：中国发展出版社，2007年，第234页。

线齿轮焊接质量达到国外同类设备的焊接水平,而价格仅为国外设备的四分之一左右,这一发明取得了显著的经济和社会效益。①

此外,大批中国留学生也为英国的科技文化事业做出了重要贡献。代表人物如数学界优秀学者袁亚湘、英国工程学院院士宋永华、飞行器设计师李东升等。1982年,袁亚湘作为国家公派留英生代表,前往英国剑桥大学应用数学与理论物理系攻读博士,后留校做了3年专职科研人员。他和其学生戴彧虹提出的开创性优化算法被国际同行称为"戴—袁"方法,被收录于优化百科全书。在拟牛顿法方面,他和美国科学家合作证明了一类拟牛顿方法的全局收敛性,这是非线性规划算法理论在20世纪80年代最重要的成果之一。② 在公派留学期间,他还参加多次国际会议,研究成果得到了国际非线性优化界的公认。

宋永华是首位当选英国皇家工程院院士的华人。1991年,他以清华大学博士后身份前往英国留学。1997年,就职于布鲁内尔大学电气与计算机工程系,是该系英国历史上最年轻的教授,并且在能源、信息和控制工程等领域享有国际声誉,发表过许多具有影响力的学术论文和英文专著。他的研究成果受到中国、英国、德国等多个国家的重视,并已经应用在英国国家电网、德国西门子等知名企业中。同时他还担任布鲁内尔大

---

① 中国科学院人事教育局编:《绿叶情缘——中国科学院优秀留学回国青年科学家成就录》,北京:科学出版社,1999年,第334页。
② 《公派留英50周年:光阴的故事里,闪烁着他们的身影——袁亚湘》,欧美同学会网, https://baijiahao.baidu.com/s?id=1742509522327065300&wfr=spider&for=pc, 2022年8月29日。

学副校长职务，这也是留英华人第一次就任英国大学高级管理人员。[①]

李东升先后于英国布里斯托大学攻读航空系博士研究生、博士后，后担任英国帝国理工学院、布里斯托大学、巴斯大学的博士生导师。同时，李东升在英国空中客车公司从业十余年，曾是空中客车公司高级技术管理层的权威专家、空客在英国技术部门的核心人员之一，长期从事复合材料结构强度分析，对英国乃至全球航空事业发展都作出了重大贡献。

由此可见，这一时期中英留学合作与人才交流为中国与英国社会都提供了发展契机。两国利益相趋是中英留学政策发展的结果，也是根本原因。

五、结 语

20世纪末中英留学生政策的不断向好发展是中国改革开放政策与英国高等教育国际化、市场化改革互动的结果，持续升温的中英关系则为这一良好互动提供了坚实的政治保障。这一时期中英留学生政策大体经历三个阶段的发展：一、中国内地改革开放至80年代中期是政策开端期，中方积极促进，中英留学合作起步；二、80年代中后期是政策扩展期，英国不断增加留学吸引力，双方共同促进留学合作；三、90年代是政策规范期，中英双方积极推进，留学合作加速发展，留学政

[①] 《首位英籍华人当选英国皇家工程院院士》，中国科学院网：https://www.cas.cn/xw/kjsm/gjdt/200906/t20090608_628751.shtml，2004年8月4日。

策不断规范、完善。中英留学生政策的向好发展推动双方留学生互派规模的持续扩大，其中以中国向英国派出留学生为主。短短20余年，中国留英生数量远远超过过去一个世纪的留英生总数。大批留英生不仅在我国的科技和社会进步中起到了重要作用，而且也对英国的科技文化事业做出了重要贡献。

随着中国留英热潮的出现，随之而来的人才外流问题也开始引发思考和争议。据学者统计，自1978年至1998年以来，中国派遣留学生的平均回国率约为33.10%，其中国家公派留学生的回归率约为83%，单位外派留学生的回归率约为56.5%，而自费留学生的回归率仅约3.9%。[1]从数据来看，尽管改革开放初期留学生中有相当一部分在学成后未直接回国，而是在英国发展，但这种局面并不影响我国积极推进海外留学政策给我国科技文化带来积极影响的结果。并且，随着中国经济崛起和社会进步，以及科技文化事业突飞猛进的发展，人才回流越来越成为主流趋势。对于中英双方，加强留学交流、建立更紧密的国际合作是时代主题，中英都在打造互利互惠的学术与人才交流空间，推进教育与留学合作的深化，这对彼此都是有利的。

科研项目：本文系国家民委民族研究项目"二战后英国民族政策的历史经验与启示"（2021-GMD-114）和国家社会科学基金重大招标项目子课题"世界华商

[1] 据《神州学人》1998年第6期第7页所载派出与回国人数计算得出。参见程希《留学生的滞留与中国政府的对策》，《华侨华人历史研究》1999年第2期。

通史·欧洲卷"（17ZDA228）的阶段性成果。

作者简介： 施雨辰，女，江苏师范大学历史文化与旅游学院/华侨华人研究中心，硕士研究生，主要研究方向为华侨华人史。

邵政达，男，江苏师范大学历史文化与旅游学院/华侨华人研究中心教授、国侨办侨务理论研究江苏基地成员；国家民委"一带一路"国别和区域研究中心成员。主要研究方向为欧洲史、华侨华人史。

论晚清华侨绅士的形成

范德伟

摘要：绅士，在中国历朝的传统中，是与官本位关联的一个具有特权和尊贵身份的阶层。凡取得功名、学品、学衔和官职者均为绅士，取得绅士地位的华侨就是华侨绅士（可简称为"华绅""侨绅"）。在历史上，早有华商通过财富的积累和对社会的贡献，开始了他们在当地绅士化的历程，但只有少数人能够实现。在晚清将华侨由弃民转变为需要保护和利用的臣民后，大批华商及其子弟，通过捐赈、捐纳、投资、大学教育等途径，都可以获得清政府的官衔而实现他们绅士化的梦想，形成世界移民史上罕见的侨居海外的中国绅士群体——华侨绅士，他们是晚清日益扩大的绅士集团中一个不容忽视的组成部分。

关键词：晚清；华侨；绅士；华侨绅士；华商

为避免产生误解，本文的开始要对"华侨"和"绅士"两个关键词做些说明。

现在的学术界，一般把侨居海外但保持中国国籍的人通称为华侨，而将那些祖籍为中国但取得特定外籍身份的人称为华人。不过，在实施单一国籍的法律以前，尤其是在晚清时节，华侨、华人并没有如此严格的区别。[①]本文所说的华侨，与晚清时的词义相同，包括华侨和华人。

绅士，在中国王朝的传统中，是与官本位关联的一个具有特权和尊贵身份的阶层。在文献史料和学者的研究论著中，对绅士的叫法有许多种，诸如乡绅、缙绅、搢绅、绅衿、绅士、士绅等，还有衍生的绅军、军绅、商绅、绅商等合成或单一的概念。学者们使用不尽相同的概念名词，出现不少的分歧和争议。[②]不过，大家对"绅"是与"官"密切关联的关系，并没有异议。在此，笔者赞同被誉为"'中国绅士'研究第一人"[③]的张仲礼先生的定义，他说："绅士的地位是通过取得功名、学品、学衔和官职而获得的，凡属上述身份者即自然成为绅士集团成员。"[④]

[①] "华侨"一词，是20世纪初才流行的词汇，指的是移居国外的仍旧保持中国国籍的中国人，亦称"海外华侨"。"华侨""华人"的词源辨析，可以参见［澳］王赓武《"华侨"一词起源诠释》，载姚楠编译《东南亚与华人——王赓武教授论文选集》，北京：中国友谊出版公司，1987年，第120—131页；［澳］王赓武《华人、华侨与东南亚史》，载《王赓武自选集》，上海：上海教育出版社，2002年，第231—237页。

[②] 可以参考一些研究综述，如徐祖澜：《中国乡绅研究述评——基于国内外主要著作的考察》，《前沿》2011年第22期；谢俊贵：《中国绅士研究述评》，《史学月刊》2002年第7期；等等。

[③] 汪仲启：《张仲礼："中国绅士"研究第一人》，《社会科学报》2013年第19期。

[④] 张仲礼：《中国绅士研究》，上海：上海人民出版社，2008年，第3页。

根据上述两个界定合成的"华侨绅士",顾名思义,就是指取得绅士地位的华侨。华侨绅士,在海外的侨居国可以简称为"华绅",在中国国内可以简称为"侨绅"。

华侨取得官衔(包括功名、学品、学衔和官职)而跻身绅士之列,主要在晚清时节,地域主要在华侨比较集中的东南亚。对华侨的绅士化,学术界注意到了华商获得侨居地政府和清政府官衔的情况。如在一些华侨人物的传记中,会强调他们的官衔。笔者仅见颜清湟先生有专文,系统研讨新马华商与清政府之间的买官鬻爵的情况。他在文后还附录了9份统计表,将华商们购得的官衔大小、时间、价目等都展示出来。[①] 不过,包括颜先生在内的学者们,似乎都没有意识到官衔使华商身份趋向绅士化的问题,或者说他们没有从这样的角度去审视华侨的变化。故颜先生才会对超过六成的新马华商只购买低官衔(同知、州同和监生)感到困惑。[②] 如果他注意到,华侨像国内的庶民一样,具有强烈的绅士化情结,即取得公认的一定程度的优越地位,也许这困惑就不存在了。

本文拟沿着华侨绅士化的思路,对晚清时华侨绅士的形成做粗浅论述,认为他们先有在侨居地政府中谋取一官半职而跻身绅士的,继而在晚清时期有通过捐赈、捐纳、投资、专门技能等途径取得清政府的职衔而成为绅士的。他们理应成为中国

[①] [澳]颜清湟:《清朝鬻官制度与星马华族领导层(1877–1912)》,载《海外华人史研究》,新加坡:新加坡亚洲研究学会,1992年,第3—51页。
[②] 他表示:"这些官衔为何特别受欢迎,至今仍是个谜。"[澳]颜清湟:《清朝鬻官制度与星马华族领导层(1877–1912)》,载《海外华人史研究》,新加坡:新加坡亚洲研究学会,1992年,第8页。

绅士的一个组成部分。

一、海外华商在侨居地的绅士化

海外华商是华侨中的商人阶层，他们是华侨中的佼佼者，也是华侨社会的领导阶层。

中国人移居海外而成为华侨，历史悠久。经商、避难、另谋生路等，是中国人到海外最主要的动因。他们多来自在国内社会地位较低的阶层，怀揣着发财致富的梦想，到海外聚居，形成与当地其他居民有所隔离的社区。这些华侨社区构成的华侨社会，与中国传统社会存在的四民（士农工商）结构有所不同，这里没有国内的官僚，也没有可以通过科举考试入仕为官的士人。据颜清湟先生的研究，在这样的华侨社会，"财富是决定社会流动的主要因素，拥有财富的人将爬上社会等级的顶端。而那些失去财富者则将下跌至最低层"。移民、权力的从属性和城镇化这三大基本特点，决定了华侨社会的阶层分化，主要是"商""工"两层，如果强调逐渐增多的具备文化知识的受教育者在其中发挥的作用，将那些"外国公司的文员，政府初级官员，通译员，教师和专业人士"剥离出来，称为"士"，也就成为"商""士""工"三个阶层。其中，"商"是工商企业主，"包括商人、小店主，出入口商，大园主、产业拥有者，金融人士和锡矿主"，他们依靠投资、经营企业赚取较多财富。"工"是那些靠出卖劳动力和技术为生的工人，包括"手工艺者，店员，园丘工人，矿工和人力车夫"，他们为积累财富奋斗，但薪水微薄，加上有聚赌、嫖娼等不良恶习，使他们很难成功。拥有巨额财富的商人，按照财富作为衡量和评估他人的标准，居于社会顶层，既受到其他人的尊敬，也在实际上发挥着华侨社会的领导作用。①

侨居地的政府，不管是土邦政府或西方殖民者建立的政府，也因为华商们的贡献而敬重他们，给予他们较高的社会地位。政府通常的做法，就是任命华商担任华侨自治社区的官员，使他们具备官方或半官方的身份，更进一步，还可能赐予他们代表贵族身份的爵位。

根据前述对绅士的界定，华商们获取政府官衔、爵位的过程，可以认作是在当地绅士化的过程。这一过程的路径，可以简单归纳为：取得侨居地商人身份—进入华侨社区委员会（血缘性的宗亲会、地缘性的会馆、业缘性的公馆）或半官方的保良局之类的局馆—成为政府承认的官员—进入政府议会—获得更高的身份（官衔或贵族爵位）。

19世纪后半期，在东南亚各地，华商担任的官员一般有三个级别，即玛腰（major）、甲必丹（kapitein）和雷珍兰（luitenant）。这是西方殖民者对地方自治社区套用军阶，创制、发展而形成的，其核心是委任社区自治的首领为甲必丹，故一般被称为甲必丹制度。其影响所及，致各地（至少在东南

---

① 王赓武先生提出华侨社会的"商""工"两阶层，颜清湟先生认为存在"士"阶层。参见［澳］颜清湟《新马华人社会的阶级结构与社会地位流动（1800—1911）》，载《海外华人史研究》，新加坡：新加坡亚洲研究学会，1992年，第149—151页。［澳］颜清湟：《新马华人社会史》，北京：中国华侨出版社，1991年，第131—132页。

亚的)华侨社区的首领,不管是叫帮长、亭长、港主,或是别的,似乎都可以比附甲必丹。甲必丹通常还有几个副手称为雷珍兰。1837年以后,在荷属印度尼西亚,有少数甲必丹晋升为玛腰。另外,在雷珍兰之下,也还有其他的华侨官员,如在印尼,存在负责华人救济院事务的武直迷(boedelmeester),以及一些区长(wijkmeester)。玛腰、甲必丹作为社区领袖,需要给他们配朱葛礁(secretary),也就是秘书。朱葛礁虽然只是办事的文员,但因他们与官长的关系,其身份地位亦受敬重。

这样一来,各地的华侨社区官员就达到一定数量。譬如,在1890年前后的巴达维亚(今雅加达)一地,华商们组织有委员会,委员会中的官员有玛腰1人,甲必丹4人,雷珍兰6人,朱葛礁2人。①

这些官员中,大概只有担任过甲必丹甚或成为玛腰的人,才真正有资格被称为"华侨领袖"。要成为甲必丹,得先进入华侨社区的委员会或半官方的保良局之类的会馆。这些会馆主要有血缘性的宗亲会、地缘性的会馆以及业缘性的公馆。如果不能为公益事业做出贡献,如修建宗祠、庙宇、会馆、道路、学校,捐资于赈济、扶贫、教育等,他们就很难受到委员会的青睐而当选甲必丹。前述巴达维亚的委员会已经可以作为例证。在西班牙治下的菲律宾,也是"依行会分为20~40个行会

---

① 《南洋学报》第九卷第一辑,1953年,转引自沈燕清《巴达维亚甲必丹制度与华侨包税制关系探析——以玛腰陈永元为个案》,《华侨华人历史研究》2008年第1期。

组织不等,每个行会组织又有自己的首领或头人,他们组成一个委员会,推荐甲必丹人选"。①

还有少数华商可以进入当地政府的议会或其他委员会,甚或被任命为地方行政官员,以进一步提高身份。新加坡马来亚地区的甲必丹,"由于他代表华人社区,就可以被委任进入土邦议会,这议会是在英国统治下的马来各土邦的最高决策机构。由此,他便有机会与英国的高级官员及马来贵族来往"②。此外还有,佘有进(1805—1883)于 1840 年成为新加坡商会(Singapore Chamber of Commerce)会员;胡亚基(即胡璇泽,1816—1880)于 1869 年被委任为立法议会之议员,随后还被晋升为特别委员;佘连城于 1883 年受委为立法议员,陈若锦在 1889 年成为立法议会的非官方代表。在 1889 年,新加坡成立华人参事局(The Chinese Advisory Board),作为沟通与联络政府和华人社会之重要组织,参事局的委员们是从各方言群体中有名望的商绅中挑选。③在马来西亚,胡国廉任霹雳州议院议员。在爪哇,1903 年推行地方分权方案,建立地

---

① 庄国土:《华侨华人与中国的关系》,广州:广东高等教育出版社,2001 年,第 148—149 页。
② [澳]颜清湟:《十九世纪新马华人社会中的秘密会社与社会结构》,载《海外华人史研究》,新加坡:新加坡亚洲研究学会,1992 年,第 195 页。
③ Song Ong Siang, *One Hundred Years' History of the Chinese In Singapore*, Singapore: Co-published With World Scientific, 2020, pp.55, 112, 194, 213, 332, 转引自 [澳]颜清湟《新马华人社会的阶级结构与社会地位流动(1800-1911)》,载《海外华人史研究》,新加坡:新加坡亚洲研究学会,1992 年,第 155 页及尾注。

方（州）、县、市三级议会，也有华商成为各级议员。^①华商被任命为行政官员的情况，在西方的殖民政府中很少见，但在土邦政府中并不稀奇。譬如，著名的黑旗军领导人刘永福，在1874年被越南政府任为三宣副提督，1883年晋升三宣提督，赐正二品官服，封义良男爵。^②在暹罗（泰国），被任命为行政官的华人，从第三世泰皇时期到第五世泰皇时期，即1824年至1910年期间，一共有74人。^③

比进入殖民政府委员会和担任官员更进一步，还有少量的华商能够获得当地政府颁授的勋衔爵位而成为广受崇敬的贵族，如获得英国勋衔的有：胡亚基（1816—1880）获得C.M.G勋章，陈若锦、佘连城与李俊源获得M.L.C勋章，佘东璇受赐封O.B.C.有功勋衔^④，还有陈金钟、林永庆等人受封

---

① 参考［新］廖建裕著《爪哇土生华人政治（1917–1942）》，李学民、陈巽华译，北京：中国友谊出版公司，1985年，第28页注释[34]，引1917年10月11日《贸易报》，说在地方议会的700名议员中，有36名华人。据此可推断在1907年前后，也有华人在各级议会中。

② 廖宗麟：《民族英雄刘永福》，南宁：广西人民出版社，1997年，第479、481页。

③ 泰国朱拉隆功大学亚洲研究所编辑出版：《泰国潮州人及其潮汕原籍研究计划第二辑：汕头港（1860–1949）》，1998年，第191—192页，转引自曹云华《东南亚华人政治参与的历史考察》，《暨南史学》2002年第1期，第275页。

④ Song Ong Siang, *One Hundred Years' History of the Chinese In Singapore*, Singapore: Co-published With World Scientific, 2020, pp.55, 112, 194, 213, 332, 转引自［澳］颜清湟《新马华人社会的阶级结构与社会地位流动（1800–1911）》，载《海外华人史研究》，新加坡：新加坡亚洲研究学会，1992年，第155页。

太平局绅。①"太平局绅"是一个很有意思的称号,其用"绅"来翻译 Justice of The Peace 这样的司法官员,也反映出华商们对绅士化的期盼。在暹罗(泰国),华商许泗漳(1797—1882)被暹罗国王赐封为郎郡侯,他的6个儿子也分别受封为侯爵、子爵不等的爵位;②富商郑智勇(1851—1935),被封为"坤伯"。③在缅甸,有监生出身的尹蓉(字为裳),被缅王尊为老师,他为缅王设计、督建曼德里皇城,以致缅王对其臣民说:"上有佛神仙。下有伍老尹。"④

可以看出,富有的华商们有人是通过成为当地政府的官员,悄然成为中国传统的绅士,来显示其在华侨中的尊贵的身份的。只是这样的绅士人数不多,相比庞大的华侨人数,比例很小。这样的绅士化路径对大多数华商而言太过艰难。西方殖民政府在勋衔上的吝啬,严重压抑着华商们绅士化的需要,以致华商们向往贵族绅士的做法,就是尽可能显示自己的财富。他们建造豪华宽阔的住所、园林,妻妾成群,穿着昂贵的绫罗

---

① 在晚清时有多少华商获得这一称号,笔者没有查到,不过,从庄国土《中国封建政府的华侨政策》第133页中提及的"陈金钟1871年受封太平局绅",林远辉、张应龙《新加坡马来西亚华侨史》(广州:广东高等教育出版社,1991年版)第216页提到"太平局绅、第一个华侨市政议员陈成宝""太平局绅、著名华侨富商林永庆",足见获得"太平局绅"封号者应有多人。

② 高伟浓:《下南洋:东南亚丛林淘金史》,广州:南方日报出版社,2000年,第110页。

③ 曹云华:《东南亚华人政治参与的历史考察》,《暨南史学》2002年第1期,第268页。

④ 尹文和:《云南和顺侨乡史概述》,载李光信主编《腾越文化研究》,昆明:云南教育出版社,2001年,第172页。

绸缎，打扮珠光宝气，出门代步以华车美轿，讲究饮食盛宴排场等。奢靡的生活似乎在增加他们自以为高人一等的虚荣和自尊，因为那些普通工人难以负担如此开销。还有的华商约定，在自己的圈子中不穿长袜要罚款，借以确认自己所属的特殊阶层。而像章芳琳为首的 30 多名新加坡富商，定期于每周一聚会，品尝佳酿，吟诗作赋。①这种做法正是仿效国内官场的文人雅士，也算是附庸风雅。

华商们谋取侨居地政府官衔、爵位以及摆阔等做法，可能令其他华侨同胞产生羡慕、嫉妒、恨的复杂情感，把他们视作另类。在华侨中的民族主义兴起后，还可能被视为"汉奸"。这样的情况，可能促使他们顺应民族主义，向侨胞们表明自己爱国的拳拳之心，最简单直接的办法，也许就是获得祖国的绅士身份。这既能够获得华侨同胞的尊敬，也能够在他们的故乡光宗耀祖。

二、海外华商的中国绅士化

挡住华商们成为中国绅士的障碍，是清政府的相关政策。清政府长期将出国的华侨视为弃民，甚而为汉奸、叛逆，故对他们抱有敌视加防范的态度，采取既禁出海，也禁回归的严禁政策。这在事实上是将华侨置于无国无乡的境地。第二次鸦片

---

① 参见［澳］颜清湟《新马华人社会的阶级结构与社会地位流动（1800—1911）》，载《海外华人史研究》，新加坡：新加坡亚洲研究学会，1992 年，第 151 页；［澳］颜清湟《新马华人社会史》，北京：中国华侨出版，1991 年，第 135—136 页。

战争后，因《北京条约》明确规定允许华工出国，禁止出国的政策不废而自废，清政府对待华侨的态度，开始向保护和利用转变。1893年，清政府正式废除华侨回归之禁。

清政府华侨政策转变的时期，正是西方殖民者歧视华侨比较盛的时候，只有很少的华商能够获得殖民政府的勋衔或者较高的身份。有一份史料显示，在1893年，爪哇华人有248484人，只有28人被荷兰殖民者"赐予欧洲人的地位"，其余的绝大多数人都被归类于第二等级的地位。[①] 清政府华侨政策的调整，对广大华侨可以说是重新找回身份和尊严的利好指南。对大批来自中国社会较低的阶层而白手起家的华商来说，中国社会普遍存在的追求官职、财富、名望以光宗耀祖的观念，也一样根植于他们的内心。在这样的文化熏陶下，一旦有人获得官职、财富、名望中的某方面成就，就会想方设法延伸其他方面。华商们选择商路时就放弃了科举入仕升官发财的正途，在他们经商累积起一定的财富后，心理上也会产生强烈的追逐官衔和声望的需求，借以彰显他们的尊贵和高人一等的特殊地位。因此，当清政府向华侨公开鬻卖官衔后，华商们有趋之若鹜之势头。

据颜清湟先生的研究，第一位获得官衔的侨领是新加坡的章芳琳，"时为1869年，所得官衔为道员，以褒奖他慷慨献

---

① [新]廖建裕：《爪哇土生华人政治（1917–1942）》，李学民、陈巽华译，北京：中国友谊出版公司，1985年，第10—11页。

捐福建省的防务基金。"① 实际上，比之还早的获得官衔的应该还有，只是不一定是侨领，官衔也不高。至少在1866年（同治五年）斌椿考察团途经新加坡时，他就记录有一个"贸易居此"却有都司职衔的闽人陈洪勋，"顶帽补服来谒"②。可以判断，从同治年间起，已经有部分华商通过赈济获得清政府奖叙的官衔，只是都是虚衔，且级别不高。到光绪初年，开始有华商获得了实缺官职。第一个获得官职的，是具有候补道员官衔的侨领胡璇泽（胡亚基），他在1877年被清政府任命为驻新加坡的领事。令人颇为意外的是，在此前后，胡璇泽先被沙皇任命为俄国驻新加坡领事，继而又被日本委为驻新加坡领事，"成为国际外交史上第一个同时身兼三国领事的外交家"③。

新加坡领事馆是清政府在海外建立的最早的领事馆，在中国近代面向世界的外交史上具有开先河的意义。领事馆的重要使命之一即是代表政府保护当地华侨。随着清政府在多处设立驻外领事馆，任命当地有官衔的华商为领事已不稀奇，如陈善谦（小吕宋首任代摄领事）、张振勋（槟城副领事，新加坡总领事）、张煜南（槟榔屿副领事）、张鸿南（槟榔屿副领事）、吴寿珍（新加坡代理总领事）等。担任使馆官员的华商用事实证明他们能够胜任，由此而有像张振勋、张煜南这样的人到国内任职，对清政府的工商业政策多有影响。张振勋更得以受赏

---

① ［澳］颜清湟：《清朝鬻官制度与星马华族领导层（1877–1912）》，载《海外华人史研究》，新加坡：新加坡亚洲研究学会，1992年，第4页。
② ［清］斌椿：《乘槎笔记》，长沙：湖南人民出版社，1981年，第9页。
③ 温广益主编：《广东籍华侨名人传》，广州：广东人民出版社，1988年，第57页。

头品顶戴，补授太仆寺正卿，与著名的"状元实业家"张謇并称为"南北二张"①。

当然，大多数获得官衔的华商并没有出任任何实职，他们获得什么样的官衔，就只是和他们捐出多少钱有关。不过，同样是出钱换取官衔，也存在捐赈与捐纳的差异。

在1889年之前，华商们获取清政府的官衔，主要靠热心国内赈济。通常的做法，就是某地发生灾害或要搞重大工程急需钱财，地方大员派人向华侨募捐，募捐时就以官衔为诱饵。华商捐献巨款，地方大员奏请赐予官衔作为回报。对这样的做法，颜清湟先生将之说成是"鬻官是在伪饰中进行"。通过这样的途径获取官衔，捐款者要冒较大的风险。毕竟，地方大员并不能百分之百保证他的奏请能够得到朝廷批准。因此，在1887年，湖广总督张之洞和直隶总督李鸿章这两位声势显赫的地方大员，先后向清廷奏请直接向华侨开放卖官鬻爵。"到了1889年，当一整张华侨可以捐官衔的价格表，刊诸报端时，捐官之事，在星马已显得很平常了。从那时起，到1912年清朝被推翻为止，虚衔一直泛滥于海外市场。"②

颜清湟先生的研究表明：从1877年到1912年，有291名新马华商购买了官衔，其中，有50名（占总数的17.2%），花费上千两银子购买了较高的官衔，包括张弼士、胡子春、张

---

① 温广益主编：《广东籍华侨名人传》，广州：广东人民出版社，1988年，第63页。

② 鬻官的官衔共有47种，计由38.40两的把总，到1679.36两的道员。见《叻报》1889年10月17日。[澳]颜清湟：《清朝鬻官制度与星马华族领导层（1877—1912）》，载《海外华人史研究》，新加坡：新加坡亚洲研究学会，1992年，第4—5页。

煜南、章芳琳、吴寿珍、谢荣光、邱菽园、李清渊、刘金榜和陈金钟等17名著名侨领；241人（占总数82.8%），是花费28两到690两不等的价格，购买较低官衔。①

新马之外的其他地方，比如，荷属东印度、西（后美）属菲律宾、法属印度支那等地的华商鬻官情况，笔者没有找到如颜清湟先生这么细致、清晰的研究，但可以推断亦有类似情况，才能有"虚衔一直泛滥于海外市场"的判断。笔者看到一份清政府驻各地系列的驻外使馆领事年表，其中出身为具有官衔的"当地华商"者，就还有古今辉（原知县用候选县丞，驻美国檀香山副领事，1898.9—1902）、梅伯显（原花翎道衔，驻美国波特兼舍路代领事，1906.9—1911）、阮洽（原花翎道衔，舍路代领事，1909.1—1911）等人，足以证明新马之外的地方也有华商得到清政府官衔的情况属实。在上表中，也有几个没有著名官衔的"当地华商"出任领事的情况。②

颜清湟先生只是把华商们获得清政府官衔的历程以1889年为界，分出两个阶段，前靠赈济，后是捐纳。实际上，在1903年之后，还有第三种情况，即投资国内工商业。当时，清政府以新政推行奖励工商的政策，使商人们不需要捐纳给政府，只要直接投资于工商业，按照《奖励公司章程》等规定，即可以获得政府作为奖励授予的官名和顶戴。而且，投资

---

① ［澳］颜清湟：《清朝鬻官制度与星马华族领导层（1877–1912）》，载《海外华人史研究》，新加坡：新加坡亚洲研究学会，1992年，第7—8页。

② 驻外领事馆官员的情况，参阅晚黄小用《清华侨政策研究》，长沙：湖南师范大学博士学位论文，2003年，第139—153页所列驻英、驻美等地的领事年表。

额度后来还有降低，如 1903 年集股 50 万元，才能获得"臣部五等议员，加七品顶戴"，到 1907 年获得同样的功名已降为集股 20 万元。通过赈济和捐纳，按照清政府的规定，是不可能得到爵位的，而按照投资的数额，千万元以上可以得到爵位（从三等男爵到一等子爵），百万元以上可以获得卿位，10 万元以上即可得五品衔，甚至出资 1 万元以上者即可得九品奖牌和顶戴。另注明，如商人原有官阶职衔，"准将此项奖励，移奖该商之胞兄弟子侄"。还有，有技术发明的人，还可以按照 1906 年的《奖给商勋章程》获得商勋和顶戴。① 在这样的措施激励下，在 1903 年以后，可能形成了更大规模的华商绅士化浪潮。但查看颜清湟先生《清朝鬻官制度与星马华族领导层（1877—1912）》所附表格，发现 1903 年是高峰，此后获得官衔的华商并不多，如《附表 1：1877 年至 1912 年间星马华侨向清政府捐购较高官衔者名单》中，列有 50 人，仅有 10 人在 1904 年以后获得或提升官衔。《附表 4：1877 年至 1912 年间星马华侨向清政府捐购较低官衔者名单》中，共 171 人，获官衔时间均在 1888 年以后，其中 1904 年以后有 16 人。这是否有统计缺失，尚存疑。庄国土先生的一篇论文中，曾引用过颜清湟先生的另一篇文章，其中提及在 1911 年以前，

---

① 见《1903 年的奖励公司章程》《1907 年的改订奖励公司章程》《1907 年的爵赏章程及奖牌章程》《1906 年的奖给商勋章程》，载汪敬虞主编《中国近代工业史资料第 2 辑》（上册），北京：科学出版社，1957 年，第 640—647 页。

"新加坡已有九百人买得官衔"①。这篇名为 Overseas Chinese Nationalism Singapore and Malaya（1877-1912）的论文，笔者没有找到原文。笔者在译文《新加坡和马来亚华侨的民族主义（1877—1912）》②中，却没有找到上述数据，故暂存疑。

还有一些获得大学文凭和学有专长的华侨"士人"，也可能获得功名身份而进阶为绅士。这是华侨在捐赈、捐纳、投资之外的第四种绅士化途径，且是更受推崇的正途。光绪二十六年（1900）七月，使俄大臣杨儒向清廷上"变法条议"折，提出："凡中华子弟曾在外洋大学院学成，领有凭照者，准其就近投各出使大臣，呈验凭照，而试所学，分别等级，随时奏请钦赐贡生、举人、进士名目，作为正途出身。"他还进一步指出："此辈类多久居外洋之富商子弟，身虽远在海邦，心不忘夫君国，……切齿外邦之肆逼，痛心中国之不强，有知己知彼之长，无非类异心之患。量才器使，优给薪资，必可得其死力。胜于聘用西人。""风气既开，侨民益知奋学，功名所在，志士不惮远游。"③光绪二十七年（1901）五月，清廷正式下旨："为政之要首在人才，闻出洋华商子弟，就近游学者，颇多可造之才，着各出使大臣留心察访，如有在外洋大书院肄

---

① Yen Ching-Hwang, "Overseas Chinese Nationalism Singapore and Malaya（1877–1912）", *Modern Asia Studies*, No.3, 1982, p.415, 转引自庄国土:《晚清政府争取华侨经济的措施及其成效——晚清华侨政策研究之三》,《南洋问题》1994年第4期。

② [澳]颜清湟:《新加坡和马来亚华侨的民族主义（1877–1912）》（李菲译），载《海外华人史研究》，新加坡：新加坡亚洲研究学会，1992年，第211—244页。

③ 中国社会科学院近代史资料编辑组编:《杨儒庚辛存稿》，北京：中国社会科学出版社，1980年，第207—208页。

业，精通专门之学，领有凭照，或著有成书者，准由各使臣认真考试，分别等第，咨送回籍，由政务处奏请简派大员，按其所学，分门考试拟取后带领引见，听候录用，赐以进士、举人、贡生各科目，将来著有实在劳绩，即当量予擢用。所有考送章程，及考取姓名籍贯年貌，著分别咨送各该衙门查照。"①由此开启了华侨步入绅士的正途之门，也是对出国留学的极大鼓励。此后有多少华商子弟通过这样的途径成为绅士，可惜尚未见专门研究。

三、简短的结论

中国社会在历史上长期存在官本位的形态，这一形态的基本特征是权力、财富、名望三位一体，并以权力为核心。掌握权力或接近权力，造就了官员和候补官员组成的绅士阶层。他们居于更高的地位，具有更尊贵的身份，由此促进社会上一直涌动的绅士化潮流。华侨移居海外，其绅士化的价值取向仍旧根植于他们的文化传统中。只是他们绅士化路径，最初只能在侨居地力争，直到晚清才打通让他们成为中国绅士的日益顺畅的途径，形成了在世界移民史上罕见的海外华侨绅士群体。

海外华侨绅士群体至少包括两个部分：第一部分是获得侨居地政府官衔、爵位的华侨，这在世界移民史上多有出现。只是晚清时有此成就的华侨并不多，他们基本上是通过成为华侨

---

① 《清实录·德宗实录（七）》卷四八三，北京：中华书局，1987年，第384页。

社区的领导人而获得绅士身份的。按照当时中国人的血统国籍认知和1909年颁布的《大清国籍条例》，他们仍旧是中国臣民，而且他们往往也热衷于获得清政府的官衔。第二部分是获得清政府官衔、爵位的华侨，他们是华侨绅士的主体。在晚清将华侨由弃民转变为需要保护和利用的臣民后，家道殷实以上的华侨通过捐赈、捐纳、投资、大学教育等途径，都可以获得清政府的官衔而实现他们绅士化的梦想。

还需要注意的是，在晚清海外的华侨绅士中，除了华商绅士化，还有一部分原中国本土绅士，因受官派，或政治避难，或经商而出洋侨居等原因，也逐渐成了华侨绅士。考虑到本文的主题以及篇幅的限制，此方面的情况只能点到为止。

总之，华侨绅士，虽然只是晚清快速扩大的绅士群体中的一个支流，但不能忽视。

作者简介：范德伟，云南省红河学院人文学院教授，主要从事中国近现代史的教学和研究。

古代海外华侨宗教遗产述论
——以贸易瓷为中心

王怡苹

摘要： 自然环境造成人类生存上不确定之幸福、困难、安定等因素，先民从新石器时代即有敬天、崇拜祖先和圣贤等信仰；在追求更好的生存生活条件下，也向海外寻求安身立命之处。自秦汉开始，由行商到住商，加上逃避战祸的难民，逐步构成了早期海外华侨主体。由于历史传统和现实原因，先民更多的是将宗教信仰和民间信仰相混，这一传统的信仰方式融入日常习俗和传承等，也随着早期移民传播至海外。从新石器时代开始，陶器就被有目的性地应用为与先民的生活和信仰息息相关的祭器和日用品；大约在商代中期，出现了原始瓷器，中国创制瓷器的成功，对人类文明做出了重大的贡献。到了唐宋时期，"贸易瓷"更成为中国古代海上丝路重要的经济商品之一。由目前发现的古代沉船及各国公布的古代陶瓷标本来看，以"贸易瓷"为载体所呈现出的宗教题材丰富，包含了佛教、道教、伊斯兰教和基督教等。而"贸易瓷"与华侨紧密相连，共同见证了古代中西海上交通、经济市场的逐步发展成熟和中西宗教与文化交流及传播等。由华侨移居海外到今天，移民的过程、形成的社会生活与精神信仰、相互结社等，多和宗教信仰有着千丝万缕且密不可分的关联。这些时空交织的物质与精神文化积淀成为海外华侨宗教遗产的重要内容。今日，关于古代海外华侨宗教研究以贸易瓷为中心探讨，学界仍未涉足，希望本文的述论能在相关领域产生抛砖引玉之效。

关键词：古代华侨；宗教遗产；贸易瓷

前 言

在古代漂洋过海的移民活动中，先民所携带的日用或因经济利益成为商品的陶瓷器，因其材质的特殊性，在海外被视作珍贵的舶来品。其中，部分陶瓷呈现了先民或他国人士信仰与宗教因素的造型、纹饰或绘图，因而具有一定的吉祥和仪式意义。在使用过程中，将器物与传统文化和信仰特色结合，借由物和仪式将信仰和寄托一代一代地传承下去，以祈求子孙后代生活平安顺利，陶瓷由此承载了丰富的宗教文化内涵。这一类传世与出土的陶瓷皆具有突出的时代特征，随着先民不同时期的信仰与宗教信仰轨迹，体现在特定的颜色、造型、纹饰、绘画等方面，堪称最具特色的品种之一。

贸易瓷是中国古代海上丝路重要的经济商品之一，由目前发现的古代沉船以及各国公布的中国古代陶瓷标本考古材料来看，以贸易瓷为载体所呈现的宗教题材极为丰富，包含了佛教、道教、伊斯兰教和基督教等，使其成为古代中西海上交通、经济市场逐步发展成熟和中西宗教文化交流与传播的见证物。然而关于古代借由海上丝路对外贸易的陶瓷及其所呈现的宗教文化传播和交流问题，目前尚未见全面性的专论研究，更遑论将之与海外华侨相结合的探究。本文通过对古代海外贸易瓷上包含宗教元素的造型、装饰工艺或图饰进行研究，体现中国传统文化与外来宗教文化的交流融合及其历史意义。

一、先行研究

本文以贸易瓷为研究中心，关于古代海外华侨、信仰与宗教等先行研究，因篇幅有限，此予以省略。从20世纪的30年代起，国内的陶瓷研究学者已开始关注古陶瓷对外销售、传播的问题。如陈万里先生以古文献、国外论文专书和考古材料互为考证所撰述的《青瓷的对外输出》《再谈明清两代我国瓷器的输出》；[1] 早年旅居新加坡的韩槐准先生则以传播至海外的中国古陶瓷为研究对象，根据其调研在20世纪50年代的《南洋学报》第二、六、十、十一卷陆续发表了《琉璃珠及瓷珠之研究（我国古代市易南洋物品之一）》《中国古陶瓷在婆罗洲》等一系列专文。叶文程、冯先铭、王文强等专家学者则在20世纪后期，在陶瓷对外传播上积累了一定的研究成果。古陶瓷在海外传播研究起步虽早，然在中国古陶瓷研究上，关于贸易瓷的研究议题与21世纪前古窑址的考察、古文献、古代制瓷工

---

[1] 陈万里：《陈万里陶瓷考古文集》，北京：紫禁城出版社，1997年版。

艺等研究工作相比，实为古陶瓷史研究中较为薄弱的一环。

21世纪前后，对于中国古陶瓷对外传播的研究取得了一定的突破，以历史时期的分期、个别地区或窑口生产、陆上丝路传播、个别帝王或朝代等研究成果多见，目前又结合文化遗产、海上丝路、海洋文化等课题，进入了多元性、崭新的研究范畴。而对于古代借由海洋传播于海外的古代陶瓷上所呈现的宗教文化传播和交流问题，目前尚未见全面性的专论探讨，本篇则借鉴于前人学者个别专论研究中探究试述之。

二、外销瓷、贸易瓷与海洋性瓷业

中国古代手工业制瓷产品的使用和流通十分普遍，据目前考古出土的相关材料、古文献资料和专著等考证，中国最早形成对外传播的商品经济瓷器应是在唐代。[1] 对于早期学者惯用的"外销瓷"看法，厦门大学教授吴春明在关于东南海洋性陶瓷贸易体系研究上认为，"外销瓷"其核心是"外销"，即强调古代瓷器输出国外，且外销还有陆路外销和海路外销的差别；"贸易陶瓷"则强调陶瓷为商品的"交易性质"。吴春明还认为，两者实际上都无法真实反映海洋性陶瓷以海洋为媒介、以输出海外为目的的海洋性瓷业格局。[2] 关于"外销"和"贸

---

[1] 霍华：《携来世界曾游——外销瓷漫谈》，《东南文化》2003年第12期；李知宴：《从唐代陶瓷的发展看中国和亚非国家的关系》，《中国历史博物馆馆刊》1985年第7期。

[2] 吴春明：《中国东南海洋性陶瓷贸易体系发展与变化》，《中国社会经济史研究》2003年第3期。

易"一词的使用，是当代研究者借用了商业专门用语使用于古陶瓷研究上的，两者有着本质不同。商业上"外销"为一国或一地区生产的商品在外国或外地区市场上销售；"贸易"最原始的形态则是以物易物，即直接交换货品或服务，再进一步为在平等互愿的前提下于交易市场里进行的货品或服务交易，其中一个国家（或地区）以海运为主的对外贸易又被称为海外贸易。唐代时面对海外传播所生产的瓷器，以古窑址调查研究其生产模式和在海外销售方式，依上述分析较为贴近"贸易"商品的经济行为模式，所以古代对海外生产的商品性瓷器应称为"贸易瓷"较符合当时的交易模式。另一点值得关注的是古代海上贸易瓷已是商品经济（commodity economy）形态，其具备了商品经济的特色，即直接以商品生产和商品交换为目的的经济形式、手工业从农业中分离并进一步扩大和商品经济的重要媒介——"商人"的出现。① 古代海外瓷器贸易在不断地发展，于明清时期形成了中国特有商品与海外商品之间交换，并由市场进行资源调配的市场经济，而市场经济是商品经济发展的高级阶段，此一发展应在古代海外贸易瓷的未来研究中受到关注。

在"安史之乱"爆发前，中国古代东西之间的贸易与文化交流多赖汉朝开通的"陆上丝绸之路"②，天宝十四载（755

---

① 刘立平：《国际贸易：理论与政策》，合肥：中国科学大学技术出版社，2010年。

② 1887年德国地理学家李希霍芬将丝绸之路的开通定于张骞出使西域的公元前138年为开端，在《中国》中首次提出"丝绸之路"一词。

"安史之乱"后,作为边疆邻国的大食借机占据了中亚、西亚,吐蕃则趁机控制了陇右和河西,因此中原到西域之间的陆路贸易因战祸连绵而"道路梗绝,往来不通";同时期,国内的经济重心因北方受到战事严峻的波及而开始南移,出现如广州、扬州、明州等新兴的商业贸易城市,东南沿海地区受到重视而重新开展。在敦煌第323石窟的南壁绘制的唐初的合浦城、交州城反映了唐代高僧利用海上交通渡海求法的盛况。《大唐西域求法高僧传》中记录在公元641—689年共有60位高僧西行求法,其中从海路到印度者有38位。《通典》卷一八八《边防四》载:"大唐贞观以后,声教远被,自古未通者,重译而至,又多于梁、隋焉。"[1]随着唐朝兴启的海上贸易航道延续到了宋代,由朱彧撰写的《萍洲可谈》记载了关于宋代海外贸易、市舶司管理情况,卷二载:"舶船深阔各数十丈;商人分占贮货,人得数尺许,下以贮物,夜卧其上。货多陶器,大小相套,无少隙地。""富者乘时畜缯帛、陶货,加其直,与求债者计息,何啻倍蓰。"[2]内文说明了北宋陶瓷的海外贸易更胜于唐代,成了一项可图厚利的商业交易,因此商人不惜以陶瓷囤积居奇。《宋史·食货志》载:"开宝四年(971)置市舶司于广州,后又于杭州、明州置司,凡大食、古逻、阇婆、占城、勃泥、麻逸、三佛齐诸番,并通贸易,以金、银、

---

[1] (唐)杜佑:《通典》,北京:中华书局,1998年。
[2] (宋)朱彧《萍洲可谈》,内载有关于宋代海外贸易及市舶管理情况,如舶船到港后"编栏"(即派兵监视)、"抽解"(即征税)、"呈样"(即给港口官员送礼)、"禁榷及博买"(即政府收购专卖货物及确定商人自由出卖者)情况等。

缯线……瓷器、市香药、犀……等物。"到了南宋时期，赵汝适《诸蕃志》中载录了56个与南宋有海外交通贸易的国家和地区，然繁盛的海上贸易也带来了国内的另一项隐忧，《宋史·食货志》载："宁宗嘉定十二年（1219），臣僚言，以金钱博买，泄之远夷为可惜。乃命有司止以绢、帛、锦、绮、瓷、漆之属博易，听其来之多寡，若不至，则任之，不必以为重也。"因与海外贸易而造成当时国内铸币的严重外流，导致紧张的钱荒，为了防止国币流出海外，规定凡外货的采办，不直接用金属钱币购买，而改以绢帛、瓷器、漆器为代价。这项措施的实行，却使得陶瓷器在南宋时更大量地因"以物易物"的贸易方式经由海上传输到海外去，中国古代贸易瓷无形中成了另一种广受国外接受的对价货币；直到清代，贸易瓷成为古代中国重要的商品经济及代名词。

而提出"海洋性瓷业格局"发展观点的吴春明，认为从东汉六朝雏形形成、唐宋时期扩张、元明清海洋经济与贸易格局变化，形成"古代中国东南沿海为中心的环中国海海洋社会、经济与文化圈构成的内在"，并"将陆、港、海三者紧密联系在一起的海洋性社会经济体系"。[①] 而维系海、陆社会经济纽带与体系形成的海洋性瓷业，在社会经济大文化圈宏观下是因有了贸易瓷这一载体商品为基础，古代借以海洋传播的中西文化交流则因此体现、古代海洋文化圈的范围才得以考证。

[①] 吴春明：《中国东南海洋性陶瓷贸易体系发展与变化》，《中国社会经济史研究》2003年第3期。

三、古代海上贸易瓷的宗教文化交流

唐代是中国与西方交通方式、贸易重心从陆路转向海路的重要历史时期，而以陶瓷为主的商品经济也因此更进一步由海上传输到国外。公元714年，广州首设市舶使，管理当时与中国贸易进出口的商船，许多阿拉伯和波斯商人活跃在南方的各个港口，如沿海城市杭州、明州（明初改称宁波）、泉州和广州等，多驻有主要来自印度、马来半岛、西亚和占城的外国商团。当时在海上大规模航行尽管危险重重，然成功后带来的可观财富深深吸引了当时的冒险家和商贸投资者。在目前留存中外书籍的撰写内容中，我们可以得知当时的海上活动所促进的中西文化、经济上的交流是频繁的，如《古代中世纪早期在印度洋的阿拉伯航海》（*Arab Seafaring in the Indian Ocean in Ancient and Early Medieval Times*）记载着在公元717年，一名波斯商人的船队从斯里兰卡（Sri Lanka）出发到巨港（Palembang），途中35名船员大多数葬身海中，仅靠数人安全返回，却获得巨额回报；[①] 在 *kitab 'Ajaib al-Hind* 一书里，一位斯拉夫的波斯船主 Buzurgibn Shahriyar，则记载了航海者在印度与中国贸易中发生的丰富奇幻、内容夸张的故事。[②] 而唐朝宝应、大历年间（762—779年）窦叔蒙著述的《海涛志》

[①] George F. Hourani, John Carswell, *Arab Seafaring in the Indian Ocean in Ancient and Early Medieval Times*（*Expanded Edition*），New Jersey: Princeton University Press, 1995.

[②] Shahriyar, Buzurg Ibn, *The Book of Wonders of India*, G. S. P. Freeman—Grenville (ed.), London, 1981, p. 62。这些记述有部分成为辛巴达（Sinbad）传说的来源。

则是目前中国现存最早的一本潮汐学方面的专著，记录了唐人累积前人的智慧与经验克服自然气候问题和航海技术上的优良表现，除增加了海上交通航线的开辟外，还为宋元明清奠定了海上贸易繁盛的基础。

宋元时期，随着航海业的发展，中国陶瓷对外贸易呈现出空前繁荣的局面，特别是在广州、明州、杭州、泉州等地设立"市舶司"管理对外贸易后，大批贸易瓷从这些港口启运，沿着唐、五代时期开辟的航道，源源不断地运往亚、非洲各国。考古学者对9世纪前的城镇遗址的发掘中，在日本、韩国、印度、伊朗、伊拉克和埃及等地，都曾发现相当数量的唐代瓷器碎片；明代永乐三年至宣德八年（1405—1433年）的29年间，当权者派遣由郑和率领2.7万多人组成的200艘宝船船队七次下西洋，推动了明代造船、航海技术的飞跃并成了促进世界地理大发现的先驱，航行期间扫荡了海寇确保了中国与西洋之间的海上交通安全，明皇室由此声威远播并加强了与海外各国之间的睦邻关系，增进了东南亚、阿拉伯半岛南端、南亚和非洲东海岸地区对明朝的了解。当时的中国成为新航路开辟以前世界上最大的海上贸易强国，瓷器贸易大幅增长，输出范围更广，为此后明朝与西洋之间海上陶瓷之路的繁荣奠定了坚实基础，初步形成了一个世界性的中国瓷器市场[①]，现在由巴基斯坦、菲律宾、印度尼西亚、马来西亚、阿拉伯、非洲，甚至欧美的一些国家等出土数量可观的中国瓷器标本与收藏品可见

[①] 彭明瀚：《郑和下西洋——新航路开辟明清景德镇瓷器外销欧美》，《南方文物》2011年第3期。

一斑。

　　中国古代贸易瓷通过海上的传播，始于汉晋六朝，在隋唐时开始发展，宋元兴盛，明清时期鼎盛，在17世纪20年代随着欧洲与日本各地对中国贸易瓷的需求其出口量掀起了高潮。随着贸易瓷的足迹发现，古代中国的海洋交通范围逐步从大陆外缘东亚岛弧的太平洋扩展至印度洋两岸、延伸到大西洋两岸，中西间的文化传播和交流也由此开展了重要的中外关系史。古代在海上传播的贸易瓷除了各时代、窑口的传统器类外，制瓷手工业的匠师还善于根据客户的需求，专为当时番商、番客的要求特别定制商品。模仿设计出外国的造型和风格亦是促使中国海上贸易瓷繁盛的重要因素，最初是印度、波斯和东南亚，16世纪起则有葡萄牙造型，而广州的十三行立足以后[1]，就接受英国（1715年）、法国、荷兰（1720年）、丹麦、瑞典（1730年）和美国（1784年）等异国风情的装饰纹样和绘图，其中包含了以中国传统元素为主加入西方特别定制的元素装饰，或就使用定制者要求的西方纹样为造型和装饰等。

　　古代中国制瓷手工业者的创作巧思从唐代长沙窑以来到清代的海上贸易瓷，皆如实显露出每个时期中西之间交往频繁、

---

[1] 冷东：《在中国走向世界的过程中考察广州十三行的历史地位》，《广州大学学报（社会科学版）》2010年第8期。王怡苹：《"南澳Ⅰ号"沉船中景德镇外销青花瓷器的制作时代探究》，载中国航海博物馆（上海）编《国家航海》第六辑，上海：上海古籍出版社，2014年版："万历年间（1573~1620）明代朝廷授意让广东三十六行代替原来设置的市舶司主持对外的商贸事务，广东由正德四年（1509）开始独霸中国对外贸易，到了万历年间更一跃成为垄断海上商贸的地区。"

文化交流的信息。其中在贸易瓷上所包含具有宗教元素的装饰工艺或图饰，体现了当时中国传统与外来宗教文化元素在古代社会生活中的融合，或中西交流后却各自独立发展，或交融后再对外传播等，皆具有其突出的时代特征，下文兹按古代中国的宗教和传入先后及目前贸易瓷上现有资料，以较具特点者简述如下：

（一）道教

道教是中国的传统宗教，目前学术界多认为形成于公元2世纪的东汉时期，而宗教界则认为道教起源于黄帝，《竹书纪年》中载："黄帝崩，其臣左彻取衣冠几杖而庙祀之。"奉老子为教祖，尊称为"太上老君"。道教于南北朝时盛行，又称黄老道或玄门等；在南宋偏安后与金、元南北对峙的形势下，兴起的道教宗派，大多主张道、儒、释三教结合；明代中叶以后道教逐渐转衰，到了清代，皇室则重佛抑道。道教是典型的多神教，神系纷繁复杂，神祇数量极多；在道教中，"神"指先天自然化生之圣，"仙"指后天修炼得道之人，人们通常将神、仙二词合用或混用。由东汉开始，历史上有几位皇帝极其崇信道教，如唐高祖（618—626年在位）、唐高宗（649—683年在位）、唐玄宗（712—756年在位）、宋真宗（997—1022年）在位、宋徽宗（1100—1126年在位）、明嘉靖帝（1522—1566年在位）等，属于中国传统的宗教造型与装饰元素因皇室的崇信大量地显现于日常生活用器之中，如明朝由于嘉靖帝好道，在嘉靖年间的陶瓷装饰中因鹿与"禄"谐同音，故以鹿为主的装饰增多，而明嘉靖到崇祯年间民窑则盛行以一只鹿伴一官人图的"天官赐鹿"纹样装饰在陶瓷上。[①]到了天启、崇祯年间，因皇室对道教信仰的式微，官、民窑的道教图案装饰则开始大量减少。

贸易瓷的道教造型装饰多承袭中国古代阴阳五行说的思想：谓天地万物皆由木、火、土、金、水五元素构成（五彩釉色青、红、黄、白、黑），万物由五行循环而相生相克使世界平衡，鲜明地反映出道教追求吉祥如意、长生久视、羽化登仙等思想。如描绘扇、鱼、水仙、蝙蝠、鹿、桃等乃分别为善、裕、仙、福、禄、寿之象征，山、水、江、海、岩石、日、月、星、云等，寓意坚固永生、光明普照、山海长驻；而松柏、莺、竹、灵芝、龟、鹤、狮、麒麟、龙、凤等又分别象征友情、君子、长生、不老、辟邪、祥瑞等，有时以福、禄、寿、吉、天、喜、丰、乐等字化作种种吉祥意喻作为装饰，如将寿字写成百种不同之字形，名为"百寿图"；此外，八仙庆寿、八仙过海的神话故事或仅以八仙手持法器为代表的"暗八仙"亦常为道教的装饰题材；[②]其中莲花纹、如意纹、璎珞、狮子等吉祥纹饰为道、佛教共享。造型有鼎、炉、葫芦、荷叶等。

沉船中体现道教纹饰与造型的案例有很多。从目前打捞公布的唐代古沉船"黑石号"的贸易瓷来看，器型中的熏炉和肖

---

① 熊寥、熊寰：《中国历代瓷器装饰大典》，上海：上海文化出版社，2005年，第43—45页。

② 周丽丽：《略论元代龙泉瓷器上的几种特殊纹样》，载《中国陶瓷全集》编辑委员会编《中国陶瓷全集·第十卷·元（上）》，台北：锦绣出版社，1999年版："八仙图最早出现在元代的瓷器上，目前所见，龙泉是烧造这一图案的唯一元代窑场。"

生瓷塑的龟、长沙窑碗内的莲纹（五瓣或双层八瓣、十瓣）和云纹（卷云、云气纹），青瓷注子上的狮子纹饰、凤首三彩、狮座青瓷枕等。南宋古沉船南海一号，有葫芦型青白瓷、划花莲纹青瓷碗、御狮衔环铺首青白瓷执壶等。1976年，在朝鲜半岛以南发现的元代新安沉船，其中有"使司帅府公用"铭文龙泉窑莲花六瓣纹碗、香炉等。明代古沉船南澳一号根据报告第10页的记载，出水器物中有："青花花卉纹盘、青花麒麟纹盘、青花花鸟纹'福'款杯、青花鹿纹碗、青花五彩花卉纹碗、五彩盖盒、酱釉堆塑龙纹罐、青花瓷盘、碟、碗"等，器物上的题字有"大、天、火、善、龙、福、禄、寿、凤"等；款识有"福、万福攸同、富贵佳器、长命富贵、大明嘉靖年制"等。2005年发现的碗礁一号，出水贸易瓷有青花麒麟图罐、五彩杂宝图盘、青花寿字纹盏，以及缠枝莲、团凤、团狮、八卦、火龙戏珠、飞鹤、鹤鹿等装饰纹样。

海外多处遗址也发现了唐到清代的贸易瓷标本，如唐代的越窑青瓷的座狮、云鹤纹三彩盘（日本）、青瓷镂空熏炉（西沙北礁）、越窑莲瓣刻划纹青瓷钵（苏门答腊巨港）、刻划单或双层莲瓣青瓷壶或碗及装饰双飞凤纹（北非福斯塔特）等；宋元的刻划莲纹罐、浮雕莲纹（菲律宾），龙泉窑浅浮雕莲瓣纹碗、青瓷狮子头、香炉（斯里兰卡），莲瓣纹碗、贴花双鱼洗（坦桑尼亚）等；明代的八卦盘（阿拉伯），祥云灵芝罐、鸾凤和鸣五彩碗（沙拉越），鸾凤穿花纹碗（马达加斯加），清康熙的青花缠枝纹盖杯（越南）等。

(二)佛教

公元前6世纪佛教创始之初为无偶像崇拜，至公元1世纪中叶佛陀造像首先出现在贵霜王朝迦腻色伽王时期（144—173）的犍陀罗地区，大乘佛教所供奉的佛、菩萨、诸贤圣僧等众，并认为"万物清净自性任运成，本于十方吉祥世界中"（吉祥积聚诵），属于佛教的艺术风格便由此逐步形成。在两汉之际佛教传入中国后，南北朝时佛教寺宇已遍布全国，开始进入兴盛发展阶段；隋唐时期皇室崇信佛教，是佛教鼎盛之时。随着佛教信仰的流行，佛教的造像及供养方式融入了中国的元素，成为外来宗教中国化后又融入传统道教元素的"中国佛教"的信仰形态，在海上贸易瓷的纹饰装饰和造型上可以发现不同于犍陀罗地区的图案。

从古代流传至今属于中国佛教象征意涵较被广为认同的纹饰有莲花、卍字纹、八吉祥、法器、八思巴文、宝相花等，造型如佛像、菩萨像、佛塔、军持、狮以及佛教专用供器等。在日本多处收藏了具有中国佛教元素的古代海上贸易瓷，如东京国立博物馆藏的唐三彩宝相花龙耳瓶、东京永青文库藏的唐三彩宝相花纹三足盘，黑石号古沉船中的摩羯鱼纹碗[①]、长沙窑贴塑佛塔执壶，越窑雕花镂空青瓷熏炉，盘、碗、碟、盖、盒刻画带佛教与道教象征意涵的莲花纹等；在宋元时期，香炉类烧造数量很大，同时供应佛教和道教的宗教信仰使用，在巴

[①] 岑蕊：《摩羯纹考略》，《文物》1983年第10期。摩羯鱼为梵文makara的音译，原是指印度神话中一种长鼻利齿、鱼身鱼尾的动物，汉译作摩羯或摩伽罗，被认为是"河水之精，生命之本"。

基斯坦的巴博地区发现了北宋潮州窑青白釉莲瓣炉，而"南青北白"的时代特色在海上贸易瓷上多饰有以莲花、缠枝莲纹为饰的供盘、香炉、熏炉、净水碗及净瓶和钵等专用的供奉器具，其中的净瓶是佛教僧侣生活与修行随身必备的"十八物"（《梵网经》卷下）之一，用来饮水、洗手，后也为伊斯兰教徒所用，由梵文 kundika 音译而来，有"军迟""君（军）持""捃稚迦"等译名[①]，在东南亚多处如马来西亚、菲律宾等发现部分青白瓷或以青花绘图装饰的军持，多是元明时期的贸易瓷；在其他各地如美国华盛顿弗立尔美术馆藏有明代八思巴文款的青花龙纹盘瓷器（一说为元），东南亚出现明代青花梵文汤勺，日本发现明代德化窑白瓷佛、菩萨像，在美国博物馆则藏有清代素三彩罗汉、素三彩降龙罗汉，大英博物馆则收藏八思巴文瓶、法华八卦三足炉等。

（三）基督教

据学者研究，基督教传入中国始于唐朝，当时名为"景教"，起源于今日叙利亚，是东方亚述教会为基督教聂斯脱里派。唐朝时曾在长安兴盛一时，并在全国建有"十字寺"，但多由非汉族民众所信奉，到了元代再度繁盛，名为"也里可温"。[②]明朝天启五年（1625），西安掘出以1780个汉字撰写的"大秦景教流行中国碑并颂"石碑，旁另附数十字叙利

---

① 刘渤:《当议外销瓷中的军持和净瓶》，载冯小琦主编《古代外销瓷器研究》，北京：故宫出版社，2013年版。

② 王治心:《中国基督教史纲》，上海：上海古籍出版社，2007年版。传入中国的基督教广义上应包含当时的天主教、新教、东正教等。

亚文,此发现引起当时传教士轰动,目前景教的研究在中国的早期历史大多以此作为引证。之后到中国活动的以耶稣会士意大利的罗明坚（Michel Ruggieri, 1543—1607）、利玛窦（Matteo Ricci, 1552—1610）1582年入华为肇始。最初他们是以科学为手段、传教为实际活动目的,然在基督教传入的过程中为了宣扬宗教内容和教义,明末时大量的西方绘画随着基督教东传而涌入中国。葡萄牙商人最早定制将西洋图案以纹饰方式装饰于贸易瓷上,清《景德镇陶录》载:"洋器,专售外洋者,有滑洋器、泥洋器之分。商多粤东人,贩去与鬼子互市,式样奇巧,岁无定样。"① 在清三代贸易瓷上绘制的西洋人物多样,装饰手法极其丰富,有青花、粉彩、墨彩描金、广彩等,这些绚烂多姿的彩瓷,深受欧洲贵族的喜爱。

16世纪开始,应外国客商要求,在贸易瓷上仿绘西洋名画、神话、宗教、航海等西方题材为装饰的情形更为普遍。16世纪中叶,欧洲传教士向景德镇民窑订购宗教用瓷,主要画在成组的茶具上,用于宗教场合。② 瓷上绘有宗教故事图如《圣经》故事,以耶稣、圣母、天使等人物内容展开画面,器沿或颈、足则饰以中国纹样如卷草花叶、如意纹等,形成明清时期具有基督教特色的"耶稣瓷"。以清雍正矾红描金盘上绘有耶稣受洗图为例,盘心所绘画面是约翰为耶稣施洗的场景,盘沿

---

① 蓝浦：《景德镇陶录·国朝御窑厂恭记》，转引自熊寥、熊微编《中国陶瓷古籍集成》，上海：上海文化出版社，2006年，第486页。
② 崔彤：《清代外销瓷器图案特征分析》，《数位时尚·新视觉艺术》2013年第5期。

边饰为四个有翅膀的小天使缠绕于花枝之间，耶稣站在约旦河中，天开了圣灵从天上飞了下来。初期，"耶稣瓷"所绘人物较不具备西方人物高鼻深目的五官特点，较像当时典型中国市民形象，到了清三代以后越发具有西方人形象；景德镇于18世纪初期成功地烧制了墨彩珐琅瓷器，特点是以纤细的灰黑线条勾勒图像造型再敷彩，而西洋人物图像的画稿多是来自欧洲的蚀刻画或铜版画，墨彩成功地描绘了欧洲铜版画和蚀刻画西洋人物图像的视觉效果，很大程度上取代了青花瓷的地位，以宗教宣传为目的烧造的"耶稣瓷"则多选择墨彩加金的形式来烧制，因能达到耶稣瓷主题"耶稣诞生""耶稣受难""耶稣复活""圣母圣婴图""耶稣会徽章"等模仿《圣经》铜版画插图的视觉效果。目前在澳门博物馆、巴黎吉美博物馆、布鲁塞尔皇家艺术历史博物馆、马来西亚国家博物馆等，都可以发现"耶稣瓷"。

（四）伊斯兰教

公元7世纪以来，以地处欧、亚、非三洲交界的阿拉伯伊斯兰帝国为中心的"伊斯兰世界"，拥有便利的海陆交通与重要的地理位置，控制着当时的商贸枢纽。唐太和八年（834年）文宗诏谕："南海番舶，本以慕化而来，固在接以仁恩，使其感悦。……其岭南、福建及扬州蕃客，宜委节度观察使常加存问。除舶脚、收市、进奉外，任其来往通流，自为交易，不得重加率税。"《旧唐书》载李勉在广州任官时，每年到中国的外商达十几万人以上，其中主要是波斯、大食等地信奉伊斯兰教的商人；唐代皇室对伊斯兰商人采取了优待政策，允许他们与汉族通婚、开商店、占田、长住、参加科举、升官等。唐代"黑石号"古沉船中长沙窑釉下多彩的产品，饰以连珠纹、椰枣纹、用褐绿彩和红彩书写的阿拉伯文字"真主最伟大""我是安拉的仆人"等伊斯兰教的装饰图案与纹样，伊斯兰文和阿拉伯纹饰造型方面则模仿中、西亚伊斯兰教使用的金银器的特点。

《宋书·蛮夷传》卷97（约成书于公元500年）载中国与大秦、天竺之间"舟舶继路，商使交属"，说明阿拉伯地区是中西交往的枢纽。元代时海外贸易制定和颁布了"市舶法则"，在泉州、广州、庆元等地设立"市舶提举司"，对丝织品的出口严加管控，因此元代的丝织品出口大大少于唐、宋两代，瓷器则成为对外贸易的商品经济出口大宗，据元人汪大渊所著《岛夷志略》记载，贸易地区包括了亚洲及东非等广大区域，元代的贸易瓷窑有景德镇窑、耀州窑系、磁州窑系、建窑系及福建、广东沿海等专烧贸易瓷的瓷窑产品。其中景德镇窑为适应伊斯兰地区需要而生产了一些专供贸易的青花瓷，目前有许多收藏在中国以外的地区，又以西亚的伊朗、土耳其等穆斯林国家的传世品为主，特别是具有典型伊斯兰风格的元青花大盘（盘径可达57cm），多收藏在伊斯兰教国家、地区的博物馆，如土耳其托普卡帕宫殿、伊朗阿尔德比勒灵庙、德黑兰的伊朗考古博物馆等。由于元代时伊斯兰教盛行"军持"，其也成为穆斯林用作祈祷前的"小净"、朝觐麦加圣地等的器物，大量销往东南亚。[1] 元代时"军持"成为佛教、伊斯兰教教徒共享的贸易瓷。

明代马欢撰写的《瀛涯胜览》中谈到伊朗、土耳其等使用中国瓷器时载：根据当地宴饮的习俗，多以瓷器大盘"满盛其饭，浇酥油汤汁，以手撮入口中而食……"[2] 据冯先铭先生统计，埃及、伊朗等地收藏的一些青花大器以大盘居多，有菱口、圆口两种；这种元青花大盘国内仅北京故宫和上海博物馆有几件，绝大部分在中东地区。这可能是为了适应伊斯兰民族举行宗教性宴会时席地围坐，中间置大盘盛饭，用手撮食的习惯。[3] 除了民间，宫廷对于中国的贸易瓷则视为具有神圣性的宗教器物，在奥斯曼帝国的宫中档案记载"穆罕默德四世生病时，伊斯兰教的教长曾献上中国的黄釉瓶，内盛有祝祷过的玫瑰水"。[4] 另外，在托普卡帕宫藏有一套开光内书写阿拉伯文字、深蓝地上饰有描金新月与星星图案，专供伊斯兰教信徒使用的餐具。

四、结语

陶瓷是古代文化载体中的特殊材质，不同于其他不易保存下来的器物，出现于国内外古代沉船中大量的贸易瓷，成了中

---

[1] 陈克伦：《多元文化因素对元瓷造型影响简论》，载《中国陶瓷全集》编辑委员会编《中国陶瓷全集·第十卷·元（上）》，台北：锦绣出版社，1999年版。
[2] （明）马欢著、冯承钧校注：《瀛涯胜览》，北京：中华书局，1955年。
[3] 冯先铭主编：《中国陶瓷》，上海：上海古籍出版社，1994年版。
[4] *The Topkapl Palace*, Istanbul: Aksit Culture and Tourism Publication.

国古代与他国各时期海上贸易关系的再现，包含其中的政治、经济、宗教与文化交流实为今日研究上不可或缺的实证。在古代沉船遗存、世界的沿海港口或陆路遗址、古城废墟中发掘面世的中国瓷器整件和碎片，以及典藏于国内外博物馆和私人收藏的中国古陶瓷等，都证实自古以来借由海上传播的贸易瓷形成了中西文化交流的载体和重要的海上文化商品经济。

古代借由海上交通的贸易瓷传播的宗教文化有很多，首先是汉代以来中国传统道教的元素，其多呈现于传统青、白瓷系统，唐代的长沙窑是兼容并蓄接受外来定制，同时保有传统与创新的贸易瓷专烧窑口，将中国道教炼丹、追求长生不老、羽化登仙的思想传递到东北亚、东南亚等地区，影响了日本、韩国等的宗教信仰。

其次是中国化最彻底的外来宗教——佛教。佛教在逐步糅合了中国元素后成了"中国佛教"，在贸易瓷装饰、造型上有属于印度的佛塔、佛像、法器、八吉祥等元素，中西交流的宝相花、缠枝莲纹、八宝、佛像、菩萨像、罗汉像等元素，中国传统的莲、番莲、龙、凤等纹饰；其中有的菩萨也成为道教的神尊，而鼎、炉器型，装饰纹饰如莲、龙、凤、麒麟、杂宝等则为佛道共有；净瓶或军持则是元代以后佛教影响伊斯兰教的宗教使用器物。

再次是在18世纪中西方艺术与文化交流中对贸易瓷产生影响的基督教，其以西洋人物作为瓷器装饰的主题成为显著的中西融合的典范。基督教的"耶稣瓷"提供了制瓷手工业者创新的绘图装饰，表达特定文化背景下，中西融合所体现出来的多样化艺术形态；另外，也发现西方人因信仰基督教以"耶稣瓷"为摆设装饰和圣餐具使用的生活习惯。当时的中国人又是如何看待"耶稣"造像的？对于早期贸易瓷上所绘"耶稣"形象近似中国人物对西方信仰者是否接受？这是未来可再研究的问题。

最后则是伊斯兰教。该宗教与古代中国的交流除特殊的纹饰、造型之外，还包含了蓝绿两种颜色成为釉色大量地呈现于贸易瓷上，刺激了唐代出现又消失于市场的青花瓷器于元代大放异彩的生产与发展，以及中国贸易瓷虽无宗教装饰却能使用于宗教中的神圣性。自然环境造成了人类生存上不确定之幸福、困难、安定等因素，先民从新石器时代即有敬天、崇拜祖先和圣贤等信仰；在追求更好的生存生活条件下，先民也向海外寻求安身立命之处。自秦汉到唐宋，由行商到住商，加上元明逃避战祸的难民，构成了早期海外华侨主体；由于历史传统和现实原因，生活上先民更多的是将宗教信仰和民间信仰相混，有时甚至很难区别哪种是纯粹民间信仰，哪种是宗教信仰，这样的中国传统信仰方式、日常生活与习俗传承等，也随着早期移民传播至海外。我们从现今传世和考古出土的陶瓷即可见其端倪，其与先民的生活和信仰息息相关，从新石器时代就开始被有目的性地使用于祭器和日用品。而中国创制瓷器成功，对人类文明做出了重大的贡献，除日常用器外，在唐宋时"贸易瓷"更发展为中国古代海上丝路重要的经济商品之一，由目前发现的古代沉船以及各国公布的中国古代陶瓷标本来看，以"贸易瓷"为载体所呈现出的宗教题材丰富，包含了佛教、道教、伊斯兰教和基督教，华侨与陶瓷共同见证了古代中西海上交通、经济市场的逐步发展成熟和中西宗教与文化交流和传播等。

关于古代海外华侨宗教研究以贸易瓷为中心探讨，目前学界在华侨华人相关研究中还未曾涉及，此一研究糅合了宗教学、民俗学、文化遗产、考古学、华侨华人等多元学科，由华侨移居海外到今天，移民的过程、移民后的生活与精神信仰、人与人之间往来等多种宗教信仰有着千丝万缕、密不可分的关联，这些时空交织的文化积淀则成为海外华人宗教遗产研究的重要内容，结合实物古代贸易瓷上宗教题材体现，可更具体探究古代海外华侨的生活景象与信仰。古代海上贸易瓷所载有的宗教纹饰、造型或宗教神圣性，其所传达出的历史、考古、美学、经济、中西文化交流等价值，较真实还原了古代海外华侨中西方社会生活场景，反映了社会中中西融合的宗教信仰活动。贸易瓷的海上传播不再仅仅是一种经济意义上的外贸活动，其为学者提供了多面向性可资参照研究的实物资料。

作者简介：王怡苹，女，华侨大学国际关系学院副教授，主要研究方向为古代海上丝路史、中外关系交流、海外移民史等。

无锡唐氏家族精神的百年传承及其历史启示

迟 雨 鞠长猛

摘要：无锡唐氏家族是一个具有百余年历史的工商业望族，被誉为"五世其昌"。自1860年唐懋勋迁居严家桥以来，唐氏家族历代成员都传承着锲而不舍的创业精神、崇文重教的优良家风、爱国爱乡的奉献精神，成为中国民族工商界的榜样和楷模。回顾唐氏家族百余年的发展历程，上述精神推动了唐氏家族不断发展壮大、保持长盛不衰，也深刻诠释了当代锡商精神，值得后人深入研究并将其发扬光大。

关键词：唐氏家族；无锡；百年传承；历史启示

在中国工商业发展史上，无锡具有特殊的地位。与国内其他地区早期工商业以官办为主不同，无锡凭借优越的地理条件、尊师重教的传统以及锐意进取的精神孕育出发达的民族工商业，被誉为"民族工商业的发祥地"。20世纪二三十年代，在民族工商业的强力带动下，无锡成为仅次于上海和广州的全国第三大工业城市，有"小上海"之称。时至今日，无锡高端制造业依然发达，民营经济活跃，总体经济发展水平高，位列"全国15个经济中心城市"，在最新的"中国百强城市"中排名第10。无锡的经济发展离不开民族工商业者的巨大贡献，而唐氏家族就是其中的优秀代表。他们"五世其昌"，"勋""培""镇""源""千""年"字辈等成员在百余年的发展中一直传承着创业精神、崇文重教精神和爱国爱乡精神，不断为无锡及锡商精神注入新的内涵。

一、创业精神的百年传承

从19世纪末开始，无锡在民族工商业发展过程中逐步形成了六大民族资本集团，即荣氏集团、杨氏集团、薛氏集团、周氏集团、唐蔡集团以及唐程集团。其中，唐氏家族起步晚，但发展快，一门独占两家，被称为"双子星座"[①]，在无锡经济及"锡商"群体中具有举足轻重的地位，在一定程度上成为无锡在近现代发展历程的缩影。

（一）唐懋勋：经营严家桥

唐氏家族奉宋代翰林院检讨唐华甫为始祖。[②]唐华甫由安徽迁至江苏，起初在常州定居，因常州古称毗陵，故而被称"毗陵唐氏"。清朝康熙初年，唐氏十世祖唐献赤为了躲避战乱

[①] 无锡市锡山区羊尖镇人民政府、羊尖镇严家桥古村保护开发办公室：《唐氏故乡·历史文化名镇严家桥》（内部资料），2019年8月。

[②] 郭娅、曹宁：《言传身教：长江流域的家学与家训》，武汉：长江出版社，2014年，第132页。

迁居无锡，成为今无锡唐氏。在此后的很长时间中，无锡唐氏家底丰盈，但仍然无法与华氏、顾氏、秦氏等传统望族相提并论。不过从第16世唐懋勋开始，唐氏家族通过发展民族工商业实现后来居上，成为无锡民族资本中最具影响力的家族集团之一。

唐氏家族"五世其昌"的第一代唐懋勋，主要经营商业。道光年间，唐懋勋在无锡东门和北塘街等地经营"恒升布庄"，主要出售土布。因其重质量、讲诚信，布庄生意十分兴旺。一位安徽巨商赠予其"时长"二字，寓意"时时贸易，长久合作"①。于是，"恒升布庄"改名为"唐时长布庄"，此后生意更加兴旺，逐步成为无锡四大布庄之首。咸丰年间，太平天国运动如火如荼，清军与太平军一度在无锡附近展开旷日持久的战争，严重破坏了无锡经济发展。为躲避战火，唐懋勋于1860年携全家迁居今锡山区严家桥，以低价盘下当地经营不善的"周长元布庄"，并将其改名为"唐春源布庄"，继续经营土布生意。凭借诚信经营的理念和丰富的行商经验，布庄生意继续兴隆，完成了资本的原始积累，为唐氏后人经商发迹打下了坚实的基础。

（二）"培"字辈和"镇"字辈：经营无锡和上海

唐懋勋育有八子，他们在唐氏家族中排"培"字辈。其中唐洪培（字子良）和唐福培（字竹山）两人的经商能力最为

---

① 冯丽蓉、林本梓：《吴地实业家》，北京：中央编译出版社，1996年，第52页。

突出。① 他们一直辅佐父亲经商,成为唐氏家族产业的主要继承人。

唐洪培起初主要协助父亲经营唐春源布庄,借助布庄的盈利购置田产,陆续开设米行、典当、堆栈、砖瓦窑等,家族生意日益壮大,成为"无锡东北乡的首富,威望震撼城乡"②。此时,唐家开始走出严家桥,在无锡和上海等地开办杨万和布庄、九大布行、九余绸布庄等。依托商业方面的成功,唐氏家族顺势进入近代工业领域,建立多家纺纱厂、毛织厂、印染厂、面粉厂等,实现了从商业向工业的转型。

到了"镇"字辈,唐氏家族的工商业进一步发展,唐滋镇(字保谦)和唐殿镇(字骧廷)发挥了重要作用。他们在经营中缔造起"唐蔡集团"和"唐程集团",在全国的纺织业和面粉业中处于领先地位。

唐滋镇是唐洪培次子,在经营永源生米行时结识了日后的合作伙伴蔡缄三。两人分工协作,唐滋镇主管内部事务及业务往来,蔡缄三在外斡旋。③1910年,两人联合其他7位商人创办九丰面粉厂④,生产"山鹿"牌面粉。产品十分畅销,年获利最高达60万元。民间一度有"买了九丰的股票就好比着了

---

① 徐新:《20世纪无锡地区望族的权力实践》,上海:上海大学出版社,2009年,第186页。
② 高幼元、冯金涛、邹建丰:《无锡唐氏家族发祥史》,《新华日报》2003年8月18日,第3版。
③ 尤学民:《唐蔡资本集团发展历程》,《档案与建设》2018年第9期。
④ 上海爱建集团股份有限公司编著:《唐君远与唐氏家族传奇》,香港:今日出版社,2018年,第256页。

头彩"①的说法。1921年，两人再次合作，在周山浜创办庆丰纺织厂，该厂日后成为无锡最大的纺织厂之一。在双方密切合作中，"唐蔡集团"逐步形成。

唐殿镇是唐福培四子，起初在无锡开办布庄，以经营土布为主，同时兼营绸缎、呢绒等。在经营过程中，其与合伙人程敬堂合资开办的"九余绸布庄"经营效益出众。1918年，唐殿镇和程敬堂进一步合作，共同出资1万元接管早已停产的冠华布厂，改名为丽华布厂。1919年，唐、程二人又开办丽华第二布厂。1920年，唐程产业不断扩大，集资30万元创设无锡丽新纺织印染厂。该厂历经曲折，在20世纪20年代的"提倡国货、抵制日货"运动中发展壮大，形成"唐程集团"，也成了无锡民族资本的重要组成部分。②

（三）"源"字辈和"千"字辈：走向海外

1931年日本发动的侵华战争对中国经济造成空前浩劫，包括无锡在内的工业发达地区损失尤为严重。唐氏家族的多家工厂遭到日军轰炸，损失惨重，后又被侵华日军强行"代管"，发展完全停滞。解放战争时期，国民党推行"经济戡乱"，使唐氏企业再次遭受严重挫折。唐氏家族"源"字辈和"千"字辈不得不"放弃无锡，保住上海，发展海外"③，走上

---

① 严克勤、汤可可：《无锡近代企业家研究》，哈尔滨：黑龙江人民出版社，2003年，第124页。
② 刘桂秋编著：《无锡名人》，南京：凤凰出版社，2009年，第263页。
③ 朱汉国主编：《1949：历史选择了共产党》，太原：山西人民出版社，2009年，第187页。

了产业发展的国际化道路。

唐炳源拥有良好的海外留学背景,他凭借对国际市场的了解,承担起海外扩展的重任。在综合考虑商业和政治等多重因素后,唐炳源选定香港为最佳的海外投资之地。1948年年底,他从庆丰厂抽调大量资金套购外汇,在香港创办南海纱厂。由于资金雄厚,南海纱厂很快发展成为拥有3万枚纱锭、500台布机的香港大型纺织厂。1950年,唐增源的长子唐翔千获得美国伊利诺伊大学经济学硕士学位后,返回中国香港经商,先后创办了中南纺织厂、半岛针织厂、南联实业有限公司。其中,南联实业有限公司一度成为香港最大的纺织集团。[①]

除中国香港以外,唐氏家族相继在美国、拉美、东南亚、中国台湾等地都建立了产业。唐洪培一支的唐熊源和唐骥千等人在美国进行了大量投资。唐熊源毕业于美国麻省罗威尔纺织学院,曾任无锡申新三厂副总经理,后在美国建立唐氏实业公司。唐骥千1949年中华人民共和国成立前赴美留学,获得耶鲁大学学士学位和哈佛商学院工商管理硕士学位。毕业后,在美国从事投资和金融行业,与友人莱克创建"莱克与唐投资集团"(Reich & Tang),成为全美三十大基金公司之一。[②]

唐洪培的另一支唐煜源(字晔如)及其儿子唐凯千转战南美并取得成功。1949年,唐煜源全家迁居香港,次年转赴巴西创业,在圣保罗独资创办了巴西最大的小麦种植场。唐凯千4岁时随父前往巴西,先后在美国康奈尔大学和法国巴黎第五大

[①] 陈乔之主编:《港澳大百科全书》,广州:花城出版社,1993年,第214页。
[②] 深潜:《顾维钧家族》,北京:新星出版社,2018年,第261页。

学求学，获得博士学位。学成后返回巴西，主要从事金融业和石油业。1972年，他在巴西建立了自己的金融集团。1981年，投资海洋石油业，在里约热内卢创办了海洋石油开发集团，任董事长，成为巴西发展海洋石油事业的功勋之一。

在东南亚，唐家"第五代"唐鹤千取得了巨大成就。唐鹤千1948年从上海市立工业专科学校纺织科毕业，1949年准备借道泰国前往英国留学。但在泰国逗留期间，中华人民共和国成立，英国政府不再承认民国政府护照，导致唐鹤千滞留泰国。他随即在泰国创业，利用家族传承的工商业精神和纺织专业技术创办泰国明德有限公司。后来，业务扩展到香港和内地，开办协联能源有限公司等企业。

目前，唐氏家族成员及产业广泛分布在世界各地。唐象千担任中国香港新亚有限公司经理、唐熊千担任美国唐氏（Tang）技术公司总裁、唐森源担任美国新风企业发展公司董事长、唐明千担任香港东亚太平出口有限公司总经理、唐仁千担任中国台湾钢铁公司董事长、唐化千担任中国台湾协星实业股份有限公司董事长。2007年，唐氏先贤唐荆川500周年诞辰之际，来自世界各地的156位毗陵唐氏后人参加了寻根祭祖活动①，显示出唐氏家族遍布五湖四海、实力雄厚、人丁兴旺。

（四）唐氏家族创业精神的历史启示

从1860年唐懋勋迁居严家桥村算起，唐氏家族已有160余年的创业和发展史。在这期间，唐氏家族经历了多次战乱和

---

① 周茜：《一部毗陵唐氏 一段同心感情》，《常州日报》2013年1月12日，A3版。

制度变迁，企业经营数次中断，特别是在抗日战争和解放战争时期发展几乎停滞。但唐氏家族凭借多方努力渡过难关，完成了家族商业的代际传承。这绝不是"运气"，而是靠着家族的创业精神实现，并表现出三方面的当代价值。

其一，顺应历史潮流，找准发展方向。在百余年的发展中，唐氏家族经历了从无锡到严家桥，再从严家桥到无锡和上海，最后走向海外市场的发展之路，借此完成了"从农村到城市，从农耕社会进入工业文明"[①]，进而实现全球化的蜕变。唐氏家族重视教育和技术创新，形成了超前的布局和宽广的国际化视野，保证他们能够准确把握社会转型的脉搏，做出正确抉择，实现家业的跨越式发展，可以为其他企业的转型与发展提供借鉴。

其二，保持竞争力和创新力，推动企业持续进步。学者研究发现，华人家族企业往往存在着"规模小、管治混乱、不易吸纳专业人才、难以走向制度化"等弱点，经营中故步自封，无法建立现代化商业制度。[②]唐氏家族企业则在经营和生产中持续创新，有效规避了上述弊端，建立起现代化的企业制度。近代以来，他们敢于扩大经营规模，主动构建现代制度，积极采用先进技术、推行科学管理，创办了中国第一家全能纺织厂、第一家毛纺织企业、第一家合资纺织有限公司。[③]在不

[①] 李梅香：《毗陵唐氏家族的百年传奇》，载刘德海主编《文化传承与创新 江苏人文社会科学讲座（2014年选讲本）》，南京：河海大学出版社，2015年，第69页。

[②] 吴震：《儒学传统与现代社会》，上海：复旦大学出版社，2019年，第128页。

[③] 文谢俊、申明浩：《唐氏家族的创业传承基因》，《家族企业》2018年第10期。

断追求创新中，唐氏家族打破了家族企业传承的"魔咒"，于时代变迁浪潮中获得了源源不断的发展动力，确保企业经久不衰。

其三，互利互信、紧密合作，实现共同发展。在百年发展中，唐氏家族因成员众多而发生了血脉分支。不同支脉之间的关系可能疏远，削弱家族的凝聚力，但唐氏几代人在共同理念的作用下互利互信，实现了家族的代际持续创业。唐家著名企业家唐滋镇、唐炳源、唐翔千和唐英年等人在创业时期都得到了家族的大力支持，借助资金、经验、人力和技术等方面的优势实现了商业成功。随后，他们又利用自己的资源去支持下一代人成长，形成良性循环，促成家族的共同繁荣进步，这才有了"五世其昌"。

总之，唐氏家族的百年创业史就像一部商业教科书，记录了一个"工商望族"从严家桥走向世界、从小商人到跨国企业家的发展过程。其缔造的工商业奇迹既是中国民族工商业发展的写照，又见证了中国工商业兴起、发展，直至走向全球化的过程。

二、崇文重教精神的百年传承与弘扬

唐氏家族的兴旺和传承离不开其尊重文化教育的优秀家学家风。自宋代以来，经过十几代人的不断积累，唐家形成了崇文重教的家族传统。从唐懋勋开始，唐氏家族"贾儒并举"，在经营工商业过程中十分重视子女教育问题，积极捐资助学，实现经济与教育的互动发展，成为苏南望族中家学传承的榜样。

（一）传承崇文重教家风

自始祖唐华甫起，唐家人才辈出、学风厚重，在家族中传承着崇文重教的优良传统，属于典型的书香世家。在几百年的发展中，唐氏家族涌现出唐世宁和唐世英等书画家、唐顺之等文学家和抗倭英雄，以及唐鹤徵和唐执玉等文化名人。在他们的影响下，唐家后人形成了重视教育的家学家风。

毗陵唐氏时期，唐氏家族便十分重视家族成员的教化和科举。在《唐氏宗规》中，唐家人鼓励学习成绩优异的家庭成员参加科举，争取功名。《唐氏宗规》中规定了许多奖励教育的措施，如：本族学童入学时，可获得家族资助的"襕衫银"二两。每年学童"训课"成绩被评定为"一等"的，奖励三钱"笔墨银"；"二等"奖励二钱；"三等"奖励一钱。在资助族人参加各级科举考试方面，《唐氏宗规》规定：族人参加乡试，获得路费白银二两；考中秀才奖励"贺银"六两；参加会试的，获得资助白银十二两；会试登科后获奖励白银十两。[1] 有了家族的大力支持，唐氏家族的科举成绩斐然，据《毗陵唐氏家谱》记载，"唐氏明清两代共出过进士11人（其中会元5人、武魁1人）、举人23人（不包括前述11人）、五贡11人"。[2]

唐氏家族将教育视为保持"望族"地位的重要标准。对于

---

[1] 唐方敏、徐立青：《无锡唐氏家族发展与教育》，《江南大学学报（教育科学版）》2007年第1期。

[2] 蒋明宏：《明清江南家族教育》，北京：知识产权出版社，2013年，第126页。

教育的意义，唐家认识到"读书变化气质"[①]，通过读书可以塑造家族成员的形象，提高家族的社会声望。在《唐氏家训》中写道：不论贫富贵贱，读一卷书便受一卷之益，读一日便受一日之益，资性愚钝，多识几字，习他业亦觉高人一等。[②]基于教育的价值，唐氏家族认识到读书和教育是"高人一等"的关键，为此唐氏家族创造各种机会帮助家族成员接受教育，持续加大对家族教育的投入，提高家族成员的整体受教育水平，进一步培厚了家学文化的土壤。

虽然唐懋勋以来，唐氏家族开始"弃仕从商"，不再拘泥于走传统的"科举仕途"，转而发展工商业，但唐家重视教育的家风依然延续着。唐懋勋临终时立下遗训："期望子孙后代读书中举，但如读书无成，便应学习一业，庶不致游荡成性，败坏家业。"[③]以此鼓励子女继续读书，在科举之路受阻时，可以通过"学习一业"安身立命。在唐氏家族看来，读书和"学习一业"可以并行不悖，"入商贾之中，但不废儒业，贾儒并举"，使家族成为"儒学文化巨族"和"近代实业巨族"。[④]在唐氏后人经营工商业过程中，他们的确延续了重视教育、酷爱读书的门风。唐懋勋之子唐诚培闲暇时总是手不释卷，尤其喜

[①] 申国昌：《中国教育活动通史 第5卷 明清》，济南：山东教育出版社，2016年，第439页。

[②] 申国昌：《中国教育活动通史 第5卷 明清》，济南：山东教育出版社，2016年，第439页。

[③] 柳渝：《中国百年商业巨子 下卷》，长春：东北师范大学出版社，1997年，第167页。

[④] 蒋明宏：《明清江南家族教育》，北京：知识产权出版社，2013年，第125页。

欢《先生格言》,读到具有启示意义的句子时便摘抄下来,作为座右铭,虽然因此而遭到别人的讥笑,但仍然坚持不懈。[1] 唐氏家族的"培""镇""源"三辈人,虽然多以经营工商业为主,但至少有13人取得了"国学生"的身份[2],保持了唐家的书香之气。

总体上看,从毗陵唐氏时期到近现代,唐氏家族重教的家风始终延续,且贯穿在唐氏家族发展的整个过程之中。特别是在近代化的进程中,唐氏家族通过发展教育弘扬优秀家学家风,实现了"贾儒融合",能够以深厚的文化修养走在时代发展的前列,适应中国社会发展的方向和步伐。

(二)强调"经世致用",推崇新式教育

苏南地区自古以来商业发达,思想进步。受到商业文化的熏陶,该地区很早就形成了"倡导以经术用事、以文章的经世致用思想"[3]。唐氏家族的唐顺之便是其中的代表,他在治学过程中致力于创新,不因循守旧,独辟蹊径地研究数学、地理、天文、历法、兵法和医学等知识,成为中国古代的著名科学家。唐顺之之子唐鹤徵继承了父辈的实学精神,在东林学派中关心国事、关心民瘼,钻研有用之学,将"经世致用"思想继

---

[1] 蒋明宏:《明清江南家族教育》,北京:知识产权出版社,2013年,第137页。
[2] 根据《毗陵唐氏家谱》统计,获得"国学生"身份的有,第17辈:唐洪培、唐福培;第18辈:唐保镇、唐永镇、唐华镇、唐滋镇、唐明镇、唐圻镇、唐渠镇、唐藩镇、唐殿镇;第19辈:唐政源、唐榖源。
[3] 蒋明宏:《东林学风与明清苏南望族》,《西北大学学报(社会科学版)》2006年第1期。

承发扬，使之成为唐氏家族家学传统中的重要精神。

到了近代，唐氏家族走上发展民族工商业之路，投身于实业。在"经世致用"思想的引导下，唐氏家族没有把西方科技看作"奇技淫巧"，而视之为提高产品质量和生产效率的新技术。为了学习这些先进的科技，唐氏家族从20世纪初开始主动接受新式教育，以"千"字辈为代表的唐家人纷纷走出家门和国门，前往哈佛大学、麻省理工学院、康奈尔大学、清华大学、北京大学、复旦大学、东吴大学等高校求学，完成了唐氏家族向近代化转型的关键一步。他们也因成就突出而造就了"唐家六十四'千'，三十六'千'扬名海外，二十八'千'蜚声国内"[1]的美谈。

唐氏家族第20~23代人中，共有约130人在国外接受了高等教育，约占唐家接受高等教育总人数的49%，即唐氏家族中近一半的人在国外接受了高等教育。其中，在美国攻读学士及以上学位的约有102人，在加拿大10人，其他在英国、日本、巴西、新加坡、澳大利亚、俄罗斯（苏联）等国留学。[2]

新式教育追求社会价值和经济效益，推动唐氏家族产业的进一步发展。唐骥千利用在哈佛大学学到的"泰罗制"优化生产流程、提高了生产效率。唐增源求学于东吴大学化学系，学成后开发出"泡泡纱""不蛀呢绒""灯芯绒"等新产品，收

---

[1] 徐新：《20世纪无锡地区望族的权力实践》，上海：上海大学出版社，2009年，第186页。

[2] 相关数据主要根据《毗陵唐氏家谱》整理所得。

获了丰厚的经济效益。唐鑫源则在他们的基础上进一步发展了纺织科技,主持发明了太空衣及防火材料,被称为"太空衣之父"。

新式教育也改变了唐氏家族成员的职业结构,使他们的选择更加多元化。唐凯千、唐鹤千等人继续从事纺织行业,延续家族的传统产业。唐仁千、唐信千、唐雄千、唐绩熙等人获得博士学位后就职于国内外高校,投身于教育行业。唐康樑、唐晋千、唐光烨、唐康年等人学习医学,成为医生或医学研究者。唐英千、唐正毅、唐祥熙、唐之敬攻读机械化工等专业,成为工程师。此外,还有唐敏熙、唐哲千、唐启凤等人走上艺术家的发展道路。唐翔千之子唐英年则弃商从政,先后担任中国香港财政司司长、政务司司长、全国政协常委等职务。

在唐氏家族中,女性成员获得了较为公平的受教育机会。根据《毗陵唐氏家谱》相关资料统计,在唐氏家族第21、22和23代人中,约有232人接受了本科及以上教育,其中女性95人,约占41%。[1]唐浩镇的长女唐闳度(1885—1958)是第一个接受高等教育的唐家女性,毕业于北京女子师范学校,曾担任黎元洪总统府家庭教师和秘书处主任秘书助理。[2]唐廷樑的长女唐碧漪(1916—　)前往美国华盛顿特区的美利坚大学语言中心留学,是目前所见最早赴海外留学的唐家女性成员。[3]从20世纪40年代起,更多唐家女性成员在国内外著

---

[1] 根据《毗陵唐氏家谱》第21、22、23三代人的受教育情况整理而成的数据。
[2] 无锡东门支景溪公分支:《毗陵唐氏家谱》,2006年续编,第127页。
[3] 无锡东门支景溪公分支:《毗陵唐氏家谱》,2006年续编,第2—3页。

名高校接受教育,毕业后成为教育、医疗、商业和科技行业的精英,为家族的发展做出了重要贡献。其中,比较有代表性的有:医学方面,唐令诠(1936—　）、唐芝倩(1942—2003)、唐训球(1936—　）分别毕业于复旦大学医学院、上海铁道医学院(今同济大学)、浙江医科大学(今浙江大学医学院),随后在上海、唐山和杭州医院担任主任医师;教育方面,唐撷茹(1934—　）、唐光燕(1935—　）从上海交通大学和复旦大学毕业,随后执教于西安交大和华东理工大学;在商业方面,唐静仪(1921—　）、唐敏芳(1943—　）、唐文英(1950—　）从新加坡和美国高校毕业后,担任大马来西亚纺织公司、美国快捷药方公司、美国联合广场投资公司的董事长和总裁等职务;科技方面,唐翠南(1940—　）毕业于上海交大电机系,后担任电子工业部高级工程师。

唐氏一族重视教育的理念可谓代代相承。进入现当代后,教育也不再仅仅发挥"变化气质"的作用,而成为推动唐氏家族人才辈出的重要因素。家族成员在接受国内外的高等教育之后,形成了足以覆盖大量领域的人才网络。他们不仅仅在家族产业所需的企业经营中继续扮演重要角色,还在教育、医疗、金融、科技等各个领域开枝散叶,培养出一批又一批的专业人才。他们在各自的领域中发光发热,为家族、家乡、祖国,乃至世界不断做出卓越的贡献。

(三)捐资助学、惠及桑梓

无锡唐氏家族在教育上的投入不仅限于家族成员,而且为家乡、祖国的教育建设做出了大量贡献。在基础教育方面，唐氏家族推动了无锡新式学堂的创办。1918年，唐骧镇与上海圣约翰大学无锡同乡会共同创办了无锡的第一所中学——辅仁中学。此后，唐骧镇担任该校董事部部长30年之久。1920—1923年，严家桥小学因故停办，唐家在1924年捐出200银圆帮助学校重新招生。1927年严家桥小学再次停办后，唐藩镇代表唐家又捐助200银圆作为经费，[①]保证了家乡基础教育的顺利开展。

在职业教育和高等教育方面，唐炳源发挥了重要作用。他在经营庆丰厂期间创办"庆丰养成所"，主要培养纺织和财会等方面的专门人才。1947年迁居香港，他又创办"纺织技术人员培训所"，捐建香港中文大学、新亚书院和香港理工大学等高校，并担任香港中文大学校董和新亚书院校董会主席等职务。唐炳源的子孙们继续捐资助学，唐骥千、唐裕年等人先后为香港理工大学、香港中文大学、麻省理工学院、加州大学伯克利分校、斯坦福大学等捐过款项。

唐氏家族兴学重教的家风也影响到家乡严家桥的村风。在唐氏家族的带动下，严家桥村继续发扬"尊师重教、好学求进"[②]的优良传统，培养出许多文化人。近代以来，村中涌现出170多名高知人才，因而被称为"教授村"[③]。改革开放后，

---

① 唐方敏、徐立青：《无锡唐氏家族发展与教育》，《江南大学学报（教育科学版）》2007年第1期。

② 李树勋：《小镇春秋 无锡严家桥史话》，北京：方志出版社，2004年，第186页。

③ 王耀元主编：《无锡年鉴2007》，北京：方志出版社，2007年，第156页。

不少人踏出国门,赴海外求学,该村又成为"留学生村",目前全村有海外留学生人员21人、留学归国人员12人。①

百余年来,唐氏家族一直传承和发展着兴学重教优秀家风,鼓励家族成员接受教育,倡导新式教育,积极资助教育发展,使教育成为推动唐氏家族发展的原动力。进入现当代后,受到历史和经济原因的综合影响,唐氏家族成员散居在世界多个国家和地区,彼此联系减少,但唐氏家族仍然保持着家族传统,继承和弘扬家训精神,以世界眼光积极地吸收西方先进文化,实现了优秀家风与时代发展的二重变奏,成为新时代无锡乃至全国传承优秀家风的典型代表。

三、爱国爱乡精神的百年传承及其贡献

在2015年10月举行的第二届全球锡商大会上,唐英年回忆了唐氏家族的往事,特别提到"济世达仁""富吾富,以及人之富"②的家训家风,对唐氏家族爱国爱乡精神进行了深刻总结。自19世纪末期以来,一代代唐家后人艰苦创业、开拓进取,为无锡经济与社会的发展起到了至关重要的作用。他们取得经济成功后,转而以实业报答故土,用爱心奉献社会,推动家乡的不断发展。唐家这种传承百年的精神,与"敢创

---

① 2020年8月27日课题组赴严家桥调研所得数据。
② 沈云福、李广平:《解析无锡民企代际传承的历史经验》,《中国民商》2016年第8期。

人先、坚韧刚毅、崇德厚生、实业报国"[①]的锡商精神相呼应，为新时代无锡的发展理念写下生动的注脚。

（一）"敢创人先"的开拓精神

回顾唐氏家族的发展史可知，唐家许多成员不安于现状，不畏于将来，表现出"敢创人先"的开拓精神。唐懋勋作为家族走上工商业道路的开创者，经历了经商与仕途的抉择。清朝末年，中国民族工商业刚刚起步，前途未卜，但唐懋勋毅然抛弃科举仕途，开设"恒升布庄"，走上了经营商业的道路。迁居严家桥后，他不断扩大经营规模，在无锡和上海两地获得快速发展，扭转了唐氏家族一度家道中落的局面，成为唐氏一门发扬光大的新开端。

清朝灭亡后，商业经营逐步获得社会认可。唐滋镇、唐殿镇等人没有满足于经营父辈留下的布庄生意，又创办了庆丰厂、丽华厂等，走上了发展纺织业的工业化道路，开创了中国近代民族工商业。此后，唐氏家族每一代后人都不会拘泥于前人的基业，孜孜不倦地进行创新，使唐氏家族在激荡的中国近代社会中不断发展。

从"泰罗制"的应用，到"泡泡纱""灯芯绒"等新产品的开发，唐氏家族不断探索、开拓着本行业内的新模式、新领域，带领着旗下的家族产业不断取得辉煌的成就。在发展过程中，唐氏后人也没有局限于纺织业，而是在世界全球化的浪潮

[①] 陆阳、沈云福：《激荡岁月 锡商 1895—1956》，北京：团结出版社，2015年，第272页。

中开枝散叶，通过移民、留学和投资等方式在世界各地、不同行业积极开拓，涌现出一大批优秀人才，实现了一个家族的全球化配置。

1978年改革开放后，唐氏家族成员再次践行了"敢创人先"精神。那时，外商对投资中国疑虑重重，基本持观望和试探的态度。①唐翔千受到父亲的鼓励，赴中国大陆投资，"带头在内地投资，办企业，引进先进设备，为家乡做事业"②，他的行动不求回报，但饱含着报效祖国的赤子之心，最终在商业上获得巨大成功，参与到无锡和中国经济的高速发展之中，也将唐氏家族带到了新的高度。

（二）"坚韧刚毅"的奋斗精神

唐氏家族取得辉煌成就的过程并非一帆风顺。面对艰难时刻，唐家人总能凭借坚韧刚毅的精神渡过难关，实现家族的不断跨越式发展。在迁居严家桥之前，唐氏家族曾为清政府包"贡布捐"，因与"恒善堂"发生利益冲突而遭到诬告，导致唐懋勋几近破产。19世纪50年代末，唐家又在无锡遭到清军和太平军的战争骚扰，商业活动难以为继，家族发展前途渺茫。唐懋勋乱中求变，以刚毅不屈的精神带领家族成员迁居严家桥，开启了严家桥唐氏的经营史。

民国时期，唐氏家族的产业屡次遭到严重打击，尤其是在抗战时期，唐家的庆丰、丽新、申新等纺织工厂遭到日本侵

---

① 丁溪：《中国对外贸易》，北京：中国商务出版社，2006年，第274页。
② 上海爱建集团股份有限公司编著：《唐君远与唐氏家族传奇》，香港：今日出版社，2018年，序言第2页。

略者的破坏和掠夺，纱锭被毁166614枚，占总数的63.73%；织布机被毁3304台，占总数的88.84%。[1]唐氏家族为了继续生产，将设备转移到上海，开办保丰、昌兴、信昌等企业。1945年抗战结束后，唐家产业虽然得到一定的恢复，但国民党政府成立"中纺公司"，推行棉业统制政策，对棉纱压价收购，使唐氏家族企业再次遭受严重打击。唐炳源带领家人迁往香港，随后唐氏后人陆续移居美国、加拿大、巴西和东南亚，步入了家族发展的全球化时代。

百年以来，唐氏家族先后经历过四次艰难的困境，唐氏族人依靠坚韧刚毅的精神，认准发展的方向，克服各种危难，不仅在时代的大潮中屹立不倒，而且实现了在逆境中发展，成为中国少有的工商望族。

（三）"崇德厚生"的奉献精神

近代以来，唐氏家族在经营中积累了巨大财富，成为苏南富甲一方的大家族。受到家族乐于"赈灾恤贫"文化的长期熏陶，唐家在灾荒年份都会积极参与赈灾，表现出强烈的奉献精神。唐锡晋（1847—1912）在清末从事义赈37年，跋涉8个省，为江苏、山东、山西、河南、陕西、湖南、吉林、甘肃等省份筹集赈灾款百万以上，事迹被载入《清史稿》，其去世后多省请求为他修建纪念祠堂。[2]到了民国时期，唐氏家族的唐宗愈、唐宗郭、唐浩镇、唐滋镇等人继承了唐锡晋的义赈

---

[1] 徐新：《20世纪无锡地区望族的权力实践》，上海：上海大学出版社，2009年，第189页。

[2] 唐士文：《中国唐氏人文荟要》，北京：北京燕山出版社，2017年，第205页。

事业，继续开展义赈活动。1914年，他们充分发挥家族效应，成立中国义赈会，编纂"防灾计划书"，在无锡、涟水和北京等地进行了大量救灾和济贫公益行动，"为县凡百余，所全活以百万计"。①

现当代，资助教育成为唐氏家族的一项传统，每年都会投入大量资金和精力用于慈善事业。20世纪20年代，唐家将严家桥的"唐氏仓厅"改为"唐氏义庄"，把仓厅相关的收益全部用于救济贫民、支持办学。唐炳源在迁居香港后也长期致力于发展教育以及公益事业，他不仅出资创办多所中学和高校，还设立"滋文奖学金"奖励品学兼优的学生，捐建港安医院，成立香港社会公共基金会等组织推进社会福利项目。

唐增源在中华人民共和国成立初期主动向解放军捐赠400万元和价值400万元的御寒棉衣，1950年认购"人民胜利折实公债"3.2万份、"国家建设公债"10亿元（旧币），1954年再次认购"折实公债"39万份。②在抗美援朝战争期间，唐增源又捐献4架战斗机和60亿元（旧币），是全国棉毛纺织行业从业者中捐赠数量最多的人之一。③唐家的另外一名成员唐光燦加入中国人民志愿军，参加了抗美援朝战争，在战斗中荣

---

① 曾京京：《近代灾赈及社会改良事业中的家族血缘群体——以唐氏无锡东门支为例》，《中国农史》2007年第1期。

② 上海爱建集团股份有限公司编著：《唐君远与唐氏家族传奇》，香港：今日出版社，2018年，第62—64页。

③ 无锡市侨联：《名扬海内外——唐氏家族》，无锡市侨联官网 http://ql.wuxi.gov.cn/doc/2017/04/14/1304939.shtml，2021年12月1日；上海爱建集团股份有限公司编著：《唐君远与唐氏家族传奇》，香港：今日出版社，2018年，第67页。

立三等功。①改革开放后,唐翔千回乡投资,热心于内地的公益事业,1989年捐资19万美元在中国纺织大学设立"唐翔千教育基金",后又捐资400万元在上海科技大学建造"联合图书馆",1998年再次捐资100万元。

唐氏家族对于家乡无锡和严家桥教育事业的支持同样不遗余力。1993年,唐宏源等人以"香港苏浙同乡会"的名义捐款100万元,在无锡建立"辅仁计算机教育中心"和12所计算机教育示范学校,解决中小学无法开展计算机教学的难题。②1997年,唐骥千及其夫人为无锡轻工大学设立了优秀研究生奖学金。③1998年,为纪念唐星海100周年诞辰,唐氏家族出资200万元,设立"唐星海奖学金"。④2000年,在唐君远百年诞辰之际,唐翔千代表唐氏家族捐款100万元,设立"唐君远奖学金"。⑤此外,2011—2019年间,唐氏家族先后8次向羊尖严家桥小学、羊尖高级中学、羊尖小学和锡东高中等捐款,用于资助贫困学生、购买多媒体设备、校舍建设等,共计368万元人民币和5万港币。其中唐鹤千和唐宏源分别捐款100万元和5万港元,唐氏基金会捐款68万元,上海唐君远

---

① 无锡东门支景溪公分支:《毗陵唐氏家谱》,2006年续编,第15页。
② 无锡市地方志编纂委员会办公室编:《无锡年鉴1994》,上海:上海社会科学院出版社,1994年,第169页。
③ 无锡市地方志编纂委员会办公室编:《无锡年鉴1998》,北京:方志出版社,1998年,第40页。
④ 无锡市地方志编纂委员会办公室编:《无锡年鉴1999》,北京:方志出版社,1998年,第49页。
⑤ 无锡市地方志编纂委员会办公室编:《无锡年鉴2001》,北京:方志出版社,1998年,第45页。

教育基金会捐款 200 万。①

从唐锡晋到唐翔千，在百余年中唐氏家族乐于通过各种社会公益活动去实践家族文化中所蕴含的人文关怀。他们的慈善活动表现出明显的"家族传递倾向"②，每代人都不遗余力地进行慈善和公益事业，体现出强烈的心系国家、济世为怀、回报社会的传统美德，践行了锡商"崇德厚生"的奉献精神。

（四）"实业报国"的爱国精神

在中国近代史上，民族工商业的发展不仅是经济现象，更涉及抵抗外国资本主义入侵、保护国家利益等重大政治问题，关乎国家和民族的兴衰命运。唐氏家族很早就投入经营民族工业的行列中，通过发展实业践行爱国报国精神，展现出浓厚的"实业报国"风采。

20 世纪 30 年代，唐氏家族的纺织工厂在业内具有了极高的影响力，尤其是丽新厂实力雄厚，成为纺、织、染、整兼顾的全能工厂，对当时倾销中国的洋货形成了相当的抵御作用，1933 年日本《朝日新闻》报道其为"日本纺织业的劲敌"③。

抗日战争时期，唐氏家族的纺织产业因在民族工业中的重要地位而被日军占领。1938 年，驻无锡日军和日本纺织工会与唐增源进行谈判，企图对丽新、协新两厂进行合营，并威胁

---

① 2020 年 8 月 27 日，课题组赴严家桥调研所得数据。
② 曾京京：《近代灾赈及社会改良事业中的家族血缘群体——以唐氏无锡东门支为例》，《中国农史》2007 年第 1 期。
③ 徐新：《20 世纪无锡地区望族的权力实践》，上海：上海大学出版社，2009 年，第 189 页。

称"如不答应将炸毁工厂"。唐增源拒绝了日军的图谋,结果被关押,受到百般折磨。后经过多方营救,才得以释放。①

尽管抗日战争、解放战争期间许多豪商巨贾将家族人员和产业转移到国外,但包括唐殿镇和唐增源在内的大部分唐氏家族成员都留在国内。②中华人民共和国成立初期,唐增源出任上海毛纺织工业同业公会主任委员,利用自己的经营能力积极参与恢复生产、发展经济。他所管理的丽新厂开展"增产节约"运动,将丽新上海一厂的线锭数量从1949年的1856枚增加到1953年的3536枚,将丽新上海三厂每月的烧碱消耗量降低50%。③几年间,丽新厂棉纱产量增长16%,棉布增长162%,印染布增长82%,总产值增长4.3倍;粗纺毛织品增长54%,绒线增长10倍,总产值增长24.5%④,很好地完成了国家分配的代纺任务。

1954—1955年,唐氏家族顺应社会主义改造,完成家族企业的公私合营,唐增源担任合营后的丽新公司董事长和上海毛麻纺织公司经理,制订和健全各项管理制度,加快技术革新,开展劳动竞赛,扩大市场规模,在社会主义现代化建设中

---

① 上海爱建集团股份有限公司编著:《唐君远与唐氏家族传奇》,香港:今日出版社,2018年,第31页。
② 根据《毗陵唐氏家谱》统计,唐氏家族共有251名成员,其中1949年10月1日后生活在国内的共有166人,占比64%;生活在国外的有85人,占比36%。
③ 上海爱建集团股份有限公司编著:《唐君远与唐氏家族传奇》,香港:今日出版社,2018年,第67页。
④ 赵云声:《中国工商界四大家族》,北京:中共中央党校出版社,1995年,第342页。

发挥了重要作用。

改革开放后，唐翔千等海外唐氏家族成员纷纷回国投资，开创了多个"第一"。他们在深圳做成了特区第一批补偿贸易，在新疆建成了国内第一家合资经营的天山毛纺织厂，在上海办成的第一家沪港合资企业——上海联合毛纺织有限公司，引起港澳工商界的积极反响。[①]此后他又在中国大陆陆续兴办了近20家企业，投资达到数亿美元。

综上所述，无锡唐氏家族自唐懋勋发家以来不过一百余年，其发展历程却充满了崎岖和成就。但自唐懋勋以来，唐氏家族借助于民族工商业发展的潮流崛起，虽然中途历经磨难、屡遭打击，但深厚的家学家风传承保证了其不断发展壮大，并深切地诠释了"敢创人先、坚韧刚毅、崇德厚生、实业报国"的锡商精神，最终成为"五世其昌"的工商业望族。可以说，唐氏家族以其崇文重教、爱国爱家、实业报国的精神，为祖国的经济社会发展做出了不可磨灭的贡献。历史证明，他们既是锡商群体中的优秀代表，也是中国百年工商业现代化发展史上的楷模。

科研项目：江苏省现代教育技术研究2021年度课题"现代教育技术支持下华侨华人史课程思政建设助力四史教育的探索与实践研究"（课题编号：2021-R-92119）阶段性成果。

作者简介：鞠长猛，男，1984年出生，历史学博士，江苏师范大学华侨华人

[①] 吴痕：《唐翔千：中外合资第一人》，《华人世界》2009年第10期。

研究中心/国务院侨办侨务理论研究江苏基地副教授,国家民委"一带一路"国别和区域研究中心成员,主要研究专长为华侨华人史。

迟雨,男,1998年出生,硕士研究生,江苏师范大学澳大利亚研究中心/华侨华人研究中心研究助理,研究方向为世界史、华侨华人史。

扬州中学历史上的华侨华人校友及其贡献
——以科技文化领域为例

王子寒

摘要： 成立于1902年的扬州中学在中国半殖民地半封建社会的历史背景下建立，始终坚持先进的教学理念，培养了一大批优秀的华侨华人科技和文化工作者。1949年中华人民共和国成立前，这些华侨华人校友初探海外，以学习西方先进科技文化和维护祖国尊严与独立为目标。中华人民共和国成立后，尤其是改革开放以来，华侨华人校友则在多个科技文化领域向尖端化、新兴化方向发展，日益成为促进中外文化交流和引领世界科技与文化进步的重要力量。

关键词： 扬州中学；华侨华人校友；科技文化；贡献

江苏省扬州中学建校于1902年，至今已有120年的建校史。在办学过程中，该校一直瞄准国际化，培养了45名两院院士和许多著名华侨华人校友，为祖国在科技、文化和对外交流等方面的发展做出了重要贡献。本文试图将扬州中学不同历史阶段华侨华人校友作为研究对象，以小见大地考察华侨华人在中国现代化进程中发挥的重要作用。

一、扬州中学的建立及早期办学

近代以来，在帝国主义列强不断入侵下，中国逐渐沦为半殖民地半封建社会。20世纪初，清廷为了延续统治实行"清末新政"改革运动。其中在教育领域，清政府开始创办新式学堂，拟定相应的教学制度，教授科技和文化知识。扬州中学最初的前身——仪董学堂、尊古学堂和扬州府中学堂便在这一时期相继创立。清朝末年，仪董学堂改为两淮中学堂，后来又跟扬州府中学堂合并称为淮扬合一中学堂，而尊古学堂则改称两淮师范学堂。这些学堂设立了诸如外语、地理、物理、化学和图画等新式课程，并且大量使用翻译的西学教材。

辛亥革命之后，民国政府为适应时代变化，要求"剔除封建专制主义和科举考试遗毒"，[1] 淮扬合一中学堂便更名为江苏省立第八中学，两淮师范学堂则更名为江苏省立第五师范学校。在李更生担任八中校长期间，推行双轨制，重视英语教育，培养了多达22名留学生。[2] 1927年夏，江苏省立第八中学和省立第五师范学校合并为江苏省立扬州中学，学校规模空前扩大，由初中部、高中部和女子生活部三方构成，内设普通

---

[1] 谢长法:《中国中学教育史》，太原：山西教育出版社，2009年，第58页。
[2] 沈怡文、肖咸宁:《江苏省扬州中学》，北京：人民教育出版社，1997年，第29页。

科、工科、师范和机电工程科等学类。此时扬州中学由周厚枢任校长，进一步成为体系制度完备、师资力量雄厚、教学理念先进的顶级学府。在组织系统上，形成了校长、主任、书记等在内的管理体制；在师资力量上，1936年，扬中在职55名教师中有44人拥有大学学历[1]，其中不乏大学教授和外教；在教学理念上，要求所开课程直接跟大学接轨。

1937年"八一三"淞沪会战发生以后，扬州发挥着后勤保障的重要作用，因而遭到日军空袭和进攻。为了保存有生力量，扬州中学在周厚枢校长的带领下，一部分师生前往四川成立江苏省旅川联合中学，余下的则前往泰州、上海等地办学，或是仍然坚守扬州。抗战中，民国政府为了保证战区学生继续接受教育，决定整合教育力量，共渡抗战难关。于是十余所国立中学相继成立，其中江苏省旅川联合中学便改为国立二中，置于重庆合川。新成立的国立二中，会聚了全国各地躲避战乱的杰出教师，弥补了西部教育资源落后的问题，给予周边地区学子更多的求学机会。国立二中建校伊始，就收纳了2000多名学生[2]，著名海外院士徐皆苏、鲍亦兴和周元燊等，都是出自合川国立二中。抗战胜利之后不久，1945年，分散各地的原属扬州中学的各支学校重新在扬州合并为省立扬州中学。

尽管扬州中学因时局变化进行了多次改制重组，但在李更

---

[1] 沈怡文、肖咸宁:《江苏省扬州中学》，北京：人民教育出版社，1997年，第143页。

[2] 沈怡文、肖咸宁:《江苏省扬州中学》，北京：人民教育出版社，1997年，第204页。

生、周厚枢等杰出校长的领导下，学校秉持先进教学理念，勇于进行教育改革，使扬中精神和扬中文化得以保存，成为战后学校顺利重建的重要根源，帮助扬中逐步发展为全国著名中学，为人才培养打下了坚实的基础。

总之，从1902年扬中建校到1949年中华人民共和国成立的40余年，是中国历史上较为动荡的时期，先后经历了清末新政、辛亥革命、新民主主义革命、抗日战争和解放战争。扬州中学在此期间经历了多次改制、更名乃至迁址。面对复杂且艰险的社会环境，扬州中学坚持高标准办学，其培养的华侨华人校友积极参与祖国革命和建设事业，为战乱中的中国走向胜利和复兴做出了杰出贡献。

二、办学初期扬中的杰出华侨华人校友

扬州中学办学初期，国内政局动荡，导致学校多次搬迁重组，正常的教学秩序受到严重影响。但扬州中学仍然培养了大批人才，多位华侨华人校友走出国门，走向世界。他们在国际上取得杰出成就，随后竭尽全力地帮助祖国渡过战争难关、维护国家尊严、实现战后复兴。

1. 中外交往的早期推动者

20世纪后，扬州中学的华侨华人校友开启初步探索海外的征程，涌现出许多杰出代表。

符宗朝是早期官派留学海外的华人之一，字海秋，毕业于两淮中学堂。他在学堂读书期间，"平均分数在八十分以

上"①，因此获得学校的举荐，被清廷学部授予"最优等"毕业生的表彰。符宗朝于1910年参与第二批庚款留学②的选拔，在400人的候选中表现突出，成功入选，得以赴美国密歇根大学攻读机器工程专业。后回国在机器制造厂中从事工程师工作。符宗朝庚款留学的经历不仅代表了扬州中学在西学教育上的高瞻远瞩，更表明清末民初中国学子向海外探索愿望愈加强烈的新趋势。

1937届校友曹祖忻是扬州中学旅日学子，他为维护国家利益和尊严做出了重要贡献。"二战"后，他在旅日期间加入当时民国政府组建的赔偿归还物资接收委员会③，为接收日本战后赔偿积极准备。由于美国方面对日本持袒护态度，接委会便据理力争，对美方的说法逐条反驳。最终，在接委会的努力下，日本归还了大量劫掠物资，其中难以运回国内的一些物品由接委会就地售卖，共计所得4500万日元。

1939届校友庞曾濂热衷参与国际事务，其父庞京周曾出任中国红十字总会秘书长一职。1943年，庞曾濂毕业于国立

---

① 李闯：《仪董学堂考述》，《无锡商业职业技术学院学报》2017年第3期。
② 庚款留学：1900年庚子年，清朝败给八国联军。到1901年辛丑年，清廷被迫与包括英、法、美在内的八国签订《辛丑条约》。1908年，清政府与美国达成协议，清政府每年必须派遣学生到美国留学，而美国则可以退还一部分清朝在《辛丑条约》中允诺的赔款，并将这笔钱用于资助中国留学生的旅美生活。故这项官派留学活动被称为"庚款留学"。
③ 周锡卿：《战后对日索赔工作与光华寮案》，载中国人民政治协商会议北京市委员会文史资料研究委员会编《文史资料选编》第三十七辑，北京：北京出版社，1963年，第119页。

中央大学[①]历史系，随后赴美国耶鲁大学和佛蒙特大学攻取硕士学位。硕士毕业后，庞曾濂投入国际事务之中，接连出席一系列国际会议，其中重要的有：国际劳工组织在西雅图的海事会议，通过了以允许海员合法带薪休假等为主题的相关决策；古巴哈瓦那国际贸易会议，商讨建立世界贸易组织；日内瓦关税及贸易总协定会议，确定降低关税、消除贸易壁垒的关税及贸易总协定的缔结。1949年，庞曾濂进入联合国工作，担任职工会执行秘书。其在任期间为职工谋福利，亲身呼吁设立职员进修基金以及为国际学校筹款。1974年，庞曾濂奉调至日内瓦担任中文组长，负责了包括维也纳工发会议和罗马粮农会议等在内的多场欧洲大型会议的翻译工作。庞曾濂还为加强中美交往持续努力，他曾劝谏美国民主党人约翰·肯尼迪开放华商移民配额，因此后来受到赏识出席肯尼迪的总统就职典礼。[②]此外，他还担任过旅美中央大学校友会会长一职，促进了华人在海外的团结发展。

1941届校友曹竹轩是最早开始团结北美华侨华人留学生的活动者之一。1945年，曹竹轩毕业于国立浙江大学[③]化工系，1966年赴美入化工企业工作，服务二十余年。曹竹轩在海外长期致力于加强华侨华人之间的联络，是北美浙大校友会创始

---

① 国立中央大学，成立于南京，是中华民国时期中国最高学府，也是中华民国国立大学中系科设置最齐全、规模最大的大学。1949年8月8日，国立中央大学更名为国立南京大学。旧校址现位于东南大学。

② 东南大学校友总会：庞曾濂（1919—　）：国立中央大学历史系1942年毕业校友，2008年3月4日，2022年10月18日。

③ 今浙江大学的前身。

人之一。20世纪60年代，浙大校友会初建时成员只有二百余人。到21世纪初，经过曹竹轩的不懈努力，成员增至上万。[①] 曹竹轩还与其夫楼宝松在浙江大学共建"楼宝松助学金"项目，资助家境贫寒却勤勉刻苦的学生。

综上，扬州中学办学初期培养的华侨华人校友开始在国际舞台上崭露头角，他们拓宽了国人前往海外的道路，参与国际事务、抢救国家财产，在一定程度上维护了祖国的利益，提升了中国的影响力。

2. 科技领域的早期探索者

扬州中学重视科学教育，许多早期华侨华人校友后来从事科技行业，包括航天、机械和制造等。其中较有代表性的是扬州中学1935届校友胡声求、陶式玉和胡国澄[②]三人。

胡声求，著名飞机设计师。1939年，国立交通大学航天工程专业毕业后赴美，分别在仁斯利尔理工大学和麻省理工攻读硕士和博士。博士毕业后，为了将自己的知识投入反法西斯战争中，他致力于创建以华侨华人员工为主的中国飞机厂，为此不惜多次奔走于五角大楼、国会两院等进行游说。在他的努力下终于使中国飞机制造厂获得美国政府资助并成功注册运行，"其规模和水平都是当时中国前所未有的"[③]。该厂生产制造的飞机可以直接运用于战场，为"二战"中盟军的胜利做

[①] 北美浙江大学校友会大纽约地区分会：《曹竹轩学长纪念短片》，2016年4月22日，https://v.qq.com/x/page/l0195xlzg6h.html，2022年10月18日。
[②] 胡柯，字国澄，赴美之后即改用"胡国澄"为大名。
[③] 黄树㧑：《中华航空航天强人胡声求与二战中的"中国飞机厂"》，《航天史研究》1998年第2期，第57页。

出了积极贡献，因此受到了美国总统罗斯福的高度赞扬。[1]此后，胡声求在加州大学、南加州大学和亚利桑那大学等高校任职，还主导参与了美国陆军气象作战计划和美国登陆月球导航计划等。

陶式玉与胡声求同属交通大学机械工程学院。他于1946年前往美国华盛顿大学进修，毕业后在美国气动公司、空运发动公司及气力公司工作。因为擅长维修C-47运输机[2]而受到重用，先后担任总工程师、副总经理和监察部经理等职务，还曾兼任美国政府民航管理局顾问总工程师。陶式玉在美国工作多年，积累了大量飞机维修设计技术和航空部门管理方法，曾回国与地方政府合作组织开展讲座、传授经验。[3]

与上述二人不同，胡国澄则是毕业于国立交通大学电机械系。1945年，胡国澄赴美留学，攻读宾州大学机械及工程博士。毕业后，在美国一些电气公司从事了长达30年的微电子设计制造工作。退休后，创办国际科技交易公司，开始与国内作技术联络，尝试向国内引入微电子新技术。胡国澄还是20世纪60年代早期北美华人学生活动的领导者之一，参与创建北美交大校友会和费城交大校友会，还热衷于组织各种海内外同学聚会活动，曾自述在扬中的生活是："三过平山堂下，半

---

[1] 黄树礽:《中华航空航天强人胡声求与二战中的"中国飞机厂"》,《航天史研究》1998年第2期,第57页。

[2] C-47运输机以较好的飞行性能，装备于美国陆军航空队，成为其第二次世界大战中的主要军用运输机，主要用于空运物资和兵员，也可空投伞兵。

[3] 双鸭山市归国华侨联合会, https://www.hljsql.org.cn/syssgghqlhh/sysqlgk/sysfzlc/index.html, 2022年10月18日。

生弹指声中。"①

除了上述三人，精于工科的扬中华侨华人校友还有铁路运输专家1915届校友陈广沅、经营制铝公司的1930届校友徐炳猷、开办纸器公司的1933届校友居秉溶、在巴西和美国从事火力发电工程的1935届校友陈学仁和在美国从事造船设计的1937届校友王金鳌等。

总的来说，抗战前扬州中学华侨华人校友普遍专于工科的特点，体现了辛亥革命之后，在百废待兴的中国，学子们致力于增强与民生息息相关的国家基础工业的努力。同时，他们也希冀凭借掌握的海外先进知识技术，创办一些实体企业，进一步来带动国内经济的发展。

3．海外院士的早期担任者

抗战期间迁往重庆合川的国立二中，也是扬州中学的重要分支。1938年到1946年间，该校培养了5000余名学生②，其中包括3名担任院士的华侨华人。

1940届校友徐皆苏1988年当选美国国家工程学院院士。1947年，徐皆苏留学美国斯坦福大学，到1950年已经获得机械工程硕士和工程力学博士学位，之后他任职于IBM国际商业机器公司，同时相继任教于美国托雷多大学和加州大学伯克利分校。

---

① 江苏省立扬州中学六十年校庆纪念特刊编辑委员会编：《江苏省立扬州中学·六十周年校庆纪念》，1987年，第318页。
② 陶丽霞：《挖掘珍贵校史，传承名校文化——从国立二中校史看校园文化建设》，载马淑桂主编《档案管理与利用——方法、技术、实践》，北京：中国文史出版社，2013年，第346页。

徐皆苏早期主要从事弹性力学理论、薄壳理论、线性振动问题和非线性振动问题的研究，1963年以后，转向了结构系统的稳定性能理论的研究。经过20年的努力，他终于创立了一项整体性能分析的新方法，取名为"胞映射方法"，并利用"偏序论"将胞映射向另一方向进一步发展。凭借多年来在力学领域的杰出成就，徐皆苏相继荣获1964年古根海姆奖[1]、加州大学伯克利分校米勒研究教授奖、美国机械工程师学会百周年纪念章、联邦德国资深科学家奖等表彰。

1943届校友鲍亦兴于1985年当选美国国家工程学院院士。鲍亦兴于1953年国立交通大学毕业后赴美留学，先后获得伦斯列理工学院应用力学硕士学位和哥伦比亚大学博士学位。之后他长期在康奈尔大学理论与应用力学系任教。20世纪末，鲍亦兴长住祖国，在南京大学和浙江大学皆有任教。

鲍亦兴的研究方向主要集中于应用力学、声学、机械工程学及土木工程学等领域，专攻弹性动力学、振动学、电磁力学，等等。其著作《弹性波的衍射与动应力集中》曾被翻译到国内，概括了当今弹性波的衍射与动应力集中方面的主要研究成果，包括分析方法、圆形柱体、椭圆形柱体、抛物形和球形夹塞物等问题。[2]

1944届校友周元燊于1974年当选中国台湾中央研究院院

---

[1] 古根海姆奖由美国国会议员西蒙·古根海姆及妻子于1925年设立的古根海姆基金会颁发，每年为世界各地的杰出学者、艺术工作者等提供奖金以支持其继续发展探索。

[2] 鲍亦兴的主要科技成就参见［美］鲍亦兴、［美］毛昭宙《弹性波的衍射与动应力集中》，刘殿魁、苏先樾译，北京：科学出版社，1993年。

士。周元燊二中毕业后被保送国立浙江大学，1954年留学美国伊利诺伊大学数学系攻读博士学位。之后，他在美国沃特森实验室、哥伦比亚大学、加州大学伯克利分校和普渡大学等进行鞅论、最优停止理论和序贯分析等应用数学概率统计方面的研究，取得了卓越成果。

在鞅论方面，周元燊是第一位考虑鞅差任何次方和，并且引进三项分解式的人；在最优停止理论方面，他的专著《最优停止理论》曾被翻译到中国，该著作分析了最优停止理论的数学架构，探究了"最佳停止"是否存在以及其规则等问题；在序贯分析方面，他对母体平均值提供了新的一种序贯区间估计法，可事先固定信赖区间的宽度以及涵盖平均值的概率。1980年，周元燊当选为国际统计学会荣誉会员。

总之，20世纪50年代之前的扬州中学的华侨华人校友们长期处于时代逆境之中，他们获得的教育资源十分有限，教育环境也较为恶劣。在中国贫困弱小的背景下，即使他们赴海外留学，也会遭遇外国人的轻视与冷落。但扬州中学的毕业生在困难中始终保持积极态度，多位华侨华人校友在中外交往、科技发展等多个行业做出贡献。

三、中华人民共和国成立后扬州中学的华侨华人校友及其贡献

1949年中华人民共和国成立初期，扬州中学办学规模扩大，拥有57个班级，2700余名学生。学校顺应国家的发展方

向，在办学中积极引导学生们从思想和行为上迈入社会主义时代。[①]扬中的师生们在校内建立新民主主义青年团、少先会和学生会等组织，以活泼讨论、民主交流的形式向学生进行政治思想、时事主题和爱国主义教育，使得校内保持了良好的学习风气和学习质量。1962年，扬州中学被确定为全省重点中学，学校进一步树立了"虚心求教，刻苦钻研，一丝不苟，持之以恒"[②]的十六字学风，明确学校工作以教学为中心，力图培养更多人才。1978年改革开放后，特别是20世纪90年代以来，扬州中学将教学目的确立为促进学生素质全面发展，重点关注学生学科思维、精神文明和实践操作等方面。采取了开设国际班、参加国际竞赛和创办学生文刊等方式，形成了"科学与人文相融合"[③]的新色，培养了大批杰出的华侨华人校友。

1949年以来，扬州中学的校友进一步追求进步和发展，许多人走出国门求学，取得了丰硕的成果。他们不仅在尖端科技领域取得突破，还提升了华侨华人在海外的社会地位。

（一）20世纪60—70年代杰出华侨华人校友及其贡献

1962届校友刘超群在扬州中学读书期间刻苦学习，"三年

[①] 沈怡文、肖咸宁：《江苏省扬州中学》，北京：人民教育出版社，1997年，第234页。

[②] 《扬州中学校史资料长编》编委会编：《扬州中学校史资料长编·前编》，南京：凤凰出版社，2020年，第162页。

[③] 《扬州中学校史资料长编》编委会编：《扬州中学校史资料长编·前编》，南京：凤凰出版社，2020年，第177页。

间我连哪有电影院都不知道"[①]。中学毕业后，因为其"出身问题"[②]，升学一度受到影响[③]，但所幸获得扬州中学团委书记李岫云的大力举荐，进入清华大学力学系学习。到改革开放以后，清华大学重开力学硕士班，刘超群继而获得硕士学位。1989年他在美国科罗拉多大学丹佛分校获得数学博士学位，留美之后就在路易斯安那理工大学和得克萨斯大学阿灵顿分校任教，为在这些学校中创建数值模拟中心做出了重要贡献。

刘超群本人的主要研究方向在于湍流数值模拟和理论研究、激波附面层干扰和控制、高阶数值格式等方面。刘超群对湍流的研究处于世界领先地位，他基于对涡结构的物理理解，提出了一种新的旋涡识别方法——Ω方法。该方法对研究旋涡主导的流动和改进航空飞行器具有十分重要的科学意义。2008年，刘超群获得了得克萨斯大学阿灵顿分校（UTA）终身成就奖。

冯子定、朱正明和俞蔚明三人都是扬州中学1967届校友，他们在1977年恢复高考后都顺利考取大学，开始了求学之路。

冯子定，生物统计学家，美国统计学会院士。在扬中读书期间，冯子定学习十分刻苦，常在学校的二楼图书馆资料室阅读数学书籍，培养了浓厚的数学兴趣。"图书馆二楼资料室给

[①] 卫刚、张发祥主编：《树人堂下（二）》，南京：东南大学出版社，2012年，第65页。

[②] 卫刚、张发祥主编：《树人堂下（二）》，南京：东南大学出版社，2012年，第65页。

[③] 20世纪70年代中国曾实行了一段时间的"高考推荐制"，即大学招生，实行群众推荐、领导批准和学校复审相结合的方式。

我留下的美好记忆，一辈子都伴随着我"①。1977年夏天恢复高考后，冯子定已经工作5年，虽志在求学但基础薄弱。在扬中李启馨老师及其夫人李锦萍的帮助下，冯子定成功考上南京农学院②。冯子定一生都极为感谢他们的付出，将其称为"我学业上的第一个恩师"③。

20世纪80年代，冯子定留学美国康奈尔大学相继取得昆虫系硕士和生物统计学博士。毕业后，就职于弗莱德·哈金森癌症研究中心，成为该研究中心所招聘并升职为正研究员的第一个中国大陆人。冯子定带领的研究团队，将发展统计方法和实验设计用于癌症早期诊断以及研发协调肿瘤生物标记物评估的大型实验，长期处于世界前列。2007年，冯子定因在该领域做出的杰出贡献而被评为美国统计学会院士。

朱正明在改革开放后考取教育部出国留学生资格，之后在美国相继取得纽约市立学院文学硕士、纽约市立大学哲学硕士和文学博士学位。毕业后，曾在纽约市立学院、皇后学院和麦卡斯特学院等多所高校任教，接着又负责撰写巴尔的摩县立学校的中文教学大纲，促进了汉语在海外的传播。

俞蔚明恢复高考后考取南通医学院。④1986年，俞蔚明前往加拿大任职医生，1998年成为加拿大皇家医学会会员，

---

① 卫刚、张发祥主编：《树人堂下（二）》，南京：东南大学出版社，2012年，第33页。

② 今南京农业大学的前身。

③ 卫刚、张发祥主编：《树人堂下（二）》，南京：东南大学出版社，2012年，第33页。

④ 今南通大学的前身。

2003年取得美国病理医学会认证,被授予儿科病理专科医师。他十分感恩扬州中学的培养,曾自述"成绩和进步,无不得益于当年在扬中的经历,母校老师的培养和教育"[①]。

对于20世纪60—70年代通过恢复高考和改革开放而获得升学机会的扬州中学学子而言,扬州中学不仅是读书的学校,更是人生明路的牵引者。因此,许多旅居海外的校友往往感怀在扬州中学的求学经历,激励他们回报母校和祖国。

(二)20世纪80—90年代杰出华侨华人校友及其贡献

进入80年代后,扬州中学的华侨华人校友在多个科技领域皆取得杰出成果,他们所研究的专业不再局限于传统工科,而是更多向高端科技进发,特别是集中于基础学科中的高级理论领域。

在天文学领域,1980届校友黄家声1985年在南京大学取得硕士学位,1997年获美国夏威夷大学博士学位。毕业后在德国马普天文研究所从事博士后研究工作,之后长期担任美国哈佛-史密松森天体物理中心高级科学家。2017年起任中国科学院南美天文研究中心首席科学家。主要研究领域为星系形成与演化以及高红移宇宙。

在计算机领域,1980届校友王永东是软件研发专家。王永东上海交通大学计算机科学与技术专业毕业后到美国加州大学伯克利分校计算机专业攻读博士学位。毕业后,他在美国

---

① 卫刚、张发祥主编:《树人堂下(二)》,南京:东南大学出版社,2012年,第77页。

多家公司担任软件研发工程师、经理和总监等职务。2009年，王永东加入微软，就任亚洲搜索技术中心总经理一职，主要负责微软Office、必应搜索引擎和微软人工智能等开发领域。2017年，他被任命为微软全球资深副总裁。2022年9月，王永东接任微软亚太研发集团主席。

在生物学和化学领域，1983届校友吴文是高级医疗免疫生物统计学专家、英国皇家化学院院士。吴文的人生信条来源于扬州中学时的班主任许白虹老师的话语："做一流的学生，成为一流的人才。"[①]吴文在扬州中学读书期间获"扬州市三好学生""扬州市中学生物理实验竞赛最高奖"和"全国28省市数学竞赛一等奖"等表彰。1993年，吴文前往比利时布鲁塞尔自由大学攻读化学计量学（化学统计学）博士学位，并完成博士后学业。毕业后就职于各大制药公司。在比利时读书期间，吴文就与前辈科学家合作研究将多变量化学计量学方法引入生物信息学。吴文还是世界上转换优化GPA（全身性因素分析）计算程序的第一人，使运算速度提高了若干倍。2005年吴文获得特许化学家、特许科学家称号；2006年当选为英国皇家化学院院士；2008年其名字被收入世界名人录中。

在建筑学领域，1981届校友方海是国际知名建筑设计师。方海1988年在东南大学建筑研究所获工学硕士学位，2004年他成为首位在芬兰阿尔托大学获得设计学博士学位的中国人，之后长期担任芬兰阿尔托大学设计学院研究员以及奥地利国家

[①] 卫刚、张发祥主编：《树人堂下（二）》，南京：东南大学出版社，2012年，第100页。

科学院研究基金评审委员等职务。方海立足于中国传统，探索出将中国传统设计美学、西方现代设计创意和全球化绿色设计理念相结合的新思路，即设计学上的"新中国主义"。他的建筑设计代表作包括江苏博物馆新馆、无锡大剧院和北京中央歌剧院等，并与西方设计师共同设计出兼具东西方美感的系列家具。凭借着在建筑设计领域的成就，他成为第一位荣获芬兰"文化成就奖"阿尔托大学杰出校友奖、由芬兰总统特授勋章的芬兰狮子骑士团骑士勋章的中国学者。

综上所述，从 1902 年建校至今，扬州中学的华人华侨校友在母校接受了良好的中学教育，为他们前往海外求学和工作打下了坚实的基础。随着近代以来中国国际地位的变化，扬中华侨华人校友在海外发挥的作用也有所转变。1949 年中华人民共和国成立前，他们用所学知识维护祖国的尊严和民族独立。中华人民共和国成立后，尤其是改革开放以来，在中国科技文化进步以及中外文化交流的推动下，扬州中学的华侨华人校友逐步从"追随者、参与者"转变为"贡献者、引领者"，他们在各自领域向尖端化、新兴化方面发展，成为引领世界科技和文化进步的重要力量。

科研项目：2021 江苏省现代教育技术课题"现代教育技术支持下华侨华人史课程思政建设助力四史教育的探索与实践研究（课题编号：2021-R-92119）"阶段性成果。

作者简介：王子寒，男，江苏扬州人，江苏师范大学华侨华人/澳大利亚研究中心硕士研究生，主要研究方向为华侨华人史、英国史。

书评、读书札记与侨史教育

评《民国粤人赴澳大利亚留学档案全述》

束长生

从十年前开始，旅澳学者粟明鲜教授就根据澳大利亚国家档案馆的收藏，搜集与早期中国赴澳留学生相关的档案。鉴于自澳大利亚联邦在1901年成立后实施"白澳政策"所造成的结果，到太平洋战争爆发之前，在澳中国移民人数已经锐减，而来澳留学的中国学生人数也因战争阻隔而趋于消停，因而便把档案搜集的范围限定在战前的时代。通过数年间在首都堪培拉的澳大利亚国家图书馆总馆及墨尔本、悉尼和布里斯班等分馆的不断寻觅、查询、筛选，总计找到700多份中国学生赴澳留学的档案。因搜寻档案的工作是在粟明鲜工作之余点点滴滴地进行，而澳大利亚幅员广大，各档案馆远近不一，为此必需的旅行和住宿花费甚巨，且能够争取到的资助又十分有限，虽尽己所能地进行此项搜寻工作，但事实上无法将目前所有上架的中国学生留学档案全部收集齐全，有些遗漏亦在所难免。在已经搜集到的档案宗卷中，剔除部分属于西南太平洋岛国的中国移民家庭办理其子女赴澳留学的档案以及部分虽涉及中国学生赴澳留学但极不完整的宗卷之外，尚有六百五十个左右的中国学生宗卷比较完整。其中除了几十份涉及清末时期（20世纪初年）就开始入澳留学及若干份涉及战后几年间赴澳读书的留学生宗卷，绝大部分是战前民国时期的赴澳留学档案；而且这些留学生大都是来自广东省香山（中山）、新宁（台山）、新会、开平、鹤山、东莞、增城、高要、惠阳、南海等县及广州市，包括部分来自香港但仍被视为中国公民的留学生；还有些无法确定具体县邑的留学人员，但他们大体上也来自珠三角和四邑地区。由是，粟明鲜对这些档案进行了整理分类，并参照澳大利亚相关的档案及其他文献对一些问题予以甄别考证，以每个留学生的留学经过分篇撰写，始成这套《民国粤人赴澳大利亚留学档案全述》，依次分为《台山卷》《新会卷》《开平卷》《中山卷》《东莞、增城、惠阳卷》及《珠三角其他县市卷》。

粟明鲜的研究结果表明，民国时期，主要是北洋政府（包括广州军政府时期）以及南京国民政府时期，有相当一大批的广东学子，主要是少年儿童，曾在十多年的时间里，相继赴澳留学。此种留学以就读小学和中学为主，其后，一些人也在澳就读商校（商学院）、技校（工学院）或大学。这些到澳大利亚留学的年轻人，大多出自珠江三角洲，尤集中在当时的香山（后改称中山，现中山市和珠海市）、四邑（台山、新会、开平、恩平）、惠阳、高要、东莞、增城等县。从澳大利亚现有的档案所显示之留学生籍贯来看，他们以来自香山（中山）县、新宁（台山）县、新会县和开平县者最多。

澳大利亚学者迄今尚未利用这些档案，对这段历史予以整理和开展研究，因而，将这些档案资料收集整理，将有助于我们了解20世纪上半叶的澳大利亚华人及他们子女在澳读书学习情况。实际上，这些来澳留学的珠江三角洲少年儿童，其父辈（包括父亲、叔伯、舅舅等）和兄长大多是第一代移居澳大利亚之华人，基本上都是自19世纪中叶"淘金热"始至20世纪初从广东省珠江三角洲奔赴澳大利亚淘金和做工，于澳大利亚联邦成立之前后定居于这块土地上的广东人。

有鉴于第二次世界大战之前在澳大利亚谋生和定居的华人籍贯这一特点，从而造成了民国时期赴澳留学生来源地亦主要是上述地区这一现象。这些来自珠江三角洲的小留学生，之所以于此时前来澳大利亚留学并形成一股潮流，皆肇因于1901年澳大利亚联邦成立而正式推行歧视和排斥亚裔尤其是华人移民的"白澳政策"（White Australia Policy）。由于"白澳政策"的实施，中国人要想进入澳大利亚，就有许多障碍。而正是这种障碍，导致20世纪初年后在澳华人数量急剧下降。根据澳大利亚人口统计资料，随着澳大利亚联邦的建立，在澳之华人逐渐减少，如1901年，在澳华人总计有29267人，此外还有中国人与欧裔婚配而生之混血者（被称为"半唐番"或"半生蕃"）3090人；1911年，华人有22753人，加上混血人口3019人；十年之后的1921年，华人减至17157人，加上混血人口3669人，总计也就只剩下2万人左右；到1933年，华人总数更降至10846，再加上混血人口3503，共剩不到15000千人。这些能留澳继续为生活打拼的华人，大都是取得长期或永久居留权者，包括少数已入澳籍之华人，比如，来自香山县的欧阳南（D. Y. Narme）和来自新宁县的刘光福

（William Joseph Lum Liu）。这些留在澳大利亚的华人，在20世纪初年之后生活普遍地稳定下来，收入有了一定的保障，他们陆续回国结婚，生育后代。但囿于"白澳政策"，绝大部分澳大利亚华人只能将妻小留在中国。

同样是由于"白澳政策"的限制，那些得以长期居留在澳，甚或是在澳大利亚联邦成立之前已入澳籍之华人，其在中国婚配的妻室及他们的那些在中国出生的后代，皆非澳籍，也不能自由前往澳大利亚与之团聚，子女教育也就成为他们（包括在澳之华人以及他们在中国的亲属）十分关注的一大问题。拼搏奋斗多年，若稍有积蓄，申请将其子女以及子侄辈接来澳大利亚留学读书，便是解决此项问题的一个途径。经由此径，一方面使其子女及子侄辈能有机会在澳大利亚接受正式的西方教育，学得英语及一技之长，回国后无论是经商创业还是从军入仕都可占据相当优势；另一方面，于子女来澳留学期间，他们也正好一尽家长监护之责，增进父子或父女之情；随着其子女和子侄辈之年龄增长，英文能力及知识技艺提高，以及社会阅历增长，他们也可为自己在澳之生意与事业拓展增添帮手；如为具备留澳条件之子女申请长期居留澳大利亚，以继承生意和事业。根据已经检索到的澳大利亚档案资料显示，这些粤省小留学生来澳大利亚入学的年龄，大多在10至17岁之间，还有年龄在七八岁甚或更小者；他们在澳留学的时间长度，少仅数月，多则长达十年以上，甚至还有因太平洋战争爆发而滞留时间更长者。

粟明鲜将澳大利亚现存涉及民国时期广东珠江三角洲各县

来澳留学人士之档案收集整理，实具有重大的历史与现实意义：一方面，可填补这些地方学子赴澳留学史亦即民国时期华侨史的空白；另一方面，也可追溯这些早期粤人学子之踪迹，如有可能的话甚或循迹查访他们学成回国之后在家乡的成就，充实广东侨乡对外教育交流的历史，丰富当地的人文内涵。

根据历年从上述档案馆中搜集的中国留学生档案，粟明鲜将其分门别类予以整理后，以每个宗卷所涉及的留学生个体的资料，逐个考证，甄别真伪，撰写成篇，始成这套《民国粤人赴澳大利亚留学档案全述》。搜集、整理、考证、编著和出版这套本之目的，旨在利用澳大利亚现已公开的档案宗卷资料，将中国人第一波赴澳留学潮如实地反映出来，为读者了解100多年前中国侨乡各界人士之教育观，以及当时留学之形态，提供依据；同时，也为研究中国侨乡教育和文化交流的学者，提供第一手的资料，以供作进一步研究参考之用。

粟明鲜的多年辛勤耕耘，得到了回报。他整理的档案资料及研究成果被列入"广东华侨史文库"丛书，由广东人民出版社出版，为有兴趣研究澳大利亚华人历史的学者进一步探讨与此相关的问题提供一些线索。而将这项成果推荐给出版社者，则是五邑大学的张国雄教授。7年前，他得知粟明鲜在进行上述档案的搜集、整理和研究时，就给予鼓励和支持，并将其吸纳成为他领导的五邑大学广东侨乡文化研究中心的兼职教授，提供力所能及的资助，使其《民国粤人赴澳留学档案汇编·中山卷》得以在2016年由广东人民出版社出版（《全述》系列中的《中山卷》是在其基础上添补倍增的档案卷宗后重新整理改写而成）。不仅如此，广东侨乡文化研究中心的所有人员都十分关注此书的撰写和出版。事实上，本套丛书的出版，也应该是广东侨乡文化研究中心的成果。本套丛书经十年之功，方才得以完成并出版，粟明鲜博士的史学家责任感与辛苦奉献的精神，值得所有的学者效仿。

参考书目：

粟明鲜：《民国粤人赴澳大利亚留学档案全述》，广州：广东人民出版社，2020—2022年。

作者简介： 束长生，男，巴西圣保罗大学历史系教授，国家民委"一带一路"国别和区域研究中心兼职研究员，主要研究方向为巴西华侨华人。

苦溪事件：美国怀俄明地区的暴力排华
——评《苦溪事件：石泉城大屠杀纪实》

王允波　赵辉兵

摘要：克雷格·斯托蒂的《苦溪事件：石泉城大屠杀纪实》从经济视角详细分析了1885年怀俄明石泉城大屠杀事件。作者实地考察了石泉城的地理环境，深入了解并梳理了相关原始资料，讲述了石泉惨案对19世纪80年代中后期的美国社会与在美华人的历史影响，对研究美国少数族裔与华侨华人历史具有重要参考价值。

关键词：苦溪事件；石泉城大屠杀；石泉惨案

美国南北战争期间，为了促进西部发展，同时把西部地区的资源、兵员迅速地运往东部，让美国东西部成为更加紧密的整体，1862年7月1日，美国国会通过了《太平洋铁路法案》(The Pacific Railway Act)，授权联合太平洋铁路公司和中央太平洋铁路公司分别向西、向东修建铁路。为保证工程的顺利完成，公司雇用了大量的中国劳工。起初这些吃苦耐劳、对薪资要求不高的华工的到来受到了美国资本家的欢迎，然而华人因为风俗习惯、就业竞争等方面的威胁，为不少美国人民所排斥。随着"黄祸论"和"白人优越论"的熏染，加上西部地区零星暴力排华事件的影响，"1869年横贯大陆铁路的铁轨接通……华人劳工立即被中央太平洋公司解雇了"。① 这种地区性的对华排斥情绪不断上涨至全国，最终以1882年《排华法案》的颁布上升成国家意志，但该法案不能平复排华的浪潮，相反只会加剧暴力排华事件的发生。

学界对于19世纪末的在美华人研究多关注在政府行为及相关法律政策上，但对民间行为与社会层面缺乏足够的探讨，尤其是暴力行为。很大程度上是因为"用压迫黑人和灭绝印第安人来定义美国19世纪的种族暴力，华人受到的排斥似乎确实不值一提。或者说得再政治不正确一些，这些排斥看上去一点都不暴力"②。然而在《排华法案》颁布后的最初几年间，发生了近4200起③针对华人的规模大小不等的驱逐和暴力行动。最臭名昭著的是1885年9月2日发生在怀俄明甘霖县的"石泉惨案"，28名华人丧生，但没有一名施暴者受到惩治。克雷格·斯托蒂（Craig Storti）在其著作《苦溪事件：石泉城大屠杀纪实》（下文简称为《苦溪事件》）中详细描述了这场悲剧，

---

① ［美］琼·菲尔泽：《驱逐：被遗忘的美国排华战争》，何道宽译，广州：花城出版社，2016年，第58页。
② ［美］贝丝·廖-威廉姆斯：《无处落脚——暴力、排斥和在美异族的形成》，张畅译，北京：社会科学文献出版社，2022年，第3页。
③ 伍斌：《排华是美国历史最黑暗的片段之一》，《历史评论》2021年第4期，第44页。

并指出"正是怀俄明西南部石泉城煤矿工人和联合太平洋公司矛盾的火苗,点燃了整个西部,引爆了落基山脉地区一系列的反华事件"①。本文就《苦溪事件》一书将从框架结构、相关争议以及未来可深入的研究方向进行阐述。

一、克雷格·斯托蒂与《苦溪事件》

克雷格·斯托蒂是凯斯西储大学的一名讲师,同时也是美国跨文化交流的知名人物。他在探望居住在石泉镇的兄长的时候,看到了报纸刊登的一段被当地人遗忘的排华历史(即石泉惨案)的文章,因此写就了《苦溪事件》。《苦溪事件》是一本专门讲述石泉惨案的著作,该书通过聚焦1885年9月怀俄明石泉城的暴力排华案,强调工业时代下美国白人内部积压已久的劳资矛盾,通过"暴力排华"的形式得以暂时缓解,顺便"一劳永逸地解决了在美华人的未来",而移民政策、种族矛盾不是惨案发生的根本原因。

全书八章,实际上可以分为三部分。序言与第一章为第一部分,主要点明了作者观点与当时的时代背景。首先,作者指出"石泉屠华不仅仅是两个种族之间的冲突,还是美国工人、劳工和垄断资本之间为控制工作场所而展开的更大斗争中所发生的一件更为悲惨的事件";其次基于"推拉理论"分析了19世纪中叶华人赴美的缘由;最后总结了华人从"受宠"到"失

---

① Craig Storti, *Incident at Bitter Creek: The Story of the Rock Springs Chinese Massacre*, Ames: Iowa State University Press, 1991, p. 159.

宠"的内外原因：华人的特殊性和美国的经济危机的影响，由此出台了一系列的限制法案和反华游行，并发生了个别暴力排华事件。

第二章、第三章以及第四章为第二部分，通过讲述贯穿美国东西的太平洋铁路的建设历程，指出了石泉城的铁路和煤矿的重要性，描绘了联合太平洋铁路公司的高层领导人杰伊·古尔德（Jay Gould）和查尔斯·亚当斯（Charles Adams）各自的生活与工作作风，以及对白人矿工与华人矿工采取的不同政策。其中，详细讲述了煤矿的所有权如何从肖肖尼人[①]手中收归到政府手中，以及华人的生活环境以及氏族文化。

第五至第八章为第三部分，总的来看是按照石泉惨案的起因、发生、经过，以及结果、影响的框架来讲述的。作者在第五章指出 1875 年石泉城罢工[②]一事虽以白人矿工的妥协告终，却拉开了煤矿工人反抗联合太平洋铁路公司的序幕。到了 19 世纪 80 年代，随着劳工骑士团[③]的崛起，加之公司面临着经营不善、贪污腐败导致的破产危险，以及周边地区的暴力排华

[①] 肖肖尼人，英文名为 Shoshoni，又称肖松尼族人，是美国西南部地区印第安人的一支，与阿兹特克接近。

[②] 受 1873 年经济危机影响，到 1875 年夏，煤炭价格一直持续下降，公司下令减薪，工人罢工。为破坏工人罢工，公司雇用了 150 名华人，白人矿工意识到罢工失败，接受了削减工资复工的条件，但原有的 500 名白人矿工中，公司只留下了 50 人。

[③] 劳工骑士团，英文为 Knights of Labor，又译为劳动骑士团、劳工协会。美国最早的全国性工会组织之一。1869 年成立，80 年代初开始公开活动，1886 年领导的铁路系统大罢工取得重大胜利，使之成为 19 世纪最大的劳工组织，19 世纪 90 年代中期完全瓦解。是美国第一个希望同时将技术熟练工人和非熟练工人、女工和男工、黑人工人和白人工人（亚洲移民排除在外）同时组织起来的工会组织。

事件的刺激，白人矿工同华人与公司之间的矛盾越来越激烈。当公司高层再次决定以华工代替白人矿工以寻求更大利益时，矛盾一触即发，最终导致了1885年石泉惨案的发生。作者详细讲述了该案中暴徒采取的主要手段与行进路线，以及华人遭受了怎样的苦难与迫害。

第六章则是以时间为序，讲述了石泉惨案后华人的处境与遭遇，以及事后多方的态度及行动。主要涉及以下几方：摩门教[①]教徒、联合太平洋铁路公司及其领导高层、总统格罗夫·克利夫兰（Grover Cleveland）、怀俄明总督[②]弗朗西斯·沃伦（Francis E. Warren）。后两位对待石泉惨案不同的态度与行动，显示出地方与联邦治权的互动交涉与政策区别。而1885年恰逢两党大选结束，总统之职从共和党人切斯特·艾伦·阿瑟转移到民主党人格罗夫·克利夫兰手中，结束了南北战争以来共和党人长期执政的局面。这种戏剧性的转变在于1884年大选期间，公众对大公司日益掌握大权与政治腐败表现出一种担忧，克利夫兰凭借自身的"廉洁正直"赢得总统之位。但两党出于选票政治的考虑，皆对华人表现出限制的态度。黄遵宪曾在《纪事》中予以评价："此乃众人父，所举勿参差。此

[①] 摩门教（Mormons），美国的一个教派。创立于1830年。创始人史密斯（Joseph Smith, 1805–1844），自称得天书《摩门经》而设立"耶稣基督末世圣徒教会"，一般称为摩门教。初期行多妻制，后遭反对而停止。流行于美国西部各州。

[②] 怀俄明1868年正式建立领地，直到1890年才加入联邦，为与之后的怀俄明州区别，故这一时期的州长称为总督。

党夸彼党,看我后来绩。……远方黄种人,闭关严逐客。"①

第七章具体聚焦于事后的"审判"以及公司的复工举措。审判将屠杀进行了合理化处理,法院判定铁路公司及其高层是有罪的,但那些参与暴力屠华事件的犯罪嫌疑人不仅没有全部抓住,即便是已经抓住的16名罪犯也因无人指认被无罪释放。惨案发生后,公司立即派火车接回了幸存的华人,但没有对他们进行赔付。此外,公司迅速解雇了45名涉嫌参与暴乱的白人矿工,并招募了大量的摩门教教徒和日本人弥补空缺,于9月21日正式复工。

第八章论述了石泉惨案如何引发了"多米诺骨牌效应"。惨案煽动了美国西部各州及领地,北起华盛顿领地,南至加州此起彼伏的排华暴行。比如,西雅图反华火炬游行、塔科马排华事件、西雅图暴动以及蛇河大屠杀,都是受其影响而爆发。这一系列的排华暴行又推动着以劳工骑士团为代表的反华民团登上了权力的新高峰,将大多数的政治家变成排华的支持者,逼迫美国官方出台更严厉的排华法案,使得"种族主义"同"国家主义"更加紧密相连。

同时,克雷格·斯托蒂还强调了石泉惨案在诸多方面推波助澜的作用。法律上,它受1882年《排华法案》和1884年排华修正法案的影响发生,又为1888年美国制定更为严格的《斯科特法案》埋下伏笔。政治上,石泉惨案的发生,影响美国1885年的大选,华人问题再次成为两党竞争的热门议题,

---

① [清]黄遵宪:《清末民初文献丛刊 人境庐诗草》,北京:朝华出版社,2018年,第157页。

在此之前 1876 年的大选也深受反华组织的影响。在公众情绪上，反华的情绪迅速波及其他少数族裔，尤其是摩门教教徒。这场大屠杀引起了太平洋西北部类似的暴力事件，尤其是华盛顿特区，"骚乱一开始是一系列的孤立事件，但很快蔓延成一场协调一致的全面排华运动"。①

克雷格·斯托蒂认为，在石泉屠华一事上，华人移民、大型矿业公司、劳工组织都不是赢家。华人是最大的输家，为了防止石泉惨案这样的悲剧再次发生，中美在一定程度上达成了进一步劝禁中国劳工进入美国的共识，华人受到了更为严厉的限制，华人移美数量急剧下降；同时美国西部暴力排华事件仍在发生，旧金山等地的华人依旧受到攻击。石泉城的煤矿工人也是失败的，他们赶走了华工，却未在石泉城赢得更多的工作的机会；处于机械化采煤时代开端的他们，最后只会被机械所取代。就连看似获胜的联合太平洋铁路公司也是失败的，他们再也雇不到更多勤劳刻苦的华工，白人罢工与工会带来的冲击也让他们经营的公司岌岌可危。如果要找出唯一的赢家，也只能是远在太平洋沿岸的工薪阶层，他们的竞争更加开放，雇主也更加尊重工会组织的力量。②

---

① Craig Storti, *Incident at Bitter Creek: The Story of the Rock Springs Chinese Massacre*, Ames: Iowa State University Press, 1991, p. 161.

② Ibid, p. 174.

二、《苦溪事件》及其争议

对于所有对华人历史、怀俄明历史、铁路历史和美国劳资关系感兴趣的人来说，克雷格·斯托蒂的《苦溪事件》是值得推荐的。但该书有很多不足之处，《亚洲研究杂志》《太平洋历史评论》和《美国历史杂志》对其的相关评价，就指出了一些问题。

第一，基本的史实错误。比如，霍华德·斯坦斯伯里（Howard Stansbury）是于1850年穿过苦溪河谷（Bitter Creek Valley），而不是书中给出的1852年。怀俄明的第一个煤矿不是由布莱尔兄弟开的，应当是属于移民吉姆·布里杰（Jim Bridger）或者是法官W.A.卡特（W.A.Carter）开办的。[1]甚至出现了前后矛盾的现象，在正文第174页，作者还将怀俄明总督弗朗西斯·沃伦描述为"约翰·潘兴将军的女婿"，但又在结尾说沃伦不是将军的女婿。此外，克雷格·斯托蒂还"捏造细节，'一半以上的中国人是已婚的'[p. 4]；以及'中国人平均重100磅'[p.13]。"[2]

第二，隐形的种族歧视。克雷格·斯托蒂虽然力求客观公正地描述屠华事件，但他称非华族裔为"human being"或者"the men""the miners"；对于华人却频繁使用"the

---

[1] Dudley Gardner, "Review of Incident at Bitter Creek: The Story of the Rock Springs Massacre by Craig Storti", *Annals of Wyoming*, Vol. 63, No. 1, 1991, p. 111.

[2] Roger Daniels, "Review of Incident at Bitter Creek: The Story of the Rock Springs Massacre by Craig Storti", *Pacific Historical Review*, Vol. 61, No. 1, Feb., 1992, p. 145.

Celestials"（中国佬）、"sojourners"（旅居者、寄居客）。① 笔者进行了简单的初步统计，"celestial"在书中出现15次，其中约三分之一出现在引用的材料中；"sojourner"出现约110次，所以笔者认为仅从用这些单词揣测其种族观点是有待商榷的。但我们可以从以下两个方面看出作者对少数族裔的态度。一方面，克雷格·斯托蒂同情白人矿工，认为华人应为自己遭受的苦难负责。"如果这些旅居客不是加害者，那至少也是心甘情愿的同谋者。他们明知道风暴在其周围聚集，还是顶着风险跑到美国来捣乱。"② 另一方面，克雷格·斯托蒂赞同"暴力"方式排除异己。对于华人，在他看来，1882年《排华法案》是一纸空文，"唯有极端措施——最主要的是暴力——才有可能打破僵局，促成危机的解决。"③ 对于印第安人，克雷格·斯托蒂认为政府以战争方式从他们手中拿回途经煤矿的所有权④是合理的，"和平之路和战争之路都导致了印第安人及其生活方式的灭绝。战争只是更快地完成了任务。"⑤ 故克雷

---

① L. Eve Armentrout Ma, "Review of Incident at Bitter Creek: The Story of the Rock Springs Chinese Massacre by Craig Storti", *The Journal of Asian Studies*, Vol. 50, No. 4, Nov., 1991, pp. 922—923.

② Craig Storti, *Incident at Bitter Creek*: *The story of the Rock Springs Chinese Massacre*, Ames: Iowa State University Press, 1991, pp. 22—23.

③ Ibid, p. 31.

④ 1868年，美国人与苏族印第安人签订拉勒米堡条约（The Fort Laramie Treaty），其中规定"白人不可在黑山圈地居住，未经印第安人准许也不可进入"。根据该条约，肖肖尼人在当时握有怀俄明绿河附近的煤矿所有权。

⑤ Craig Storti, *Incident at Bitter Creek*: *The story of the Rock Springs Chinese Massacre*, Ames: Iowa State University Press, 1991, p. 41.

格·斯托蒂深受白人优越思想的影响，表现在隐形的种族歧视和支持对有色人种的暴力。

第三，单一的分析视角，忽视了种族主义与移民限制等其他因素。1862年，美国国会通过的《太平洋铁路法案》，授权联合太平洋铁路公司和中央太平洋铁路公司修建横贯铁路。各公司每完成一英里的轨道都会得到一笔补贴，每完成一英里，还会获得一段与之相邻的土地。这就意味着谁能更快完成任务，谁的获利就更大。两家公司在"低成本、高回报"的理念指导下，形成了一种隐形的竞速状态。当白人矿工表现出罢工的念头时，"安分的"华工作为"性价比较高"的劳动力涌入美国，华工实际上成了白人矿工的"替代品"，公司雇用华工的根本目的也只是追求更大的利益。当白人矿工罢工造成的威胁与损耗远远超过华工带来的利益时，公司必定将华工遗弃。经济因素固然重要，但它只是压死骆驼的最后一根稻草。"劳资矛盾"无法全面地解释石泉屠华事件的前因后果；也无法解释公众的"群体心理"及其不指证行为与错误的英雄崇拜等"从众行为"；也无法解释法院为何释放嫌疑人（或者可以称之为罪犯）；也无法解释白人对华人劳工的暴力排斥，为何能殃及摩门教教徒；还无法解释为何"石泉屠华事件只是19世纪80年代美国西部发生的150多起类似事件之一"；更无法解释为何全面系统的驱逐成为首选的方法。

总的来看，克雷格·斯托蒂从"劳资矛盾"角度给出的分析，展现了部分美国人以牺牲中国人的方式平息白人劳工阶层的暴力威胁，以此维护自身的上层地位，防止社会秩序重建的丑恶嘴脸，强烈体现了美国人民极端的实用主义与利己主义传统。

三、《苦溪事件》与石泉惨案的后续研究

在《苦溪事件》发行前，史学界对于华侨华人研究视角就已经发生了巨大变化。"随着20世纪60年代以来修正主义史学的兴起，'种族—文化说'相比'经济说'更具有说服力。"[1]结合当前国内外的研究现状，克雷格·斯托蒂的《苦溪事件》仍为研究美国西部的历史（尤其是石泉惨案）提示了一些能够继续深究的方向。

第一，石泉屠华是"19世纪80年代以白人工人的名义推动扩大限制华人的广泛政治运动的一部分"[2]。在这一时期，劳工组织的蓬勃发展、公民的权利与自由诉求和反华的种族主义交汇在一起。克雷格·斯托蒂在本书最大的贡献之一是他对怀俄明州劳工骑士团的讨论，以及他们在导致石泉惨案前后所扮演的角色，他认识到劳工骑士团在排华一事上的引导作用，却没有详细论证石泉屠华一事对劳工骑士团的反作用。劳工骑士团虽支持排华，但强烈反对使用武力。石泉惨案后，劳工骑士团迅速发表声明，将该案定性为私人报复事件并从中抽身，留

---

[1] 赵辉兵：《美国1882年〈排华法案〉出台的多重因素及其对美国华人社会的影响》，见《华人华侨研究》，北京：中国华侨出版社，2013年，第215页。

[2] Torrie Hester, "Deportation in the Evolution of Civil Rights and Civil Liberties", *Studies in Law, Politics, and Society*, Vol. 83, 2020, p. 101.

下参与石泉惨案的成员独自面对后续的审判，也没有对被解雇的白人矿工进行帮助。惨案发生不到一年间，劳工骑士团就"盛极而衰"，成员迅速减少。此外，他还忽略了同时期影响更大的"美国劳动人民党"与"美国劳工联合会"。所以，笔者认为可以从劳工组织的历史发展过程中，再对石泉屠华事件进行更全面的评价。

第二，石泉屠华涉及两个国家，是中美两国共有的历史。《苦溪事件》受限于美国国内的研究成果，对于中国学者的研究成果不曾提及，所引用的文献资料出自华裔作者的也屈指可数。在记述该案件的审判过程中，作者仅用"法官判定华人证词无效"，便轻松地省去了华人证词。石泉惨案的交涉长达两年多，作者没有记录中国驻美公使的态度与反应，也没有谈及中美双方对此事的交涉过程。克利夫兰总统分别于1885年12月和1886年3月，先后送交国会两份咨文。尽管他当时承认根据《蒲安臣条约》美国有保护无辜华人的义务，以及凶杀行为的残暴和当地法庭的裁定之荒谬可笑，但他否认美国政府对此应负法律责任，因为他坚持认为并无美国的公民卷入这一事件。直至1887年，美国国会才最终同意清政府的赔偿要求。关于石泉惨案的交涉是清末涉及海外华侨伤害索赔案最为成功的案例，对于保护海外华工具有里程碑的意义。

第三，石泉惨案发生后，美国政府第一次根据签订的外交条约动用武装力量来维持国内地方秩序。惨案发生在怀俄明甘霖县石泉城，一部分原因是这些"潜在的（而且常常成为真实的）暴动者，存在于任何一个地位重要但军警却散漫懈怠的都市中"[1]。19 世纪 70 年代初怀俄明为防范同印第安人的冲突和维护法律秩序就已组建民兵队，但是军队不负责因劳资纠纷引起的社会冲突，种族矛盾更是不曾参与。惨案发生后，总统听总督沃伦建议派遣了两个连的军队，一开始他们只负责保证信件传送的安全，后又承担起保护华人的责任，避免华人受到进一步的伤害。这种看似成功的军事干预，促使白人、华人或者可以称之为少数族裔更加依赖这支警察般的军队。因此，军队在石泉城驻扎了 13 年，一直到美西战争前夕。克雷格·斯托蒂关注到了美国国际环境的改变，却隐藏了 1885 年到 1898 年这一段时间政府尤其是联邦政府，实际上对以往自由放任政策进行了调整，开始干预经济运作与规范社会中的行为。石泉的内乱迫使地方官员正视这一内防任务，并促成了第一批受联邦政府承认的以怀俄明为单位的两支卫队的成立。军队对于地区内乱的态度从以往的临时性、消极性逐渐走向长期性、积极性的参与。"民事和军事官员从这些干预措施中吸取的教训强化了在未来六十年中使用正规军作为镇压种族骚乱和其他国内暴力形式的首选手段的概念。"[2]

总而言之，克雷格·斯托蒂的《苦溪事件》，对 1885 年石泉屠华事件从经济的视角分析了其发生的原因；肯定了华工对美国建设的重大作用及其悲惨遭遇；回顾了 19 世纪下半叶怀

---

[1] [英]霍布斯鲍姆：《原始的叛乱：十九至二十世纪社会运动的古朴形式》，杨德睿译，北京：社会科学文献出版社，2014 年，第 136 页。

[2] Clayton D. Laurie, "Civil Disorder and the Military in Rock Springs, Wyoming: The Army's Role in the 1885 Chinese Massacre", *Montana: The Magazine of Western History*, Vol. 40, No. 3, 1990, p. 44.

俄明石泉城的历史；展现出美国白人如何从欢迎华人，到限制华人，再到暴力排华的转变；揭露了美国人的极端利己主义及19世纪末反华情绪遍及整个美国的历史事实。

无论是经济危机带来的劳资矛盾冲突，还是社会发展带来的焦虑感与非理性的存在是不能成为暴力排华的借口的，武力、恫吓、威胁从来不是解决种族矛盾的正确做法，两国人民应当互相理解、尊重对方。中美两国人民都应牢记历史，警惕地方群体以暴力为途径裹挟政客进行种族政治运动。种族歧视并未结束，它仍旧存在于21世纪，变得更为复杂、隐晦、多样，在某种程度上，可以说蛰伏在每一个民族国家。

（*Incident at Bitter Creek*: *The Story of the Rock Springs Chinese Massacre*. Craig Storti. Ames: Iowa State University Press, 1991）

项目支持：江苏师范大学2021年校级研究生科研与实践创新立项《美国乡村生活运动及其对我国农村治理现代化的启示》阶段性成果，项目号：2021XKT0504。

作者简介：王允波，女，江苏师范大学历史文化与旅游学院硕士研究生，研究方向为美国史。

赵辉兵，男，江苏师范大学历史文化与旅游学院教授，国家民委"一带一路"国别和区域研究中心成员，历史学博士，主要从事美国史、西方政治思想史研究。

当代澳大利亚华商群体特征分析：
以布里斯班华商群体为例
——基于《澳大利亚华侨华人访谈录（布里斯班卷）》的考察

花宇晨

摘要：本文以布里斯班华商群体为基点，探讨当代澳大利亚华商群体的特征。伴随着近年新生代华人和新移民的崛起，当代澳大利亚华商群体与老华商有所区别，他们充满活力，凭借通晓中澳两国的文化和商业背景，在中澳关系中扮演重要角色。此外，他们在获得一定成就后，积极承担社会责任，参与慈善、社团和政治活动，是澳大利亚社会中非常重要的组成部分，为中国、澳大利亚，甚至是其他国家带来经济和社会利益。

关键词：澳大利亚华商；华人移民；布里斯班

第二次世界大战结束以后，世界各国、地区间的交流往来愈加频繁，经济全球化与区域经济一体化进程持续加速，有力地推动世界经济走向繁荣。在此背景下，中国果断抓住时机敞开国门，实行改革开放政策，一大批华人以此为契机移民海外。作为西方发达国家俱乐部的重要成员，澳大利亚毗邻亚洲，自然成为中国移民的首选国家之一。现如今，华人已经成为澳大利亚第一大少数移民种族，庞大的华人群体也已成为与澳大利亚休戚相关的主体。以不断壮大的华人社会为基础，作为华人群体中的经济精英——澳大利亚华商，经过不断拼搏，在各方面都取得了日益令人瞩目的成就，形成了一支实力雄厚、具有鲜明特色的当代华商群体。

事实上，当代澳大利亚华商群体的繁荣并不是一蹴而就的，而是经历了一个漫长而曲折的发展过程。

在"淘金热"兴起的背景下，澳大利亚华商群体经历了从无到有、由弱趋强的发展过程，经营状况也开始趋向稳定。此后，澳大利亚金矿逐渐枯竭，以淘金作为谋生手段的华人愈加稀少并转而从事商业活动。随着澳大利亚城市化进程不断加快，大量华人从郊区、矿区进入城镇，澳大利亚华人经商的领域也在逐渐改变，其经营领域转向餐饮业、杂货业、家具店以及蔬菜水果的销售等。此时的华商群体出现了个别跨国企业，但总体上仍呈现经营模式相对单一、活动范围狭窄以及涉及资金有限等特征。

第二次世界大战结束后，澳大利亚逐步放宽了有色人种入境限制，华人数量缓慢上升。华商群体果断抓住时机，逐步发展壮大，为日后的崛起奠定了物质基础。1972年"白澳政策"废除以来，随着澳大利亚移民政策向技术移民倾斜，华人移民大量增加，选择从事商业的华人也逐渐增多，在保持传统行业繁荣发展的前提下，以金融保险、房地产和服务业为代表的第三产业逐渐兴起，不少当代华商在澳站稳脚跟，开始向其他领域突破。至20世纪90年代末，当代澳大利亚华商群体不再满足于"过好自己的日子"，而是主动承担社会责任，在种族主义抬头的背景下，积极参与政治活动，向澳大利亚主流社会发出华人的声音，展现出与之前华商群体不同的时代特征。

进入21世纪，中国内地经济迅速发展，拓宽了人们的视野，也激发了民众的移民热情，使得来自中国内地的商业投资移民和留学生成为当代澳大利亚华商群体的主要组成部分，他们大多自带资本，来到澳大利亚后直接进行商业投资活动，因而具有华人特色的餐馆业、杂货业和服务业持续繁荣发展。与此同时，随着华人新移民素质水平提升，华商群体已经更多涉足科技、教育、文化各界，开拓金融、保险、旅游、航运、贸易、工矿等行业。在进一步积累资金的基础上，不断扩大经营规模，开创新的发展领域，推动商业资本向工业资本转化，并向多元化、现代化发展。

总体而言，澳大利亚华商群体的发展不仅给澳大利亚带来了重要的经济收益，还为其商业环境带来了创新、多样性和增长潜力。此外，具有中国背景的当代澳大利亚华商群体在中澳文化之间架起了一座桥梁，他们通晓两国的商业环境，帮助其他中国和澳大利亚企业发现、创造新的商机并给各方创造收益。因此，研究当代澳大利亚华商的发展特征有着重要的战略价值和现实意义。然而，对于相关问题，国内学界关注甚少，仅少数成果偶有涉及，几乎没有系统的研究成果，这更凸显了对当代澳大利亚华商群体展开专门研究尤为必要。

作为澳大利亚昆士兰州的首府城市，布里斯班是澳大利亚仅次于悉尼和墨尔本的人口第三大都会，也是通往亚太地区最近的交通要塞。正因其得天独厚的优势，布里斯班成为澳大利亚第三大华人居住城市。由此可见，布里斯班华商群体在构成、群体特征等方面具有鲜明的特点，是研究当代澳大利亚华商群体的一个特殊样本，对透视整个澳大利亚华商群体有重要价值。本文的研究以《澳大利亚华侨华人访谈录（布里斯班卷）》为依据，尽管未能对所有澳大利亚华商进行全方面的总结，但力求以布里斯班当代华商为基点，对当代澳大利亚华商群体的构成和特征形成初步框架。

近年来，一大批华人移民以留学生、家庭团聚移民或商业投资移民的身份移居布里斯班，而后开始从事商业活动。他们大多在中国有一定的工作经验，价值观、经商理念等方面也区别于老一代华商群体，通过自身努力最终在布里斯班取得令人瞩目的成就。正因如此，由华人新移民组成的当代布里斯班华商才呈现出与老华商完全不同的特征，具体情况如下：

1. 在发展事业的同时，参与各项慈善公益活动，积极承担社会责任，向澳大利亚主流社会展示负责任的社会形象。当代布里斯班华商在享受澳大利亚社会赋予发展机遇的前提下，发挥自身优势，承担社会责任，积极参与社团活动，并取得丰富成果。

澳大利亚的慈善事业发展得相当完善，能多方面地参与社会生活，提供广泛的社会福利、文化、体育和社区服务，在整个社会运作中起到重要作用。因而，作为曾受中华传统文化熏陶、秉持"达则兼济天下"理念的布里斯班华商群体，在享受澳大利亚社会赋予发展机遇的前提下，发挥自身优势，承担社会责任，积极参与各项慈善活动，消除澳大利亚社会中的种族偏见，扭转"华人只是来赚钱"的刻板印象。

在事业有所成就后，当代布里斯班华商群体积极回馈社会，通过多种方式参与各项慈善事业，概括而言参与慈善事业的方式大致可分为两类：（1）通过官方渠道，参与由澳大利亚政府主办的慈善活动，其中比较有代表性的是昆士兰格瑞丝教育集团（Grace Education）的执行长 Grace Yu（游淑静），她由台商会荣誉会长和市议员 Stephen Huang（黄文毅）推荐担任布里斯班市长慈善基金会慈善大使。布里斯班市长慈善基金会的主席就是历届市长夫人，慈善大使则是由女性担任，她们都是自发地参与慈善募捐活动或主题慈善活动，收到募款后将其交给市政府，再由政府拨款给前来求助的地方慈善机构和团体，以此来帮助实力不强、募款渠道有限的慈善团体。（2）通过非官方渠道自发举办慈善公益活动，其中比较有代表性的是澳大利亚保健品 Natures Naturals 董事长孙健和澳中经贸促进会会长谢大贤。孙健曾担任布里斯班华人狮子会会长，在此期间做了很多慈善活动，如中国教育助学计划苗圃行动——为云南省云县忙怀乡高井槽村出资人民币20多万元重建地震灾后小学；为狮子会医学科研项目募捐；为海地地震筹集灾后抚慰金；筹办多次澳大利亚公民入籍宣誓仪式；为残障学校关怀捐款；等等。谢大贤则与澳中经贸促进会合作多次举办慈善活动，其中最为重要的是"慈善之光"。他们举办了首届昆士兰多元文化重阳敬老艺术节，邀请当地353位60岁以上的老人参加这个活动，为这些老人提供免费餐食，这在整个澳大利亚都很少见。除此以外他们还在Sunnybank Plaza举办了书画展和邓丽君歌友会、组织拍卖活动、赞助昆士兰华裔退伍军人俱乐部的奖学金项目。这些活动在社会上引起了轰动，其他族裔看到反响不错，也纷纷效仿。

当然，像他们这样热心慈善公益事业的布里斯班华商还有很多。正因为他们的付出，才让华人在布里斯班乃至澳大利亚主流社会中树立了良好的形象，让主流社会愿意接纳华人。同时，通过慈善公益活动也增进了澳大利亚主流社会对华人群体的了解，由李孟播等人发起设计纪念碑项目，就让主流社会认识到在澳大利亚的发展进程中华人也是做出贡献的，是国家建设的参与者。除此以外，就华人本身而言，参与慈善公益活动也增强了华人族群的凝聚力，还能使来自不同地区的华人增进了解、拓宽交际圈。总之，华人参加慈善公益活动和发展事业是不相矛盾甚至能相互成就的。

2. 成为促进中澳间贸易活动的桥梁。当代布里斯班华商的企业主体在澳大利亚，但经常会与中国保持经贸往来、从事进出口贸易，很多人在海外投资设厂时会优先考虑中国。这不仅促进了中澳间民间的交流往来，也为中澳双边贸易奠定了坚实的基础。

自1972年中澳建交以后，两国政府往来密切、沟通良好，中澳贸易规模迅速扩大，贸易关系日益密切。2000年，中澳双边贸易总额仅为 167.34 亿澳元；① 到 2019 年，双边货物贸易总额就已达 2313.64 亿澳元②，增幅高达 1282%。除此以外，中国已经连续保持澳大利亚最大的出口目的地和进口来源地地位，双方经济社会发展已呈现出一种"你中有我，我中有你"的高度融合、依存状态。对于近半个世纪来中澳经贸关系的良性发展，澳大利亚华商功不可没。他们抓住中澳关系发展的良机，积极对华投资、创办企业，助力中国经济社会发展，还主动帮助中国企业在澳投资，对接澳大利亚市场，为深化中澳经贸关系，进一步促进双方经济社会的深度融合与发展发挥了重要的积极作用。

在从事跨境贸易，并与中国保持经贸往来的当代布里斯班华商中比较有代表性的是阳云、钮涛。中澳生物（Sino-Aust Biology）董事长阳云将自己掌握的技术产业化，与中国国内同行合伙组建了中澳生物公司，以生物技术为核心，在中国投资。中澳生物于云南省砚山县的国家现代农业示范园内投资建厂，企业规模很大，占地 1500 亩，投资 3 亿元人民币，在中国工商总局进行注册，官方给予了相应的奖励和税务政策。目前，中国工厂每年产值约 6 亿元人民币，主要市场也是在中国。澳中经贸促进会常务副会长钮涛曾经做过贸易、零售方面的生意，他将浙江义乌小商品市场或者广州的广交会上采购的礼品或收藏品进口到澳大利亚进行售卖，但因为人工、租金上

---

① Australian Bureau of Statistics, *Year Book Australia*, 2002, p.837.
② 数据来源：澳大利亚统计局：https://www.abs.gov.au/articles/australias-trade-goods-china-2020。

涨，再加上整个澳大利亚经济不景气，就不再从事这方面的生意了。之后，钮涛转而从事地产开发和销售，其中有不少客人来自国内，帮助有移民需求的中国人购置房产。从事商务礼品、轻纺产品进出口和投资咨询的阎敏为了在经营时更好地与国内对接，成立了澳中投资促进会并担任会长，通过这个促进会能更方便与中国政府进行沟通交流，同时在澳华商也能借此平台与国内的民营企业展开合作，或者为他们牵线搭桥。

从上面几个例子不难看出，当代布里斯班华商虽然已身居海外，但是仍然与祖国有着密切的经贸往来。而且，他们不仅在中国投资设厂或是从事进出口贸易，还会成立一些团体组织，促进中澳的交流合作。由此可见，近几年中澳经贸关系的转变，澳大利亚华商在其中起到了极为重要的作用。

3. 为了维护华人群体利益，积极参与政治活动，向澳大利亚政府传递华人群体的诉求。当代布里斯班华商拥有一定的资本和影响力，他们在有所成就后，积极参与政治活动，利用自身优势为华人群体排忧解难。

当代布里斯班华商基本上都有很强的参政意识，因为他们知道要保护华人群体的经济利益和社会利益，就必须转变自身意识，关心政治，努力融入澳大利亚主流社会，并以澳大利亚公民的身份参与地区、国家建设，这样他们才能享受到和当地白人同等的待遇。因而，很多布里斯班华商在事业有所成就之后，开始关心政治生活。一方面这些华商已经获得了一定资产，在华人中拥有了一定声望，参政尤其在选举中更为便利；另一方面随着他们经济地位的提升就愈加感到华人的政治地位有待提高,"达则兼济天下"的理念也让他们愿意帮助华人发声。

大多数当代布里斯班华商在参政方面已取得不少进展,总的来说主要参政形式如下:(1)参加现有政党来参与政治,代表人物为蔡伟民和黄文毅,两人分别加入了澳大利亚的两大政党。蔡伟民选择加入工党,曾担任昆士兰州议员、贸易和多元文化部副部长;黄文毅则是加入自由党,在2011年当选布里斯班市议员。(2)通过社团组织参与社会事务与政治活动,其中最具代表性的就是昆士兰中国人协会会长陈帆。陈帆接手昆士兰中国人协会时,布里斯班还没有中国领馆,于是他们就起到了"编外领馆"的作用:帮助布里斯班的华人处理突发情况;国内官方团体来考察时负责安排接待;澳大利亚政府也会找他们沟通当地华人的问题,再由他们反馈到中国使馆。可以说,陈帆领导的昆士兰中国人协会成为沟通使馆、当地华人社会和澳大利亚政府的桥梁。(3)组建以华人为主的政党团体,较具代表性的是昆士兰自由国家党华裔党部创始主席施伯欣。他在经营房地产行业时发现,经商环境经常会受到政府政策的影响,然而澳大利亚华人大多无意改变现状,因此他决定成立华裔党部作为华人和政党间沟通的桥梁。

总的来说,当代华商的参政意识较前几代已有所加强,他们也逐渐意识到自身在华人群体中需要肩负的政治责任。当代布里斯班华商参政的成功则表明澳大利亚华人传统上对政治漠不关心的态度有极大转变,也极大地鼓舞了新一代华人的参政热情。随着华商经济实力的增强和自身素质、参政意识的提高，这都会有助于华人政治地位的改善，最终也能增强华人群体对澳大利亚的政治认同。华商群体参与政治生活就证明华人已经逐步摆脱少数族裔的限制，融入主流社会，弘扬、传播中华文化，为华人和亚裔群体发声，这也对维护澳大利亚多元文化环境、积极推动中澳友好往来，具有积极意义。

4. 对中国怀有归属感和责任感，心系中国发展，愿意为中澳经贸往来和文化交流做出贡献。当代布里斯班华商虽然已经是澳大利亚人，但仍身在海外，心系祖国。很多布里斯班华商在澳大利亚获得一定成就后就开始回报祖国，在中澳交流中起到桥梁作用，帮助两国开展文化、经贸往来。

众所周知，中国是一个非常重视血缘关系的社会，并且这种血缘观念已经渗透到人们的日常生活、社会经济和政治活动中，从而影响到海外华人的行为、理念，海外华人即使身处异国，依然称自己为"炎黄子孙"。此外，中国社会的发展与进步也为华侨华人带来了切实的经济实惠和精神满足，强大的中国已成为海外华人的依靠。因此，加强与中国的联系对当代布里斯班华商而言有百利而无一害：一方面，虽然他们已经是澳大利亚国籍，但在族裔身份上强调与祖国人民之间存在"血浓于水"的种族联系，仍将自己视为中华民族的一部分；另一方面，中国综合实力增强，也为他们创造了更多的发展机遇和广阔的平台，这也增强了当代布里斯班华商对中国的认同感，让他们意识到"国家兴亡，匹夫有责"。因而，在促进中澳友好往来这件事情上，当代布里斯班华商都认为自己身负使命，只有中澳关系处于良性发展时，他们甚至是所有澳大利亚华人才能从中获益。

　　随着中国综合国力的增强，当代布里斯班华商开始意识到祖国是他们在澳大利亚的坚强后盾，愈加重视自己与祖国之间的联系，对中国有着强烈的归属感和认同感，因此为促进中澳关系良性发展起到桥梁作用，其中比较有代表性的是王子明、阳云和钮涛。昆士兰自由党华裔党部主席王子明在澳大利亚选举时，发现很多华人关心中澳关系但苦于无法与澳大利亚政府沟通，于是请来了外交部部长和华人社区代表，希望双方能对中澳问题进行沟通探讨。王子明表示澳洲华人都希望中澳关系好转，澳大利亚政府却几乎听不到华人的声音，而这种讨论能让澳大利亚政府在制定对华政策时更多地考虑华人意见，华人应为中澳友好往来做出贡献。中澳生物董事长阳云借助"一带一路"的东风进入东南亚市场，并积极与中国政府保持联系，他的公司正式运营时，成都总领馆总领事来给他们剪彩。钮涛作为澳中经贸促进会的常务副会长与国内政府、企业有很多来往，帮国内旅行社出一些新的旅游路线；为留学机构制定留学、游学方案提供咨询信息等。此外，他还促成了徐州技师学院和墨尔本一个TAFE弗朗特学院的合作，徐州技师学院每年会派商贸旅游专业的学生去弗朗特学院学习和交流。在此过程中，钮先生发挥了一个桥梁中介的作用。这一方面扩大了钮先生在国内的商业网络，另一方面也促进了中澳在民间文化上的沟通与交流。

　　其实，像上述几个华商一样对中国怀有很深情感、在中澳关系中起桥梁作用的澳大利亚华商并非个例，他们为促进中澳友好往来做出了突出贡献。随着全球化进程的不断加深，国家间的交流就显得格外重要，而澳大利亚华商恰恰能架起一座从民间到官方的桥梁。他们虽然是澳大利亚人，但深受中华文化影响，这就使得中澳在进行文化、经济交流时能少走弯路，减少文化隔阂，避免因为文化、生活背景不同造成误会和经济损失，进而从客观上促进中澳关系保持良性发展态势。

总而言之，当代布里斯班华商群体为澳大利亚经济、就业以及外交等方面做出了杰出的贡献。他们大多经历过中国改革开放、市场迅猛发展的时期，因而展现出全新的特征。他们野心勃勃、眼光毒辣，能很好地处理与利益相关者的关系，通晓中澳文化以及两国不同的经商模式，面对难以融入主流社会的难题也不会消极对待，而是通过积极参与政治、慈善公益活动等方式向澳大利亚主流社会展示华人群体。凭借着这群新华商独有的特征和素质，他们在澳大利亚的社会和经济中扮演着重要角色，这意味着当代澳大利亚华商群体能够为推动澳大利亚积极参与"一带一路"发挥越来越重要的引领和桥梁作用，从而成为南太平洋地区海上丝绸之路经济带建设中可以依托和信赖的重要力量。

科研项目：2021年江苏省研究生科研与实践创新计划项目"当代澳大利亚华商群体的起源与发展（20世纪70年代至今）"，项目编号：KYCX21_2540。

作者简介：花宇晨，女，江苏师范大学澳大利亚/华侨华人研究中心硕士研究生，主要研究方向为澳大利亚史、华侨华人史。

《华侨华人研究》课程思政教学探索与实践

鞠长猛

摘要：华侨华人群体表现出的家国情怀、勤劳奋进、诚实守信、团结互助、文化自信、拼搏创新精神为课程思政建设提供了丰富的元素。《华侨华人研究》课程思政在建设过程中充分挖掘上述素材，从华侨华人移民、经济发展、社团建设、文教活动、与祖籍国关系五个方面进行探索，不断明确建设目标、创新教育理念、改进教学方法，从而落实立德树人的根本任务。

关键词：课程思政;《华侨华人研究》;实践

2020年《高等学校课程思政建设指导纲要》(以下简称《纲要》)发布以来，全国各高校广泛推进课程思政建设，相关理论和实践不断深化。历史学作为一门重要的人文学科，在探索和实践课程思政方面扮演着重要作用。笔者在承担《华侨华人研究》课程教学过程，结合"四史教育"对华侨华人群体中蕴含的课程思政元素进行了挖掘和实践，对课程思政建设方面进行了有益的探索。

一、华侨华人群体蕴含着"课程思政"元素

华侨华人是近现代中国革命和建设的重要参与者,对中国的民族独立和解放、社会主义建设做出了重要贡献,获得了社会的广泛认可。他们旅居海外、心系祖国,见证了中国的发展与强大,在海外表现出强烈的家国情怀,也养成了勤劳奋进、诚实守信、团结互助、文化自信、拼搏创新的优秀品质。这些都为《华侨华人研究》课程思政带来丰富的元素,符合《纲要》中"引导学生深刻理解社会主义核心价值观,自觉弘扬中华优秀传统文化、革命文化、社会主义先进文化"[①]的要求。

1. 华侨华人具有优秀的品质

目前,海外华侨华人的数量达到6000万,他们分布在全世界近200个国家和地区。[②]广大华侨华人是中华文明的传播者、中外文明交流互鉴的推动者,中外文明交流互鉴的推动者。他们是中华民族非常特殊的一类群体,他们离开祖国,移民海外,在不同的文化环境、语言背景的国家和地区生存与发展,形成了强烈的家国情怀。在将中国文化传播到海外的同

---

① 《教育部关于印发〈高等学校课程思政建设指导纲要〉的通知》,教高〔2020〕3号,2020年5月28日。
② 暨南大学图书馆华侨华人文献馆、彭磷基华侨华人文献信息中心编:《侨情综览2016》,广州:广东人民出版社,2018年,第406页。

时，他们也衍生出独特的华侨华人文化，成为世界了解中国的窗口。此外，他们在从事经济贸易、文化教育和政治与社会活动的同时，也体现出责任担当、团结互助、诚信友善等优秀品质。

在华侨华人移民和发展过程中，许多中华民族传统文化和传统美德不但没有消失，反而因为异国他乡环境的催化作用而愈加得以彰显且更加鲜明地展现出来。在《华侨华人研究》课程中对这些精神进行挖掘，使之融入思想政治教育之中，能够达到良好的思政教育效果。

2. 华侨华人深刻感知着"百年变局"

当今世界正经历"百年未有之大变局"。在此背景下，华侨华人群体长期客居海外，他们身处中外交流对话、互学互鉴，甚至是跨文化冲突的"前线"，对世界历史发展变迁十分敏感，对"百年未有之大变局"感知深刻。他们是中国国际形象的代言人，能够展现出"根、魂、梦"的情感、践行人类命运共同体构建的愿望、实现中华民族伟大复兴的理想。《华侨华人研究》课程对他们的文化、事迹和精神进行挖掘，并在课堂上展示、研讨，能够帮助学生正确认识中国的国际地位、未来发展的机遇与挑战，以及世界的发展趋势等，体现"百年变局"中的中国信心与担当。

3. 华侨华人提供了"四史教育"的优秀例证

华侨华人全程参与了中国革命和社会主义建设的整个历史过程，无论是辛亥革命、中国共产党成立、抗日战争、新中国建设、改革开放，以及新时期中国特色社会主义建设时期，华侨华人都积极参与，并做出了特别贡献。他们的身影活跃在党史、新中国史、改革开放史、社会主义发展史之中，为进行"四史教育"提供了生动的例证。

《华侨华人研究》以"四史教育"为切入点，使华侨华人专业知识、课程思政建设与四史教育三者之间形成相互借力，能够使课程"有血有肉"，富有精神内涵，实现学术性、思想性的统一，达到良好的教学效果。

二、华侨华人群体思政元素的挖掘

《华侨华人研究》课程以华侨华人历史与社会发展为线索，在教学与研究实践中讨论华侨华人在移民史、经济史、社团发展史、文教事业、与祖籍国的关系等方面发挥的作用，展现他们的爱国主义精神、工匠精神、文化自信、责任担当等，以此培养学生形成正确的历史观念、价值观念和爱国主义情操。为了达到这样的教学效果，需要结合华侨华人群体的特点深入挖掘"课程思政"元素，找到两者的结合点和融入点。具体如下。

1. "华侨华人移民史"中的思政元素

"华侨华人移民史"一般包括三段历史：(1) 近代的华侨华人移民：早期华侨漂洋过海、他乡寻梦的移民历程。(2) 从"落叶归根"到"落地生根"：冷战时期华侨华人在夹缝中的艰难生存。(3) 新移民群体的形成：改革开放以来华侨华人的移民浪潮及其主要特点。

上述三段移民史依次展开，体现出华侨华人命运的变迁，展现出华侨华人从近代"卖猪仔"的悲惨命运，到艰难的历史抉择，再到成为当今各国经济和科技精英的整个过程。通过梳理近代以来华侨华人充满了血泪与汗水的移民史、奋斗史，概括出华侨华人"进取、勤劳、开放、包容"的精神内核，启迪学生形成勤劳勇敢、吃苦耐劳、积极进取、开拓创新的时代精神。

2."华侨华人经济"中的思政元素

华侨华人经济是华侨华人群体在海外的立身之本，也是《华侨华人研究》课程的重点内容，其发展变迁主要有三个方面：（1）从契约华工到华商：近代以来华侨华人艰难的创业过程。（2）华侨华人的经营之道：从"三把刀"到"富可敌国"。（3）华商网络与华商精神的形成：全球化背景下华侨华人的新发展及其主要贡献。

华侨华人从白手起家到"手持经济牛耳"[①]，完成了从艰难创业到自立自强的辉煌历程，体现出华侨华人"敢为人先、刻苦节俭、务实创业"的经营之道和工匠精神，有利于培养学生永不言退、勤劳拼搏、真抓实干、诚实守信、爱岗敬业，在逆境中创业、成长的优秀品质。

3."华侨华人社团发展"中的思政元素

社团组织是华侨华人群体"守望互助、争取平权、融入主

---

① 张应龙：《广东华侨与中外关系》，广州：广东人民出版社，2014年，第209页。

流"①而形成的社会团体,主要有三方面的发展特点:(1)从血缘到业缘:华侨华人社团的形成及其表现形式。(2)从经济互助到助力参政:华侨华人社团的主要活动及其功能。(3)互联网时代华侨华人社团的新发展。

通过分析华侨华人社团的建立、发展过程及其乐忠于慈善事业的特征,总结出华侨华人相助共济、协调创业、团结互助、和谐相处、友善待人的优秀品德,有利于在课程中培育热爱公益、助人为乐、扶困济贫、见义勇为、善待他人的奉献精神。

4."华侨华人教育与文化"中的思政元素

华侨华人教育与文化是他们延续中国传统文化、保持与祖籍国关系的精神纽带,主要有三方面内容:(1)华文教育的发展历程及其时代特点。(2)华文报刊的发展及其文化价值。(3)华侨华人文化与中华优秀文化在海外的传播。

通过探讨华侨华人在华文教育、华语报刊及其对中华文化传承的贡献,凸显华侨华人强烈的文化认同感,以及为传播中华优秀传统文化而做的努力,可以在教学中引导学生形成坚定的文化自信。

5."华侨华人与中国的关系"中的思政元素

华侨华人与中国经历了从"贡献"到"合作"的关系过程,主要包含三个层次:(1)华侨华人对祖国革命和建设的贡献,特别是辛亥革命、抗日战争、中国共产党成立和发展等。

---

① 赵红英、宁一:《五缘性华侨华人社团研究》,上海:同济大学出版社,2013年,第2页。

（2）华侨华人对祖国科技文化教育事业的推助作用。（3）改革开放以来海外华侨华人对中国的投资和经济合作。

通过探讨华侨华人在辛亥革命、新民主主义革命、抗日战争、解放战争、社会主义建设及改革开放时期，为民族解放、国家繁荣、人民幸福提供的强力支持，突出华侨华人情系故土的家国情怀，有利于在课程中增强学生在祖国需要时挺身而出、义无反顾的责任担当意识。

总之，《华侨华人研究》课程涵盖了华侨华人经济和社会生活的多方面内容，展现了他们与祖国共命运，为促进中国与世界国家友好合作关系而搭建桥梁和纽带，以及助推中外交流沟通、文明互鉴所发挥的独特作用。对他们独特价值的挖掘，可以为课程思政提供丰富资料，推动新时代教育教学不断向前发展。

三、"课程思政"在《华侨华人研究》中的实施

《纲要》要求，高校课程思政要融入课堂教学建设，作为课程设置、教学大纲核准和教案评价的重要内容，落实到课程目标设计、教学大纲修订、教材编审选用、教案课件编写各方面。加强《华侨华人研究》课程思政建设，需要从以下几个方面进行努力。

1. 确立加强课程思政建设的目标

以课堂教学为平台，将价值塑造、知识传授和能力培养三者融为一体，实现立德树人。

（1）在华侨华人史课程教学过程中充分挖掘课程思政元素，坚定学生理想信念。将华侨华人群体展现出的勤劳奋进、诚实守信、团结互助、文化自信、家国情怀和革命精神等思想政治教育渗透到课堂教育之中。

（2）充分肯定历代华侨华人在支持辛亥革命、抗日救亡运动、中国革命事业、改革事业、祖国和平统一大业、世界和平事业等方面的重要贡献。

（3）以华侨华人为切入点，扎实推进"四史"学习教育，持续深化爱国主义教育，培育时代新人。引导学生将上述华侨华人的精神转化为他们自己内在的德行，使之成为他们自己精神系统的有机构成，进而演变为他们的一种素质和能力。

2．创新教育理念

（1）革新教学内容：在"课程思政"思想指导下完成《华侨华人研究》的内容和观念革新。改变传统课程单纯讲解华侨华人移民、社团、经济、教育和文化等内容的做法，而要深入挖掘与"四史教育"相关的内容，特别是其所蕴含的思想政治教育资源，以生动的、鲜活的、清新的、朴实的形式融合于课程教育和实践的各个环节中，达到将"四史教育"润物细无声地呈现出来。

（2）突出教学重点：围绕课程思政，实现教学思路上的升华。通过华侨华人在党的历史、新中国史、改革开放史、社会主义史中取得的成就，全面反映华侨华人群体所蕴含的爱国主义、"四个自信"、社会主义核心价值观、中国传统文化、世界传统文化等的内容，丰富和拓展思想政治教育的内涵和外延，使其更具吸引力和感染力，实现全程育人、全方位育人。

3．改进教学方法

（1）提高学生参与度：以教师课堂授课为基础，系统传授华侨华人的相关理论和知识；适当采用翻转课堂形式，提高学术学习的兴趣和参与度；辅之以高质量的学术讲座，提高学生的学术兴趣，拓宽他们的学术视野。

（2）加强实践教学：与侨务部门合作，进行侨务调研和考察，提高学生的社会实践能力；开展口述史学专题活动，追寻华侨华人奋斗的足迹，保留华侨华人研究的一手资料；进行侨乡考察，深刻认识华侨华人与中国经济发展之间的互动关系。

（3）创新考核方式：注重过程性评价和期末考试相结合，进行综合性评价。通过制作 PPT 汇报、组建团队完成实践项目、写作学术论文等多种形式加强学生专业能力、方法能力和社会能力的培养。

四、授课教案：《一纸侨批　两地相思——侨批中海外华侨的家国情怀》（部分）

以下教学案例为《华侨华人研究》教学过程中的部分教案，以此展示华侨华人课程思政元素在教学实践中的具体融入案例。教案如下：

授课题目	一纸侨批 两地相思——侨批中海外华侨的家国情怀	授课课时	1课时
授课对象	本科三年级学生		
教学目标	1.通过阅读侨批原始文献，帮助学生准确了解侨批的内容。通过探究其中的历史线索，锻炼学生主动获取、运用史料的能力，培养其史料实证核心素养。 2.通过文献的解析，使学生感悟侨批蕴含的家国情怀，培养学生形成爱国爱家的核心价值观，承担起传承中华优秀文化的责任感与使命感。		
教学重点	侨批中的家国情怀及其具体表现		
教学难点	侨批原始文献的解读		
教学方法分析	1.结合学生已学知识和课前预习，引导通过学生查阅历史文献、分组讨论、提前预习等方法进行充分的课前预习，为"翻转课堂"运用做好充分准备。 2.采用问题探究法与情境创设法，感知不同侨批的历史环境，排除陌生感以及带来的障碍。 3.通过小组讨论、课堂问答等方式，引导学生阅读侨批文献，体会其中蕴含的家国情怀和尊老爱幼等中华民族优秀文化。		
	教学方式：讲授☑ 探究☑ 问答☑ 实验☐ 演示☐ 练习☐ 其他☐		
授课类型	理论课☑ 讨论课☑ 实验课☐ 练习课☐ 其他☐		

续表

教学步骤设计				
步骤时间	主要任务	教师活动	学生活动	目的意图
第一步（1分钟）	回顾侨批的概念及其产生的历史背景	提问与引导	回答教师问题，引出本课内容	通过回顾以往授课内容，引入新的授课内容，达到温故知新，便于学生整体掌握
第二步（35分钟）	讲授、讨论、探究新的课程内容	讲解与之相关的历史知识。提示学生阅读PPT上的文献，理解不同历史时期侨批蕴含的家国情怀	通过PPT阅读文献；参与教师讲解、讨论相关问题	了解侨批体现出的尊老爱幼的传统美德、扶贫济弱的担当精神、对祖国命运的深切关注、对祖国发展的大力支持，进而培养核心素养，形成历史解释、史料实证的能力
第三步（4分钟）	总结与巩固	介绍拓展内容，总结本课	了解深入学习的资料，随教师总结，快速记忆和回顾，记录作业内容	通过总结，回顾加深对文献的认识与理解

续表

内容讲解
第一步　复习上节内容，引入新授内容 　　回顾上节课已经学习的侨批概念、形成和发展过程，及其体现出的华侨华人艰辛创业史。教师进行总结：侨批是指19世纪初至20世纪末华侨华人通过民间渠道及后期的金融、邮政机构寄给家乡眷属附有汇款的书信以及国内寄往海外的回批的统称。如果用公式表示：侨信＋侨汇＝侨批，正如闽南童谣："批一封、银二元。" **第二步　讲解部分** 1. 教师对侨批中家国情怀的介绍 　　家国情怀：是中华优秀传统文化的基本内涵之一，包含行孝尽忠、民族精神、爱国主义、乡土观念等。 2. 对文献的解读 　　将侨批内容按照时间顺序分为四类，分别是： 　　（1）尊老爱幼的传统美德，对应的课程思政要点为：孝敬父母 　　（2）扶贫济弱的担当精神，对应的课程思政要点为：有责任与担当 　　（3）对祖国命运的深切关注，对应的课程思政要点为：爱国主义精神 　　（4）对祖国发展的大力支持，对应的课程思政要点为：积极投身社会主义建设 3. 对历史文本进行阅读、翻译和解读，具体文献如下 　　（1）尊老爱幼的传统美德 　　侨批1：印尼华侨陈君瑞的思乡诗《难》（现藏于汕头侨批文物馆） 　　体现出华侨华人艰难的生活状态和深切的思乡之情： 　　　　迢递客乡去路遥， 　　　　断肠暮暮复朝朝。 　　　　风光梓里成虚梦， 　　　　惆怅何时始得消。

侨批2：1903年9月3日，菲律宾华侨黄在毓寄往龙溪东山社岳祖母和岳母的侨批

小组合作完成对以下文献的翻译与解读：

岳祖母、岳母二位大人尊前：

谨启者，查上帮曾付郭有品局带去信银陆元，内抽贰元交令孙女收入，想早收否。兹顺寄郭局带去龙银肆拾大员，到祈收入。聊应捌月，令孙女补养之事，到期祈大人必须亲往敝家，敝家如有款待不周，祈原情小婿面上是祷，勿误。此佈肃启，即请

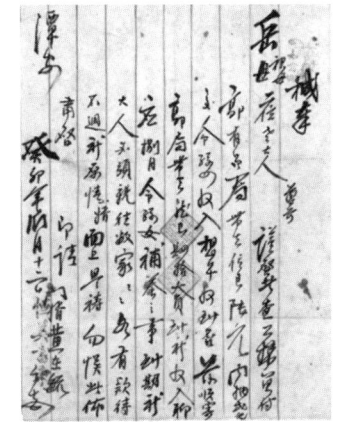

提示：
1. 该侨批向哪些亲人寄钱？
2. 寄了多少钱？有何用途？
课程思政要点：孝敬父母是中华民族的传统美德。

（2）扶贫济弱的担当精神

侨批3：广东梅州华侨杨路义遗存的侨批，在故乡胞兄身亡后，多次通过侨批鼓励家嫂和侄子自立自强，并寄钱接济他们的生活。

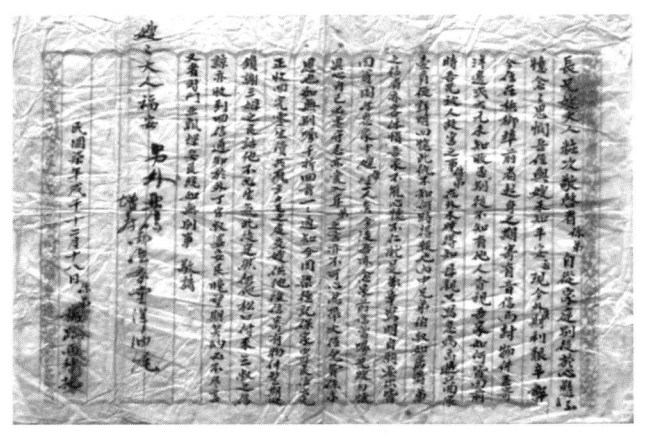

课程思政要点：有责任与担当，关切家乡

（3）对祖国命运的深切关注

侨批4：1932年，新加坡寄往福建的侨批加盖抗日标语宣传戳

侨批5：1938年，周恩来、叶剑英、潘汉年、廖承志等人的回批：感谢泰国侨领苏君谦等人以"口批"方式向八路军驻武汉办事处捐200国币支援延安抗日军政大学。（原件现藏于中国革命军事博物馆）

解释"口批"，抗日战争时期，面对日本侵略者野蛮搜查，华侨华人通过"口头"寄送侨批的新方式。

课程思政要素：爱国主义精神

续表

（4）对祖国发展的大力支持

侨批6：1952年，广东江门籍归国华侨伍尚厚在回批中向叔叔介绍其工厂的经营情况。

因字迹不清，展示释读后的文字部分：

"今日我厂之职工亦一样以前之职工，同是工作，而旧时亏本，今日赚（按：粤语方言赚）钱。""由此可知国民党之伪政权与人民政府之保障人民利益，大有不同矣。"

侨批7：1962—1970年，由马来西亚华侨陈凤香向潮安的胞妹寄送了食品、布匹等大量物资，用于家乡人民渡过经济困难时期。

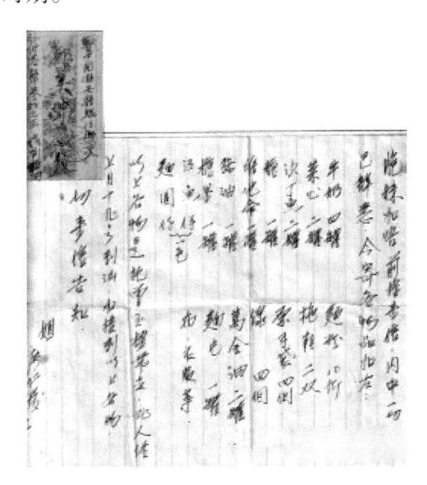

课程思政要素：积极建设社会主义

第三步　知识拓展与总结

知识拓展：2020年央行福州支行等举办"侨批与金融历史文化"线上展览，http://qp.fzxtcm.com/oversea-vr/?scene_id=58812984。

总结：家国情怀是海内外中华民族一脉相承的价值理念，体现出华侨华人爱护亲人、热爱家乡、爱国主义、建设家乡等精神。

续表

教学总结与反思
本节课难度较大，需要学生完成多份原始文献解读，并进行史料分析，体现出本课程"高阶性、创新性、高挑战度"的特点。在授课过程中，极易出现因史料枯燥而打击学生自信心的负面影响，需要教师进行主动引导，以达成学习目标。 　　本节课的课程思政元素蕴含在侨批文献中，无须过多强调。在解读和分析文献之后，需要教师指出对应的课程思政元素，"润物细无声"地达到教育效果。

综上所述，《纲要》提出，专业教育课程要根据不同学科专业的特色和优势，深入研究育人目标，深度挖掘提炼专业知识体系中所蕴含的思想价值和精神内涵。通过在《华侨华人研究》中推进课程思政建设，能够有效带动教师深入挖掘思想政治教育元素，构建起以学生为中心的新型教学模式，从而使课程思政元素有机融入专业课教学过程中，达到"润物细无声"的思政教育效果，增强学生学习的积极性和参与性，提高学生的学术研究和社会实践水平，落实立德树人的根本任务。

科研项目：2021 江苏省现代教育技术课题"现代教育技术支持下华侨华人史课程思政建设助力四史教育的探索与实践研究（课题编号：2021-R-92119）"阶段性成果。

作者简介：鞠长猛，男，1984 年出生，历史学博士，江苏师范大学华侨华人研究中心/国务院侨办侨务理论研究江苏基地副教授，国家民委"一带一路"国别和区域研究中心成员，主要研究华侨华人史。

学术资讯

中国侨联重点项目《江苏华侨华人史》正式出版发行

江苏师范大学华侨华人研究中心

2022年11月，由江苏省侨联、江苏师范大学华侨华人研究中心编纂的《江苏华侨华人史》由中国华侨出版社正式出版发行。《江苏华侨华人史》于2020年作为中国侨联重点课题获批立项，这是江苏省自中华人民共和国成立以来的第一部通史类省级侨史，也是江苏省级部门单位首部出版发行的重点史志作品编纂出版资助项目。

在中国侨联和江苏省侨联的精心指导和大力支持下，江苏师范大学华侨华人研究中心主任张秋生教授带领课题组成员邵政达、颜廷、鞠长猛、张荣苏、赵昌一行6人，历时近3年，通过对13个地级市、近30个区县镇和诸多侨企、归侨侨眷代表的调研访谈，及对世界五大洲江苏侨团、侨领的联系沟通，收集了大

量侨史侨情资料，最终完成了近40万字的书稿。《江苏华侨华人史》记录了2500年来江苏华侨华人远赴海外移民、拼搏、发展和融入主流社会的奋斗历程，展现了江苏儿女传承民族传统文化、与祖（籍）国血脉相连、弘扬爱国主义精神的精神风貌。该书的出版填补了中国华侨华人史和江苏华侨华人史研究领域的空白，对于增强海外华侨的文化向心力和民族情怀，推动江苏籍海外侨胞进一步秉持"爱国、爱乡、爱自己的家人"的精神，进一步提升江苏文化软实力，加快推进中国式现代化江苏新实践，具有重大而深远的意义。

江苏师范大学华侨华人研究中心组团参加"世界海外华人研究学会（ISSCO）三十周年纪念国际学术会议"

江苏师范大学华侨华人研究中心

2022年11月12日至13日，世界海外华人研究学会三十周年纪念国际会议中国会场在暨南大学举办。会议由暨南大学国际关系学院/华侨华人研究院与中国华侨历史学会联合举办，来自暨南大学、厦门大学、中山大学、清华大学、华中师范大学、云南大学、江苏师范大学、广西民族大学、中国华侨华人研究所等40多所中国大陆高校及科研机构，以及海德堡大学、加州大学尔湾分校、比利时鲁汶大学、新加坡国立大学、马来亚大学、巴塞罗那大学、文莱大学等20余所国外知名高校及研究机构的150余位专家学者参加了本次会议。

暨南大学党委书记林如鹏教授发表开幕致辞。在中国会场开幕式上，世界海外华人研究学会会长李明欢，中国华侨历史学会副会长、中国华侨华人研究所所长张春旺、暨南大学国际关系学院/华侨华人研究院院长张振江分别致辞。

本次中国会场设有6个平行论坛30个小组进行研讨，涵盖了海外侨情变化、华裔新生代、海外华人社团组织、身份认同与文化传播、海外华商与华人创业、归侨与侨乡发展、中国侨务政策与外交、海外华人与人类命运共同体等诸多议题。本次会议展示了全球各地侨情的最新动态。随着海外华人社区在各地扎根与发展，华人群体的经济科技实力日益增强，社会地位不断提升，组织形式更加多样化。同时，在国际形势发生重大变化的背景下，海外华人社会也面临着一系列新的问题和挑战。

江苏师范大学华侨华人研究中心张秋生主任率团队成员邵政达、颜廷、鞠长猛、张荣苏、赵昌组团线上集体参加了本届会议，并分别发表了题为《江苏华侨华人发展史中的华商》《亚文化视域下英国华人与穆斯林族群经济差异性剖析》《中国海外人才引进机制的构建及其当代影响——国际人才竞争视角》《1978年以来江苏籍华商对中国公益事业的贡献》《澳大利亚华商新发展——基于布里斯班华商访谈的分析》《大三江精神与海外三江侨团的历史演进》等6篇学术报告，受到会议好评。张秋生教授主持了"海外华商研究"的分会场会议。